巅峰之旅

身体七巧板
——诺贝尔奖和生命调节

韩 星 著

商务印书馆
2008年·北京

图书在版编目(CIP)数据

身体七巧板:诺贝尔奖和生命调节/韩星著. —北京:商务印书馆,2008
(巅峰之旅丛书)
ISBN 978-7-100-05571-0

Ⅰ.身… Ⅱ.韩… Ⅲ.诺贝尔奖—科学家—生平事迹—世界 Ⅳ.K811

中国版本图书馆 CIP 数据核字(2007)第 114561 号

所有权利保留。
未经许可,不得以任何方式使用。

SHĒNTǏ QĪQIǍOBǍN
身体七巧板
——诺贝尔奖和生命调节
韩 星 著

商 务 印 书 馆 出 版
(北京王府井大街36号 邮政编码 100710)
商 务 印 书 馆 发 行
北京瑞古冠中印刷厂印刷
ISBN 978-7-100-05571-0

2008年4月第1版　　开本 650×1000 1/16
2008年4月北京第1次印刷　印张 14¼
印数 5 000 册
定价:27.00元

目录

前言

神经系统的整合作用 …………………………………… 1
　　提出反射概念 3
　　反射活动是一个整合功能 5

反射活动到底是怎样完成的 …………………………… 11
　　找到了神经系统基本结构和功能单位 12
　　一百多年前的争论终于有了结果 19
　　真正的奥秘 30
　　传递情报的使者 46
　　再谈递质 54

接受信息的装置 ………………………………………… 68
　　感受压力和化学成分 69
　　窗口 74
　　对声音和位置的感受 88

"司令部"里发生的事情 ………………………………… 96
　　敢于闯入"禁区"的人 97

巅峰之旅

"谨向阁下大脑的左右两半球一并致贺" 103
进入更深的层次 112
在脑的化学语言和脑若干重要功能之间架起桥梁 115
方兴未艾的研究领域 124

体液调节的发现 …………………………………… 126

胰岛素的故事 …………………………………… 131

故事一：一种曾威胁人类生命的疾病 131
故事二：一位初出茅庐的年轻人 134
故事三：一位有争议的获奖者 141
故事四：讲一段令人回味的往事 143

甲状腺和性腺的故事 …………………………………… 152

在远离海的地方 152
一种成败不定的手术 154
探索的脚步并没有停止 156
他被誉为现代外科圣手 159
追寻性激素 162

一种名不副实的激素 …………………………………… 167

一个维持生命存在的重要腺体 …………………………………… 171

从不同角度进行同一项研究 173
一项与青霉素相媲美的发现 176
使可的松扬名的契机 179

找到根本 …………………………………… 181

一个可望不可即的问题 182
找出那种起关键作用的物质 183

脉络明确了 185

一个"外行"的获奖者 ··· 187
  八岁时就想长大当一名有成就的科学家 188
  人体内胰岛素的含量可以测定了 191
  开拓生物学和医药学研究的新天地 194
  "世界再也无法承担女性才能的损失了" 196

一个神童的经历 ·· 198

双方都是赢家 ·· 201
  从合作伙伴到竞争对手 202
  第一回合:证实了哈里斯的学说 205
  第二回合:带来了一个实际应用 208
  第三回合:作了一个重要补充 210
  同时登上最高领奖台 212
  展望 214

附录 ··· 215

前言

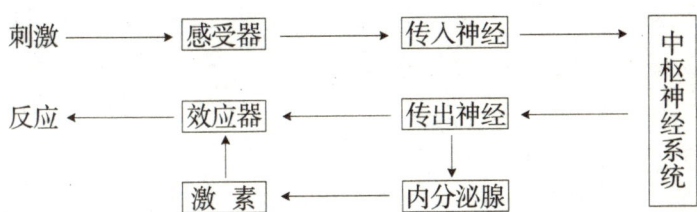

  这是一本讲述生命活动调节的书。在高等动物中,生命活动调节主要分为神经调节和体液调节两种类型。

  这本书所讲的内容大致可以用上面的图解来表示。书中的每一部分,都可以定位在图中的某一位置。其实,当科学家们在探索发现这些我们如今认为是对人体生理非常重要的知识的时候,他们正像在发现和拼接一副复杂、奇妙的七巧板。这本书的正标题之所以取名为七巧板,就有这样一层含义。但除此之外,其实读者也还可以从这个书名中体悟出其他可能的含义。例如:这副神奇的七巧板是从何而来的?它的构成是否会变化?它的拼法是否唯一?当然,这本书中所介绍的现有拼法,可以说是到目前为止最好的拼法之一。拼接它的过程充分显示了人类智慧的巨大潜力。

  当然,仍然还是用七巧板的比喻,在拼七巧板的过程中,就像玩其他游戏一样,是要有某些规则和约束的。而此书最大的约束,就是要以诺贝尔奖为线索,在这些相互存在逻辑关联的内容之中,以及在它们的历史发展之中,追溯这副七巧

巅峰之旅

板的拼接过程,并同时将生理学中关于调节部分的认识发展进行介绍。读者阅读此书时,希望不要忘记上面这个图解,并请在阅读后进行思考,尝试将所读的内容归入到图中的某一特定位置。如果做到了这一点,那么,这本书你就读懂了。

  这副七巧板就归你了。

神经系统的整合作用

作为生活在地球上的生物而言,人占有特殊的位置。如果与其他动物相比较,人在许多方面都处于劣势。比如,人的短跑速度远远低于豹等动物,人的嗅觉比狗差得多,人的眼睛看东西所需要的光波范围比猫头鹰等夜行动物要窄许多,更不用说人没有在天空飞行的翅膀和在水中长期生活的身体结构……然而,今天人类却成了主宰地球的生物。究其原因,就是尽管人在许多方面都不如其他动物,但有一点却占绝对优势,即人具有高度发达的神经系统,这是任何动物都不能相比的。

高级动物神经系统的活动是一个非常诱人的话题,自古以来人们就对这个系统非常感兴趣,它对人类太重要了。人们很早就认识到神经系统是主宰人的全身各种活动的中心,人的大脑有思维和推理能力,还能通过语言、文字等方式表达丰富的内心活动。也正是因为如此,如果一个人神经系统出了问题,就会发生诸如中风、精神分裂症、意识丧失等影响人的生活质量的大问题。

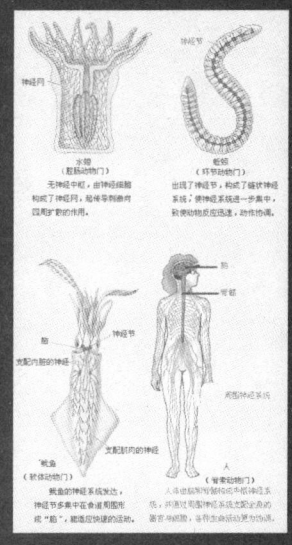

▲ 各类进化等级动物神经系统的比较,越是高级的动物,其神经系统越复杂,对整个机体的调节作用也越精密。

神经系统虽然功能巨大,但与之相应的知识却很落后。最早神经系统概念的产生来自人们的推测,富于神秘色彩。像古代一些著名的学者,如亚里士多德(Aristotle，公元前384—前322)和柏拉图(Plato，公元前427—前347)，就认为永生的灵魂中包含高级智力，这种灵魂中智力存在的位置是脑。所以在以往的论著中，只要一涉及神经系统，就时常与"灵魂""灵气"等宗教概念混在一起，带有浓厚的神秘色彩。但这些都是很早以前的事情了。

提出反射概念

与对身体其他系统的研究相比,对神经系统的研究的难度是相当大的。不仅因为它很复杂,更因为它微妙的结构让人们在作研究时感到无从下手。举个例子说,如果要研究循环系统中心脏的功能,你可以通过解剖看清心脏各部分的结构,并通过其结构来设想心脏是如何执行其功能的。我们因此还可以观察到心脏的跳动过程,就所观察到的提出新的问题,作出相应的假设,再设计研究的方案去验证自己的设想是否正确,最后得出令人信服的结论。但对神经系统可不那么容易。就拿神经系统中体积最大的大脑为例吧,大脑究竟是干什么的?人们很早就知道这里是思想的发源地,但它是怎样工作的呢?取大脑进行研究吧,可拿到手里的是一块奶白色的、有皱褶的东西,质量在一千克左右,质地就像煮得半熟的鸡蛋。下面该做些什么呢? 不知道!

▲ 遇到一些刺激时,人们往往发生一些规律性的动作,引用物理学的一个概念,取名为反射。

但是人们知道神经系统的重要性,知道其中有无数的奥秘。千百年来,这个系统一直是很吸引人的研究题目,但也一直拿它没有办法。

古代的时候人们就注意到,我们的身体总是发生一些固定的变化。比如,当有异物进入眼睛时,眼睛会很快地眨动;手如果触摸到一个非常热的物体,会不由自主地缩回来等等。这是为什么呢?人们给不出答案。直到1649年,法国著名哲学家、数学家笛卡儿(René Descartes,1596—1650)提出,这是机体对于一些环境刺激(如沙子、温度)所具有的规律性的反应(如眨眼、缩手)。对于这种现象他借用了物理学中的一个概念,这个概念就叫"反射"。意思是说,机体对于刺激所表现出的反应,

巅峰之旅

就像光线投射到镜子上被反射出来一样。其实,笛卡儿建立的反射概念,更多带有哲学、心理学的味道,想以反射来区别"无灵魂的动物的自动行动和人类随意的与理性的行为",关注心理和精神的活动。因此,对神经系统的研究,更多的是从心理学、哲学的角度进行的。从一个学科的建立来说,这个头开得很有意思。

到了19世纪,随着对生物机体其他系统的认识和研究的不断深化,神经系统的研究已处于落后的局面了。不过这时候解剖学和生理学的发展很快,不少研究手段和工具相继发明。人们开始考虑用解剖学和生理学的研究方法研究神经系统的功能。果然获得了不少成果。自此以后,对神经系统的研究有了一个转向,由哲学转为生理学的概念和技术。

神经生理学的研究进入了蓬勃发展的时期。

神经系统对机体是非常重要的。机体是由许多系统组成的,这么多的系统之间是需要协调的,而且当面临外界环境的变化时,也是在神经系统的作用下机体才作出适当的调整。比如,人在运动时,呼吸会加强,心脏跳动会加快;当外界温度升高时,身体的散热过程就会加强。这些都是神经系统协调的结果。

神经系统是机体最主要的调节系统。神经系统的调节过程就是通过反射来进行的。不过,这只是延续了笛卡儿的说法,其含义与那个物理概念上的反射相比,可就大相径庭了。

反射活动是一个整合功能

在评选 1932 年诺贝尔生理学或医学奖时，代表 13 个国家的 134 位专家一致提出同一位候选者，这件事本身就很不寻常。另外，这位候选者获奖的主要工作是早在诺贝尔奖设立以前的 19 世纪中叶做的。可见，他这个人及他所做的工作得到了人们高度的肯定和称赞。这位候选者就是英国的查尔斯·斯科特·谢灵顿（Charles Scott Sherrington, 1857—1952）。

事实上，谢灵顿提出的理论颇有一些"后放"的意味。随着人们对神经系统的研究不断深入，他的理论不断显示出特别重要的意义。他的学术研究和贡献，至今仍受到科学界的重视。他在 1906 年总结发表的《神经系统的整合作用》一书，在生理学中的地位与牛顿的《自然哲学的数学原理》一书在经典物理学中的作用一样，是一本生理学的经典著作。谢灵顿本人则被科学界誉为"神经系统的主要建筑师"。

▲ 查尔斯·斯科特·谢灵顿，英国著名神经生理学家，一位备受几代神经生理学家崇拜的人物。获 1932 年诺贝尔生理学或医学奖。

从小是个苦孩子

谢灵顿 1857 年 11 月 27 日生于英国伊斯灵顿，1952 年 3 月 4 日卒于英国伊斯特本。他以神经生理学家闻名于世。他的沉默少语也成为他的一大标志，他的少言寡语到了这样一种地步：除了讲课以外，很少说话；尽管和蔼可亲，但难得一笑。这些可能和他小时候的经历有关。他的沉默寡言也带来了一种现象，可能是谈及自己的身世过少，也可能是他太出名了，人们对他很尊重的缘故，关于他的少年时代，人们所知甚少，以至于他的早年经历有好几种说法。

一种说法是，谢灵顿很小的时候生父就去世了。他跟随母亲和继父生活，家庭生活很贫困。受继父的影响，他喜爱诗歌，并想选择文学作为今后的学习方向，但家庭经济状况不允许这样做。在家长的安排下，上大学的是两个弟弟，他"不得已"

巅峰之旅

读了医校。也有资料说他就是一个出生在贫民窟里的孤儿,是一位牧师把他抱到教堂抚养大的。小时候受尽了不公正的待遇,周围的人们非常歧视他。后来在这种重压之下,他换了一个环境,从熟悉他的人的面前消失了。等20年后人们再谈到他时,他已经是一位了不起的神经学家了。虽然说法不同,但可以肯定的是,小时候的经历为谢灵顿后来独立、坚强、自信的人生态度提供了锻炼的客观环境。

往后一些,谢灵顿的生活轨迹就很清晰了。1880年他转到著名学府剑桥大学学习生理学。虽然传说他小时候不爱读书,但有足够的证据说明谢灵顿在剑桥这几年的学业是非常优秀的。入学3年后,剑桥举办了一次自然科学名誉学位的考试,他名列前茅。他被公认为是出类拔萃的好学生,不单是因为学习成绩优异,他还喜爱橄榄球、划船、滑冰、跳伞等体育项目。在文学上谢灵顿也有较高的造诣。有一次他在校刊上发表了一篇文章,竟被认为是出自一位名家之手。

1885年大学毕业后,谢灵顿到了国外,在一些著名的生理学家和病理学家手下继续学习深造。一是要在这些名家的指导下学习更多的知识,二是为自己今后从事的研究选择方向。

由一次讲座开始

谢灵顿之所以后来选择了以研究神经系统为自己今后的道路,是缘于一次讲座。

戴维·费里尔是谢灵顿所崇拜的一位病理学教授。他在伦敦的一次国际医学会议上曾作过一次有临场示范的学术报告。他不会想到这次报告对一个年轻人产生了很大的影响,更想不到在20年后,这位年轻人写下了一本不朽之作——《神经系统的整合作用》,并在这本书中非常郑重地提到了他的名字。

费里尔作这次报告时,展示的是一只切除了一侧大脑皮质的狗。这只狗的半个身体是瘫痪的,瘫痪部位恰恰是在大脑皮质切除的另一侧。也就是说,如果切除的是左侧大脑皮质,则狗的右侧会发生瘫痪现象。有过临床实践的谢灵顿意识到,这与中风的现象有相似的地方。这个实验引起了他强烈的兴趣,他想再沿此思路继续进行研究。

他先是花了9个月的时间研究脑的功能。后来经过认真的思考和调查,谢灵顿意识到，按照当时对神经系统的研究思路是不可靠的，因为当时对于神经系统的结构和功能的资料及理论都是零碎的，缺乏完整的体系。这种状况犹如瞎子摸象，各说各的理。在这种缺乏整体概念的情况下，争论又有什么意义呢？更有悲观主义者对研究神经系统的看法是："模糊的结构，很模糊的病症，更模糊的机能。"谢灵顿决定闯出一条新的研究方向，找到神经系统结构和功能活动的全貌。事实上，他后来真的做到了，这也正是他备受几代神经生理学家崇拜的原因。

从最简单的开始

谢灵顿认识到要研究神经系统的功能，不能从机械还原论的观点出发简单地用物理、化学原理作简单的解释，而是要以解剖为基础，去分析其功能活动。谢灵顿从膝跳反射这一人们较熟知的现象开始研究。

膝跳反射是一种常见的反射。用一个叩诊锤敲在膝关节处，相应的肌肉就会发生一次快速的收缩，导致膝关节伸直，腿会向上抬一次。在医院里，医生往往用这种方法来检查神经系统的功能状态。谢灵顿就从这个现象开始，搞清这个现象发生的解剖学基础。

他花费了10年的时间。

他先是认真细致地解剖并弄清了每一根脊髓神经的分布范围。那时已经知道，脊髓腹根的神经与运动有关，称为运动神经；脊髓背根的神经与感觉有关，称感觉神经。这两类神经在膝跳反射中到底有什么作用呢？或者说，膝跳

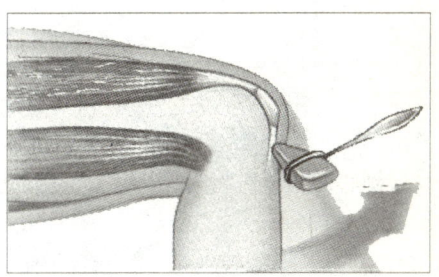

▲ 膝跳反射，是一个最为古老和实用的反射，常常被临床医生用来检查神经系统的功能状态。

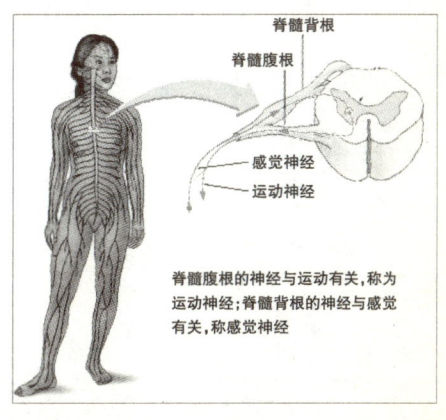

脊髓腹根的神经与运动有关，称为运动神经；脊髓背根的神经与感觉有关，称感觉神经

▲ 脊髓横切面。

反射活动是一个整合功能

巅**峰**之旅

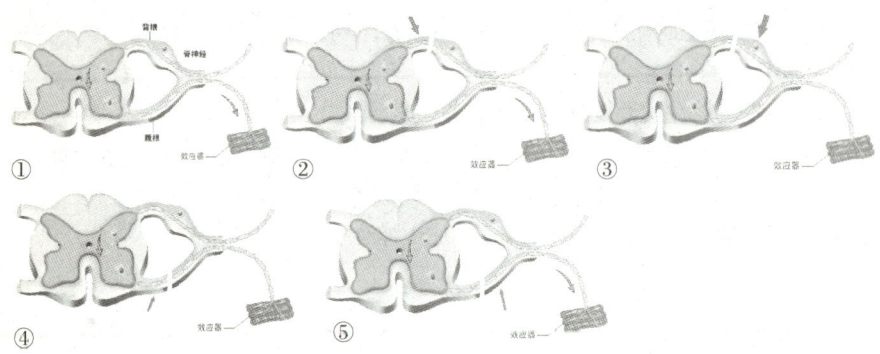

① 将青蛙脑破坏,保留脊髓。在脊柱下部打开脊椎骨,剥离出脊髓一侧邻近的两对脊神经根(一对脊神经根包含一个背根和一个腹根)。分别电刺激每对脊神经根的背根与腹根,均可引起蛙同侧后肢发生运动反应,然后进行后面实验。
② 在第一对脊神经根的背根中央处剪断,电刺激背根向中段,蛙后肢发生运动反应。
③ 在第一对脊神经根的背根中央处剪断,电刺激背根外周段,蛙后肢不发生运动反应。
④ 在第二对脊神经根的腹根中央处剪断,电刺激腹根向中段,蛙后肢不发生运动反应。
⑤ 在第二对脊神经根的腹根中央处剪断,电刺激腹根外段,蛙后肢发生运动反应。

▲ 科学家发现感觉神经和运动神经的研究方法。

反射到底是怎样引起的呢? 谢灵顿用的研究方法是典型的传统生理实验方法,就是在实验中一次只改变一个因素,而其他因素保持不变。在完整清醒的动物身上做这种实验是有困难的,会受到许多自发因素的干扰。谢灵顿首先要解决这个问题。他的方法是,先研究脊髓对膝跳反射的作用,排除脑对它的影响。为此他制备出一种"脊髓动物",即将脊髓与高级中枢分离的动物。这样,减少其他因素的干扰只关注脊髓的反射情况。

谢灵顿在研究中发现,膝跳反射是由于一块叫股四头肌的骨骼肌收缩而造成的,而与这块肌肉相连的神经中有运动神经,也有感觉神经。感

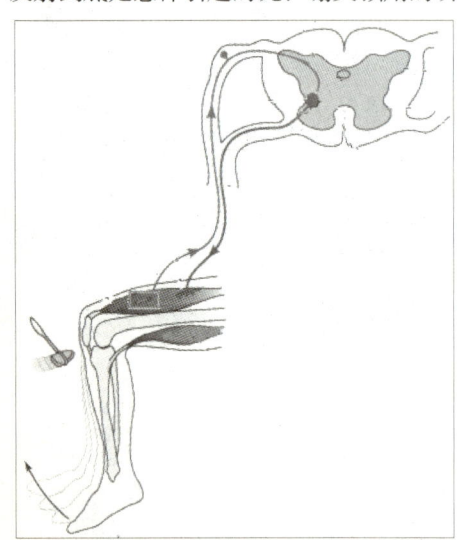

▲ 膝跳反射,揭示神经调节的方式是反射,其结构基础是反射弧。

反射活动是一个整合功能

觉神经是与肌肉上一种特殊的结构——肌梭相连。把解剖结构与功能活动结合起来后,谢灵顿得到了一种答案:所谓的反射,绝不像物体照在镜子上再反射回来那么简单。反射活动是一种整合的功能。就膝跳反射而言,敲打是一种作用于肌梭的刺激,而肌梭实际上就是一种感受刺激的装置。它接受到刺激后,通过感觉神经这条通路将信号传到作为中枢的脊髓内,脊髓根据信号发出命令,这种命令就通过运动神经传递给具体执行部门——股四头肌,股四头肌收缩带动关节弯曲小腿前伸,这样膝跳反射就完成了。要实现反射在结构上需要感受器、传入神经、中枢、传出神经和效应器五部分结构。这五部分构成了反射的结构基础——反射弧。这种中枢神经参与下有规律的反应就称为反射。

确定了膝跳反射的反射弧之后,谢灵顿做了更进一步的实验:切断实验动物的感觉神经,此时虽然运动神经是好的,但膝跳反射却不再发生了。同样,麻醉了的肌梭也不再出现反射。因此,关于反射的另一个重要结论是:要实现反射活动,必须有完整的反射弧。

谢灵顿在脊髓动物身上又通过刺激皮肤、肌肉和关节中的各种感受器,或者刺激相应感觉神经,研究许多反射与相应的反射弧及反射的规律。我们今天所知道的脊髓反射特性,几乎全是谢灵顿从脊髓动物身上研究得到的。

通过对脊髓动物的研究,谢灵顿对脊髓的作用给出了明确的说明。如果把中枢神经系统比喻成指挥机构,脊髓就是下级指挥官。像膝跳反射这样简单的反射它就能够进行处理,发布传出信息使机体作出相应的反应。而更多的时候,脊髓的作用是信息的中转站,它是外周神经与脑之间的通路,其职能是负责"上传下达"。

历经长达10年的研究,谢灵顿认为,一个有机体绝不仅仅是存在一堆各行其职的器官,这些器官之间具有内在的、紧密的联系,而将其整合到一起的就是神经系统。正是靠神经系统卓越的

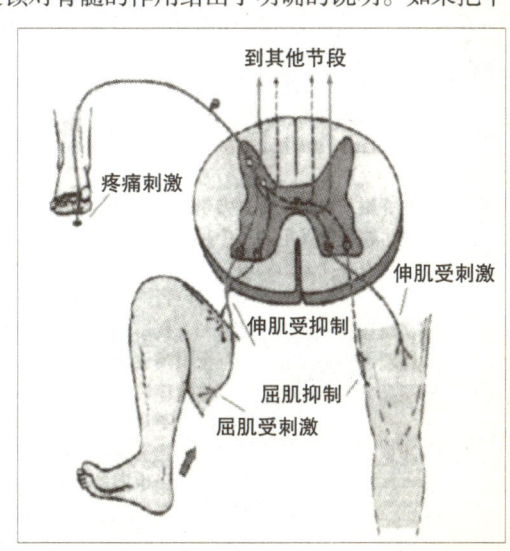

▲ 屈肌反射与交叉伸肌反射。

反射活动是一个整合功能

巅峰之旅

工作,才使一个有机体那么和谐地存在着。反射就是神经整合作用中具有规律性的反应。

举一个例子来说,跑步时,新陈代谢会增加,相应的物质供给就得跟上。突出的表现就是你的心跳加快了,你的呼吸也加强了。人由于新陈代谢加快,产热量增高,往往还会出汗。这实际上是在中枢神经系统的作用之下多个反射配合产生的现象。最后的结果就是机体的变化适合了代谢的需要。

又如,当你脚上不慎碰到一个尖锐的东西时,这只脚会马上缩回来。这还不够,你的另一只腿会伸直挺立以免身子摔倒。这里面有多个反射在起作用,指令都是从中枢神经发出的。

一个刺激引起的反射可能有兴奋的,也可能有抑制的。你那受刺激的腿的伸肌会发生抑制,屈肌会发生兴奋,你的脚才会缩回来。另外一条站立的腿则发生了相反的情况。这其中的原理是谢灵顿发现的。

到此,人们对反射的理解再也不仅仅是一面镜子和一个物体那种机械的、孤立的模样了。由于谢灵顿的工作,人们开始认识机体作为一个整体时神经系统所发挥的重要作用。这种有解剖作为基础、有可信实验作为证据的理论,渐渐地使神经系统的研究离开那种摸不着看不见说不清的尴尬处境。

谢灵顿等人的工作,构建了神经系统研究的框架,后面的科学家就在这个基础之上,一步一步、一个细节一个细节地进行探索,去增加一块块砖、一片片瓦。直到今天,这座大厦已经是非常有规模了。

反射活动到底是怎样完成的

举一个例子,沙子进入眼睛,一定会有眨眼这个动作。那么沙子作为刺激,是怎样引起眼睑眨动这个反应的呢?别看这个动作很简单,它所包含的生理过程却十分复杂。谢灵顿关于反射活动的理论,为神经系统的研究打下了一个牢固坚实的基础。人们急于想揭开那层具有神秘色彩的面纱:我们是如何产生感觉的?我们是如何运动的?我们是如何进行思维的?这些过程太复杂了,对于科学家来说任重而道远。要获得知识不能单凭想象,也不能再像以前那样,在相应知识贫乏的岁月仅凭幻想并加上宗教色彩就得出一种说法。我们应当有条理地去研究和发现,这样才能找到真理,了解反射弧真正的内涵所在。

科学家们就是这样做的。

面对反射弧,科学家们首先要解决的是一些最基本的问题。如要实现反射,感受器是如何感受到各种刺激并产生兴奋的?在反射弧中传递的信息是什么?信息在神经元中、在反射弧各部分之间是如何传递的?经过几代人的共同努力,其结果是硕果累累,其成就在诺贝尔生理学或医学奖里都有所体现。

巅峰之旅

找到了神经系统基本结构和功能单位

▲ 卡米洛·高尔基，意大利著名神经组织学家和神经解剖学家，获1906年诺贝尔生理学或医学奖。

▲ S.拉蒙·伊·卡哈尔，西班牙著名神经组织学家和神经解剖学家，获1906年诺贝尔生理学或医学奖。

1906年的诺贝尔生理学或医学奖在诺贝尔奖历史上有些别样，一来这年的两位获得者都已是连续好几年的提名者；二来对是否让他们获奖，在评选委员会内部也发生了有史以来的第一次分歧，而且争论还很激烈；三则这两位获奖者的研究方向虽然是一样的，可二者的理论观点分歧很大，以至于就是在诺贝尔奖授奖仪式上进行演讲时，各人还在讲各人的观点。尽管如此，用现在的眼光看，他们的工作是那么的精彩，或者说，就是因为他们的工作，后来人对神经生理学的研究才会如此顺利地发展。他们的工作对从微观角度来研究反射活动过程开了一个好头。

这两位获奖者是：意大利人卡米洛·高尔基（Camillo Golgi, 1843—1926）、西班牙人S.拉蒙·伊·卡哈尔（Santiago Ramón y Cajal, 1852—1934）。

在厨房里发生的重大事件

1872年，神经科学发生了一次重大的进展。与众不同的是这项进展发生的地点却是在厨房里！创造者是意大利的一位医学研究者高尔基。

人们对科学家高尔基的名字应该不会很陌生。在中学生物课上，学习动植物的细胞器时老师会讲到一个叫"高尔基体"的结构；学习神经元时，老师会讲到长轴突高尔基第二型细胞和短轴突高尔基第二型细胞；学习肌纤维与肌腱连接处时,老师也往往会讲高尔基器官……这些结构都是高尔基发现的。

高尔基出生于意大利一个开业医生的家庭中。在他的成长阶段,也正是19世纪人类建立科学知识体系非常活跃的时期,许多现代科学领域的分支就是在那个时候建立起来的。古老的医学在那个时候也面临着新的挑战。不少学者认为,要想使医学得到发展,必须以解剖学和生理学作为基础。受这种观念的影响,高尔基决定选择解剖学和病理学作为研究的方向。1865年,高尔基从医学院毕业后做了一段时间的神经科医生,并对神经系统的疾病进行研究。在临床实践中,他把自己的研究兴趣定在神经系统的显微解剖上,通过了解神经系统的显微结构来了解其生理机能。

从17世纪起,人们就知道偏瘫。所谓偏瘫即身体一侧肌肉失去了收缩和舒张的功能,这往往与支配肌肉的神经有很大的关系,而这类神经又受控于脑。有些科学家在脑、神经、肌肉这三者的关系上试图找到一些说法。类似这样的研究一直被一个很重要的问题牢牢地束缚,使研究止步不前:对脑的结构不了解,当然就更谈不上对脑功能的研究,因为当时在生理学上的一些重大研究都是建立在解剖结构之上的。举个例子说,哈维*(William Havey,1578—1657)正是对心脏进行了细致而透彻的观察和研究后才得出了"血液循环"这一重大理论。但这种方法不可以套用在对脑的研究过程中,因为如果把大脑切成碎片,放在显微镜下观察,不过是一堆白白的浆状物。除非能鉴定出脑的基本结构,否则不可能发现它是如何工作的,这需要有人在研究脑结构的方法上找到突破口。

现在人们知道,脑或者说神经系统的基本结构和功能单位,是神经细胞,生物学家们更习惯称之为神经元。在当时对神经元的结构不了解,乃是

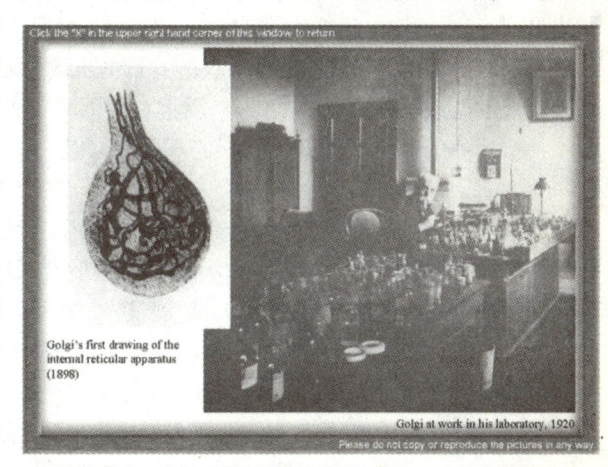

▲ 高尔基的工作照及他所绘制的神经细胞。

---

* 哈维:英国医生、生理学家、解剖学家和胚胎学家,通过大量的实验观察和研究得到血液循环的理论,被后人称为"生理学之父"。

找到了神经系统基本结构和功能单位

巅峰之旅

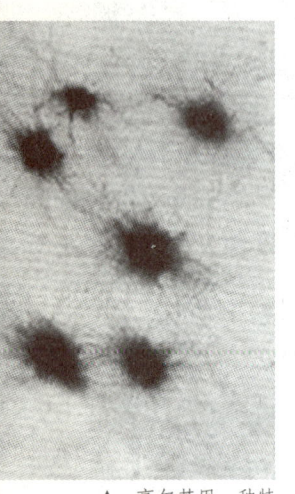

▲ 高尔基用一种特殊的方法使神经细胞露出真面目。

因为神经元本身的原因。显微镜下观察细胞常用的和必要的一步是对所观察的细胞进行染色,而脑中神经元的数目庞大,再加上神经元的结构分支特别多,无法将一个神经元与其他神经元分开。如果染色的话,每一个神经元都会染上颜色,在显微镜下仍然是一团无法分辨的乱麻,无法看清单个神经元。那时人们只能根据所看到的不确切的图像去猜测神经元的结构。结果是可想而知的。

能得到染色的单个神经元是一个大问题。高尔基对这个问题很感兴趣。

有意思的是,高尔基对神经元结构感兴趣是"业余爱好",他的本职工作还是一名医生。1872年他工作调动时,便失去了原来的实验室。即使这样,对脑神经的好奇心促使高尔基一如既往地作研究。他在自家的厨房里建立起实验室。每天下班之后,他靠一架显微镜,借着微弱的灯光,专心研究染色方法。

凭着坚定的信念和勇气,高尔基努力了将近十年。

有一天,高尔基偶然将一切下的脑块放入盛有硝酸银溶液的碟子中。浸泡了几个星期后,取出放在显微镜下观察,出现了令人惊喜的现象。与高尔基同年获奖的卡哈尔的描述是:"在透明的浅黄色的背景上出现分解的、黑色的三色形细胞体和细而光滑的或粗或有刺激的细丝,就像在绘图纸上用墨描绘出来的一样,清晰明了,使人们的眼睛不愿意离开这样的观察。"

高尔基成功了。

现在,人们做组织细胞染色时都知道,一旦将脑组织经重酸钾或重酸铵溶液作用后,放入硝酸银这种试剂中3个小时以上,就有可能显现脑组织最基本的结构和功能单位——神经元。这是高尔基发明的。这种染色方法可以使单个神经元的细胞体显现。这是一件不可思议的事情,通过到现在仍搞不清原理的过程,硝酸银只能随机地对十分之一到百分之一的神经元染色,而对大多数神经元"置之不理"。结果是在白色的背景下有一些黑色的结构出现,显示出神经元的结构。

高尔基的新染色法是一次彻底的革命,使神经生理学的研究有了转机,对神经解剖学作出了重大的贡献。他在研究神经系统的精细结构方面是一位先驱者。

高尔基在取得了重大成果之后,到大学担任组织学、解剖学教授,从事专业性的研究工作。

我们在回顾高尔基的工作时,他的一段话耐人寻味:"死用功死啃书本不是聪明人干的。那会把脑筋搞僵了显得很笨。朋友,你坐在壁炉旁边细看一眼,壁炉里塞满木材,火就小了,把那些木材拨动一下,熊熊的火焰立即就会冒上来。读书和研究科学也是这样,要随时拨弄拨弄。死读书不是办法。"

到了1894年,高尔基的研究成果、不朽著作《中枢神经系统的微细解剖》的德文版出版了。在此之前,他的著作都是用意大利文发表的,这在很大程度上影响了他的学说的传播。他的著作以当时科学界较流行的德文以及后来的英文版出版后,才为更多的人所了解。世界各地的学者纷纷去函,或是直接登门请教,或是通过间接方式学习神经元的染色法。这其中就有西班牙人卡哈尔。

一个"顽童"的经历

在得知高尔基的神经元染色方法时,卡哈尔是西班牙巴塞罗那大学组织学和病理解剖学的一位年轻的教授。

在科学史上,说到卡哈尔,除了要谈到他对科学的重大贡献外,还要特别谈到他的经历。

后人评价说卡哈尔是西班牙民族的巨人,是科学和精湛艺术的巨匠,是对神经组织学作出巨大贡献的人。与之形成鲜明对比的是,卡哈尔小时候实际上是一个极不受欢迎的人:他的学习成绩很糟糕,常常还因"闯祸"经常受罚。甚至因为淘气出格,被警察局拘留过,在学校被留下挨罚更是家常便饭……。但这一切都无法使他"就范",最终还是被学校开除了。卡哈尔回忆这段经历时说:"当我每一次挨父亲痛责之后,姑妈总是悄悄地拉我上楼,要我朗读《旧约箴言》第二十八章第一句50遍至100遍——恶人虽无追赶也逃跑;义人却胆壮像狮子。我始终没有被感动。我每次走出家门,姑妈就指着我的脸警告我:太阳跟月亮夜以继日地看着心术不正的坏孩子呢!我仍无动于衷。后来是我喜欢的一个邻家姑娘当着大家的面无意地说:顽童都是弱者!她未必指的就是我,可是我的心被她这句话打动了。"于是,卡哈尔又重新回到了学校。这所中学1868年高中毕业生中的第一名,就是重新回到学校的卡哈尔。

其实,曾经让家长和学校头痛的卡哈尔并非一事无成,他在童年时代就酷爱

巅峰之旅

▲ 卡哈尔在工作。

绘画。他在中学毕业进入大学后,很快就被所学的解剖课程深深地吸引。他认真学习解剖学的知识,还精心描绘了许多解剖图谱。有一件事可以证明卡哈尔学业的出类拔萃:1877年卡哈尔的母校医药首席教授的席位空下来了,经过医学院全体教授推选,卡哈尔担任了此职。此时他年仅25岁,大学毕业才4年!

在母校,卡哈尔主要从事细菌和血清学方面的工作。之所以转入对神经元的研究行列,起因于他对高尔基关于神经元细胞染色方法的兴趣。当时的西班牙与外界的交往非常少,卡哈尔想办法辗转学到了高尔基的硝酸盐染色法。他重复了这种方法,非常欣喜地看到了难忘的景象。头脑活跃、观察敏锐的卡哈尔也发现了这种染色方法存在的不足,这种方法还不能稳定地重复各次实验的结果,因此在染色时要取大量的标本。一些著名的神经组织学家,因为这种不足对高尔基的染色方法提出了疑问。卡哈尔对这一方法进行了改革,使其更臻完善。在一次国际学术会议上,他以无可置疑的演示,证实了经他改革后的高尔基的染色法。其效果不妨引用当时一位著名的解剖学家在事后写下的一段话:"我们注视着这位西班牙的年轻教授谦逊地走上讲台,操着一口不太流利的法语,讲述他近年的研究结果。我实在是半信半疑。当他打开木匣,小心地取出那台妥善保存的高级显微镜和十分干净的标本切片时,我不禁大吃一惊。及至通过显微镜亲眼看到一个个清晰的神经

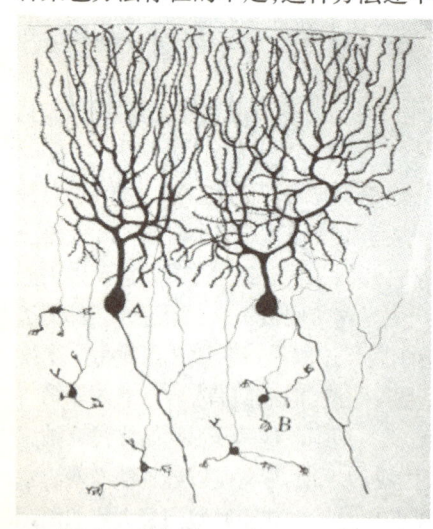

▲ 卡哈尔画的神经元及末梢联系图。

元,它们和细若游丝的神经末梢联系在一起时,怎能不使人心悦诚服呢?我激动地走上前去,紧握他的手,衷心祝贺他的光辉成就。"卡哈尔改革后的染色方法,在神经系统的研究中成为一个非常有用的工具。他因此获得了国际声誉。

找到了神经系统基本结构和功能单位

紧接着，卡哈尔对中枢神经系统的各部分精细结构进行了认真的观察，作了详细的描述。不仅如此，依据大量的实验事实，卡哈尔还产生了一个与高尔基对立的观点。双方的对立立场一直带到了诺贝尔奖的授奖仪式上。

对立的焦点是神经组织的联系方式。

高尔基在发明了神经元的染色方法后，并没有停止研究的脚步。他认为中枢神经系统由具有细胞质联系的纤维网所构成。也就是说，每个神经元都通过二级分支

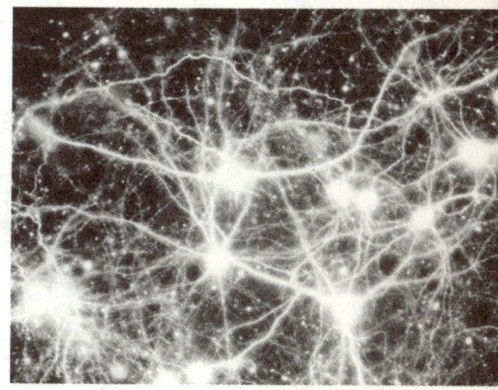

▲ 在电子显微镜下观察到的神经细胞。

交融到另一个神经元中，整个中枢神经系统就像一张大网没有明确的界限，即"网络学说"。卡哈尔利用高尔基的技术也对神经组织作了观察，他认识到，高尔基方法既然能使一个神经元全部着色，而与其相邻的细胞不着色，那就说明组织中的神经是彼此分离的，即各个神经元是互相接触而不是彼此连接成网，即"神经元学说"。后来的技术使人们可以直接观察到神经元与神经元之间的确是可以有界限的，也就证实卡哈尔是对的。卡哈尔建立起来的神经元学说被越来越多的科学家所接受，其中就有谢灵顿等诺贝尔奖获得者。

虽然卡哈尔和高尔基的理论有些出入，但在实际工作中是互补的。他们对神经组织都作了精细的研究。高尔基创造了一种研究神经系统的理想方法，这种方法又是卡哈尔工作的先决条件。卡哈尔的工作方法，直到现在仍然是神经科学研究者解剖实验观察的坚实基础。由于高尔基和卡哈尔在研究神经组织方面取得的成就，这两位对神经系统构造具有不同看法的学者，共同获得了诺贝尔奖。

值得一提的是，虽然他俩在学术上常有各不相让的争论，但双方互相尊重，彼此都对对方的工作给予了高度的评价。

自下而上的开始

再来谈谈神经元。与其他组织细胞相比较，神经元的结构实在是太特殊了。它

找到了神经系统基本结构和功能单位

巅峰之旅

有一个中心的组成部分,希腊语称之为身体,在生理学术语中就叫胞体。胞体的形状各异,有圆形的、椭圆形的、三角形的,甚至是梭形的。这里是大本营,细胞核和所有的细胞器都在胞体里。

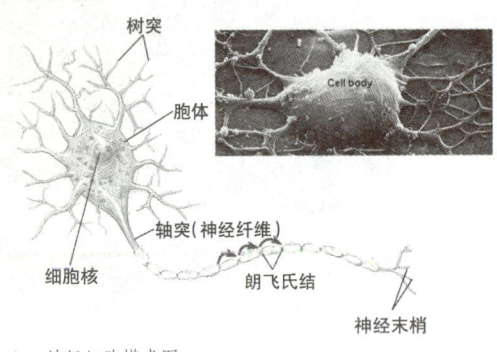

▲ 神经细胞模式图。

胞体上还"长"出一些突起结构。一种像树枝那样,从胞体伸出后,分枝再分枝,越来越细,使神经元形成了千姿百态的样子。这种枝枝杈杈就叫树突。另有一个枝很特别,它不分枝,从胞体上伸展出来粗细均匀,长长的,在人体内最长的可达1米。这叫轴突。神经调节就是靠神经元这样的结构才得以完成。

胞体、树突、轴突组成了神经元。我们进行运动、产生感觉、进行思维等等一系列复杂事情,就是通过这种天文数字的神经元的活动及其相互作用来实现的。

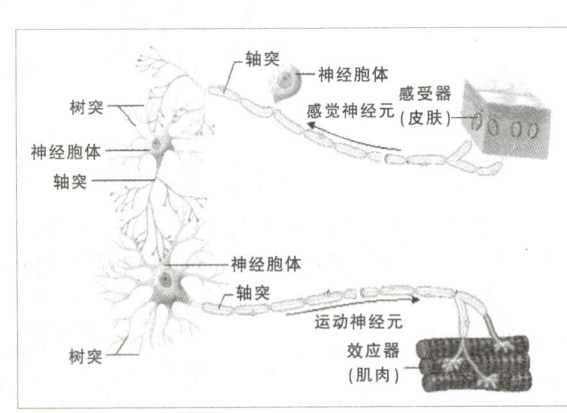

▲ 反射弧微观水平示意图。

由于神经元中轴突和树突形态不同,决定了它们在反射弧中所起的作用不同。一般说,树突通过它众多的分枝向四周捕捉信息,在胞体汇集;轴突则将胞体收集的信息专程发送到下一个特定的神经元。用一个形象的比喻来讲:胞体好比一个码头,树突则去四周寻觅待运的货物,并将这些分散的货物在码头汇聚,假如货物足够多,就能促使轴突发货,将其运载到另一个网点。

卡哈尔提出的神经元学说中,神经元与神经元之间相联系的结构称为突触。

有了高尔基和卡哈尔的工作,后面的工作该是顺理成章了。

一百多年前的争论终于有了结果

提出问题

神经活动的功能是强大的，这一点人们很早就认识到了。然而较其他系统的研究而言，对神经系统的研究却相对落后。其原因一是神经系统太复杂了，在人们还不能对其加以解释时，往往会注入一些神秘的色彩。如过去的科学论著中，在涉及神经系统时，经常与灵魂、灵气相伴。另一个原因则是神经系统本身的结构不像其他器官那样直观，通过解剖等手段就可以对其行使的功能有所了解。所以，对神经系统的研究与科学技术的发展有非常密切的联系。比如有了显微镜，看到神经元的结构才有可能。但是，这在神经系统的研究中只算是一个非常简单的事实。下面谈到的认识不仅经历的时间要漫长得多，而且也复杂得多。这就是神经系统的活动伴随着电的扩布过程。神经系统是如何工作的？在很长时间内人们都坚信神经传送着一种神经液，当这种液体从神经流出来进入肌肉时，就会引起肌肉的收缩和舒张。

早在两千多年前，人们就知道了有些水生生物有放电的特殊本领。公元1世纪，罗马医生就有用电鳐放电来治疗疾病的经验。

对生物电的研究要追溯到18世纪，那是解剖学和生理学几乎还不能分开的时期，起因于一个偶然的事件。

1780年的一天，意大利的医学家伽伐尼*偶然用解剖刀碰触到置于铁盘内的去了皮的青蛙腿上外露的神经时，发现其立刻产生抽搐现象。作为科学家，伽伐尼决定放下手边其他工作，把问题弄个究竟。他继续在青蛙肌肉和神经标本上做实验。最后，伽伐尼得出一个结论，蛙腿的痉挛起因于动物体上本来就存在的微电流，他把这种电叫做"动物电"。即肌肉收缩的电来自生物体本身。伽伐尼的这一结论在当时引起了争论和怀疑，并由此开始了两个重大领域的研究：一个是意大利

---

* 伽伐尼：意大利医生和动物学家。通过对一个偶然发现的不懈研究他提出了生物电的观点，引起科学界的震惊。他的研究开启了19世纪电生理学的发展。

巅峰之旅

物理学家伏打由此设计出了稳定的电源——伏打电池,并由此开辟了电学研究;另一个则是开创了神经电生理学的先河。不同的是,对神经电生理学的研究进展要缓慢得多,原因还是在于先要确立生物体内存在生物电这一事实。

"工欲善其事,必先利其器"。要确定生物体本身是否存在生物电,就要有适当的测量仪器。自伽伐尼之后,许多科学家致力于生物电的研究,但早期仍是以推测为主。直到1820年,测量电流的装置——电流计由物理学家设计成功后,测量生物电才有了希望。但仍有许多现实的困难,比如生物电最显著的特点就是量非常微小而且灵敏,一般的电流计很难测到。1848年,也就是伽伐尼的结论提出五十多年后,电流计经过一位叫杜布瓦-雷蒙*(Du Bois-Reymond,1818—1896)的生理学家的改进,终于测量到了神经组织的电变化。这是生理学史上的一件大事。杜布瓦-雷蒙后来写道:"假如我不想欺骗我自己的话,我已经成功地、真实地实现了物理学家和生理学家一百年来的梦,我亲眼目睹了神经的电原理"。由此,人们终于证实了生物体内电的存在。

这位德国生理学家对导电现象的研究,为现代电生理学奠定了基础,也使人类对神经系统的研究进入了一条正确的轨道,生物电的研究得以顺利地发展。

应该强调的是,研究神经系统的功能,手段非常重要。对神经系统的研究过程,也是寻找、改进、研究测量仪器的过程。在这方面,科学家们付出了极大的努力。在确立生物电的地位并对其加以研究的早期,研制测量仪器,对电生理的研究至关重要。因此,在诺贝尔奖的历史上也有他们的印迹。

在谈到神经系统的生物电现象时,先要阐明生物电的意义。生物电即为生物体内所呈现的电现象,各种存在生命现象的组织中都存在。不但神经细胞中有,肌肉细胞中也表现得很活跃。由于细胞所处的状态不同,生物电也有两种不同的表现形式:在安静状态下,即组织细胞未受到刺激时,存在的电现象称之为静息电位;在组织细胞接受刺激而表现为兴奋的活动时,所表现的电现象称为动作电位。动作电位是组织细胞接受刺激后,以静息电位为基础的一种电变化。

此外,选择实验材料也很重要。最早被用于对生物电进行研究的组织不是神经细胞,而是心肌细胞。荷兰医生威廉·艾因特霍芬(Willem Einthoven,1860—1927)发明了一种称之为"弦线电流计"的装置,记录到心脏的生物电现象,也就是

---

* 杜布瓦-雷蒙:德国生理学家。他发明了一种能检出在神经和肌肉中通过的微弱电流的装置,从而创立了科学的电生理学。

——一百多年前的争论终于有了结果

现在临床所称的心电图。心电图的测量对研究心脏的活动过程和临床诊断具有极其重要的意义。因此，威廉·艾因特霍芬获得了1924年的诺贝尔生理学或医学奖。

在心肌生物电得到记录时，对神经细胞的生物电现象的记录则令人不够满意。这是由神经细胞本身生物电的性质所决定的。神经细胞的神经冲动比心肌生物电要快得多，也短得多。当时的记录仪器根本就跟不上如此快的电变化过程。测量仪器就"罢工"——表现出仪器本身的惰性，不能如实地反映出神经生物电所发放的脉冲的真实情况。

这个问题不解决，对神经系统的研究就很难深入下去。

一张重要的照片

1922年，以第一张人类神经电脉冲照片为标志，终于扫除了神经生物电不可测量这块拦路石，开辟了神经电生理学的新纪元。这项工作是由有着师生关系的两位美国人完成的。他们就是约瑟夫·埃夫兰格（Joseph Erlanger，1874—1965）和赫伯特·斯宾塞·加瑟（Herbert Spencer Gasser，1888—1963）。他们师生二人因此共同获得了1944年的诺贝尔生理学或医学奖。

▲ 约瑟夫·埃夫兰格，美国著名神经生理学家，获1944年诺贝尔生理学或医学奖。

▲ 赫伯特·斯宾塞·加瑟，美国著名神经生理学家，获1944年诺贝尔生理学或医学奖。

埃夫兰格是在美国出生的德国人。凭着自己的努力和对医学重要性的理解，他一步步成为一名医学博士。学生时代他就做过不少实验，在实验技能和方法上打下了坚实的基础。博士毕业了，经过慎重考虑，埃夫兰格选择了一条从事医学理论研究的道路。1900年起在一家医学院工作，从做助教开始，后来升为讲师、副教授，到了1906年，成为威斯康星大学第一任生理学教授。

一百多年前的争论终于有了结果

巅峰之旅

埃夫兰格在从事电生理学研究以前，就是一位很有名的人士了。他早期的工作主要从事循环生理学的研究，三十多岁时，他已经成为美国的心脏病分析权威。直到现在，在临床和医学研究中仍可见到他工作的业绩。比如，现在医生使用的血压计就是商家根据他的设计原理制造的；现在普遍采用的心脏听诊方法，也是他根据心脏充盈与射血的过程而发明的。埃夫兰格使用自己发明的诊断仪器，在临床的诊断上获得了更大的准确性，对诸如高血压、心脏病等病症的治疗起到了积极的作用。在第一次世界大战时，埃夫兰格配备的人工血浆，挽救了无数伤员的生命。

埃夫兰格成就斐然，是因为他由衷地热爱自己的医学研究工作。他放弃了用自己发明的血压计去赚钱的机会。当然，他对医学理论研究工作最大的贡献还是在神经生理电的研究领域。

第一次世界大战后，埃夫兰格到了圣路易斯华盛顿大学主持神经生理的研究工作，并在这个岗位上工作了36个年头。如同他以前的开创性工作一样，他又开创了一个新的研究领域。

埃夫兰格培养了一个与他志同道合的学生加瑟，应该说也是他工作的成就之一。

埃夫兰格不仅是一位出色的研究工作者，而且还是一位非常优秀的教师。在大学担任生理学教师时，他的才华和生动的讲述深深吸引了一位在座的大学生，他就是加瑟。同样出于对生理学的热爱，加瑟读硕士的同时，就在母校的生理系担任助教。他的工作是在实验室作研究。那时他对这个领域的热爱就已经到了一种入迷的程度，除了上课之外，几乎不离实验室。这使他的研究本领不断提高。

在获得了医学博士学位一年后，加瑟就来到了埃夫兰格主持的生理系任讲师。从此，埃夫兰格和加瑟一起，在研究电生理学的领域中摸索前进。

为了测量到神经细胞的生物电，改进测量仪器是当时生理学界的重要课题，埃夫兰格和加瑟也加入到了这一行列。

当时用来对生物电进行测量的仪器，就是由荷兰人艾因特霍芬发明的弦线电流计，埃夫兰格的实验室很早就从荷兰进口了这种仪器，并将其应用到对心脏的研究中，取得了不少成果。尽管如此，只要用这种仪器去测量神经细胞的生物电，它就显得无能为力了。这是由于神经细胞的生物电很微弱，而且短暂、快速，它记录不到真实的情况。起初，他们用一个放大器，先把要记录生物电的一种传出神经——支配膈肌的神经所发放的电现象放大100倍，再用弦线电流计记录，结果还是不行。

看来用弦线电流计来记录神经细胞的电现象这条路不那么乐观,应该寻找、研制其他的仪器了。而这种仪器所应具有的最主要的特征就是要灵敏。

正当埃夫兰格和加瑟费尽心机寻求一种理想的仪器但又无从下手时,加瑟听到了一个令人感兴趣的消息:在一个物理学年会上,一家电业公司展示了一种低压的阴极射线示波器,其性能就是灵敏度高,惰性小。这正是埃夫兰格和加瑟所苦苦追寻的标准。他们想买回一台试一试。

不料,展示产品的公司出于商家利益的考虑,拒绝出售这种示波器。但毕竟这是一个令人鼓舞的信息。他们凭着决心和扎实的实验技能,根据阴极射线管的原理,把一个长颈蒸馏瓶制成了一个阴极射线管,再配上电子管放大器,终于在荧光屏上显示出了精确、清晰的神经电脉冲信号。靠着一种信念和及时捕捉到的信息,埃夫兰格和加瑟终于制成了一种装备,成功地目睹到了神经的冲动。随后,他们拍下了神经细胞神经冲动的照片。

▲ 埃夫兰格在工作(图中仪器为他和加瑟研制的显示单根神经纤维电位波形装置)。

这记录到的不失真的神经电脉冲照片,用瑞典科学院的专家人士的话说,"乃是神经生理学发展中的第三个里程碑"。

埃夫兰格和加瑟成功之后,获得了不少荣誉,他们没有就此满足,又默契合作了10年。他们都是出色的实验家,往往能把经过认真考虑的想法与操作结合起来。加瑟后来评价他们的关系时说:既是师生,也是朋友。正是在这种和谐的氛围之中,他们又共同发表了许多篇有价值的论文。主要的工作是在前期工作的基础之上,研究电脉冲的传导。

所谓电脉冲,从生理学意义上讲,就是在示波器上记录到的生物电。埃夫兰格和加瑟利用阴极电子示波器,对兴奋神经纤维传导研究也取得了令人瞩目的成果。

从前面反射弧这个神经调节的根本而言,当刺激作用于感受器后,所产生的兴奋要有一个感受器 — 传入神经 — 中枢神经 — 传出神经 — 效应器的扩布过程,而后才会有效应器的反应出现。必须要说明的是,兴奋在同一神经纤维上的扩布就称为神经冲动。

就如同电缆一样,一条神经实际上包含着许多条神经纤维,即为混合神经干,

巅峰之旅

单从反射弧角度来加以区分,包括传入神经和传出神经。在这些神经纤维传递的电脉冲中,即神经冲动,各有不同。比如方向不同,有向中枢系统传入信号的传入神经纤维,有从中枢向效应器传出信号的传出神经纤维。还有就是传导功能不同,传导速度也就各不相同。

传导速度的测量就是由埃夫兰格和加瑟做的。他们用哺乳动物的神经电脉冲进行认真细致的分析。在一条混合神经干的不同部位,可以记录到不同的神经冲动。实际上,由于当时的实验处于初始阶段,所以他们记录的生物电是复合电位,即不是一根神经纤维所表现的。复合电位是由各条神经纤维中同步的脉冲组成的。从给出刺激开始到出现反应,这一段时间取决于传导速度。在对大量的实验数据进行分析后,他们得到了这样的结论:在神经干中存在的神经纤维粗细不同。据此,他们把神经纤维分为三类,即 α 类、β 类和 γ 类。其中 α 类神经最粗,这类神经纤维的传导速度为 5~120 米/秒。β 类神经纤维的直径长度居中,其传导速度也居中,为 3~14 米/秒。γ 类神经纤维直径最小,传导速度仅为 0.3~3 米/秒。也就是说,传导速度与神经纤维的直径成正比。

一条神经干所包含的神经纤维,是为不同目的服务的,这就决定了它们的传导速度会有所不同。比如,支配肌肉的传出神经纤维的传导速度很快,而将皮肤感觉器官接受到的刺激传入中枢的传入神经纤维的传导速度就相对较慢。

1931年,加瑟出任另一所医学院生理系主任、教授。虽然与埃夫兰格不再共事了,但他们仍都在继续研究神经纤维的电活动,只是内容有所不同而已。埃夫兰格研究蛙趾部神经的单一纤维的电活动变化,证明感觉神经纤维与运动神经纤维的不同。加瑟则继续研究多神经纤维形成的复合电位,力图从更本质的角度去探讨。后来的研究使加瑟可以区分出直径相同、传导速度相同但功能不同的神经纤维,比如哪些属于躯体运动神经纤维,哪些属于支配内脏的神经纤维等。这些都显示出了加瑟非凡的洞察力和研究能力,他的研究吸引了大批国内外学者,他的研究室也成了世界著名的研究中心。

埃夫兰格和加瑟的工作,对后来的电生理研究开创了一个非常好的起点,使原来人们由现象推测出来的关于生物电的假设拿到了真凭实据。他们还对受刺激的神经所产生的生物电进行了细致准确的分析,进而对神经干的各种类型的神经进行了分类,使得人们对各类神经行使功能有所了解。所有这些,都是在他们完善了阴极电子示波器之后完成的。这种仪器精确地记录受刺激神经产生的极微小的电流图像。由此,可以看到电子物理学在研究电生理学过程中起到了非常重要的作用。

1937年，埃夫兰格和加瑟合著了一部在世界生理学界引起轰动的专著——《神经活动的电信号》。这本书不仅是他们多年工作的成果，更重要的是，它使更多的科学家加入到这一研究领域中来，从而形成更大范围的合作。

埃夫兰格和加瑟不仅工作成就令后人赞叹，而且他们的人格也同样受到了称赞。埃夫兰格说过这样一段话："研究科学的最大诀窍，在我看来，要计算正确，还要实验精细，而后虚心求证，如此则决不至于有错。"医生出身的埃夫兰格，对病人有着非常深切的同情心和认真负责的态度。当他看到有些医生的临床诊治不是以治病为目的，而是以金钱做行医的标准时，就立即大声疾呼，请求在法律上规定，凡是见死不救或拒收病人的人一律以杀人论罪。他在国会发表的现代医德的标准，到现在仍被视做行医的典范。加瑟最大的特点是不遗余力地对后来的学者提供帮助和支持。当他在得知获诺贝尔奖的消息后，立即表示要把自己分享的那份奖金用作下一步研究的基金。他说："研究是一种精神，这笔钱是对于这种精神的鼓励，我以为将这笔钱花在研究上是最好的。"

从得出一条重要定律起步

1932年的诺贝尔生理学或医学奖的两位获奖者，都可以称得上是当代神经生理学的权威性人物。一位是前面谈过的谢灵顿，另一位就是埃德加·道格拉斯·阿德里安（Edgar Douglas Adrian, 1889—1977）。

阿德里安是一位出身于名门望族的英国人。他的父亲是王室律师和地方自治区的法律顾问。在优越的生活环境中，阿德里安是一位勤奋好学、善于思考、成绩优异的好学生。他在中学时就倾向于医学研究，并一步步地实现了这一愿望。他少年时就表现出对未知事物的强烈的好奇心，对动物的解剖很痴迷，不但要动手，而且还要细心观察并描画下来。

大学时期的阿德里安学习包括生理学在内的自然科学，这为他以后的研究奠定了扎实的基础。大学以第一名的优异成绩毕业后，

▲ 埃德加·道格拉斯·阿德里安，英国著名神经生理学家，获1932年诺贝尔生理学或医学奖。

巅峰之旅

他又在名师的指导下继续研究生的学习生活。在读研究生期间,他就显示了作为一位研究人员所具备的优秀的素质和才能。通过实验研究,阿德里安得到了一条生理学中重要的法则,这就是至今在所有涉及神经生理学的教科书中所谈及的"全或无"定律。为此,他在未完成博士课程之前,已成为所在大学的特殊研究员。

刺激能产生神经冲动,也就是说细胞发生了兴奋的反应。但不是任何刺激都能引起反应。举一个简单的例子来说,冬天把手放在暖气上,假如这个暖气片非常的热,手会很快缩回来;如果这个暖气是温热的,那就不会有缩手反应。用生理学的语言来说,就是刺激的强度不够,不足以引起反应。神经细胞也是如此,如果刺激强度不够,神经纤维就不能产生神经冲动,也就是说,细胞不能发生兴奋的反应。这是"全或无"中"无"的含义。

如何判断刺激强度是否能够产生兴奋?科学家们用阈强度来衡量。所谓阈强度,就是使组织或细胞发生反应的最小刺激强度。有足够的刺激时间、一定的时间变化率的情况下,只要刺激强度达到阈强度,细胞就会发生反应。如果在一个神经元上发生了兴奋的反应,就表现为兴奋产生,并在神经纤维上传播,即发生了神经冲动。

阿德里安的实验就是从测单根神经纤维的动作电位入手的。

他发现,只要刺激强度达到阈强度,就能测出神经纤维上的动作电位。这时如果刺激强度再加大,所测出来的动作电位的幅度仍不变。也就是说,动作电位的幅度不随刺激强度的变化而变化。

综合而言,反射意义上说刺激产生反应,但不是任何刺激都能产生反应。若其他因素不变时,以阈强度来划一个界,如果刺激强度未达到这个界,则细胞不对其产生反应;如果达到这个界,那细胞就可以发生反应。如果神经上产生的反应是兴奋的,就产生动作电位。如果刺激强度超过这个界,那动作电位的幅度也不会有变化。即对于某一个细胞来说,动作电位的时间过程与形状,都是非常恒定的。动作电位如果不发生则"无",一旦发生则"全"。这个事实是

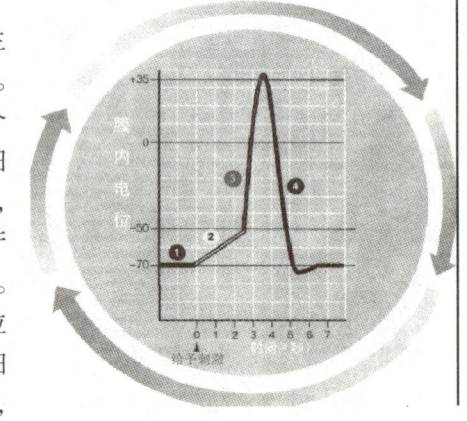

▲ 阿德里安的工作表明,无论给予神经细胞多大的刺激,在示波器上显示动作电位的幅度是不变的。

一百多年前的争论终于有了结果

阿德里安发现的,被称为兴奋的"全或无"定律。他的这项研究在 1913 年得到科学界的承认。这时阿德里安的身份还只是一位博士研究生。

1915 年,阿德里安获得了著名学府剑桥大学的医学博士学位。第二年,他就投身于第一次世界大战的战场。作为军医,他专门治疗神经系统受伤的伤员。战争结束后,他又重新回到剑桥大学,一方面讲授神经生理学方面的课程,一方面继续从事神经生理学的研究工作。

阿德里安选择研究的是神经系统的信息传导过程。前面曾谈到,埃夫兰格和加瑟研究的是整个神经的活动电位,并确定了神经的传导速度。阿德里安经过认真考虑后,决定他的研究工作要在单根神经纤维上进行。他认为,就感觉神经而言,其中有数百根神经纤维,传递的是来自感觉器官的神经冲动,这种神经冲动是不同步的。如果记录感觉神经的电脉冲信号,实际上获得的就是一个非常复杂的活动变化。就阿德里安所选择的这个课题而言,他必须从单根神经纤维开始。

研究一个细胞的电变化过程,对于仪器的要求就更高了。阿德里安另辟蹊径,购置了一台真空管放大器,这种装置能将生物电放大 5000 倍,另外再选择灵敏的毛细管静电计,将二者配套使用,研究单根神经纤维的活动就有了可能。

在实验材料上,阿德里安选择的是从蛙胸皮肌中分离出来的单根感觉神经纤维。感觉神经在反射弧中是传入神经,是将感受器中得到的电信号传至中枢。阿德里安所选择的这根感觉神经纤维的感受器就在肌肉中,如果牵拉肌肉,就会使感受器受到刺激而兴奋,神经纤维上就会记录到电信号。

单根神经纤维传导电信号是符合"全或无"定律的。只要牵拉肌肉的强度够,那从这条单根的神经纤维上就会记录到一连串的时间和形状完全相同的神经冲动,这与刺激强度无关。但神经冲动发放的频率却与刺激强度有很明显的关系。每秒 10 次、30 次、50 次,甚至更大。随着刺激强度增大,在示波器上记录到的神经冲动的频率越来越快。据此,阿德里安又提出了一条重要的法则:"感受器受到刺激时,传导神经纤维冲动的强度是一定不变的。随着刺激的强度变化,只有冲动的频率发生变化。"

阿德里安的工作揭示的是,在脑中产生的感觉来自于感受器所接受的刺激,而这种刺激在"途中"的形式却是电信号,即神经冲动。在脑中产生的感觉是有强弱区别的。这种区别是由什么决定的呢?既然神经冲动的幅度大小、时间是固定的("全或无"定律决定的),那么感觉的强度则是由神经冲动发放的频率决定的。刺激越强,在感觉神经纤维上的神经冲动发放频率就越大,感觉也就越强烈。否则相反。这是感觉随刺激加强的生理学基础之一。

阿德里安的研究并没有到此为止。

在继续这项实验时,一个现象引起了阿德里安的注意,一定的刺激强度能够引起一定频率的神经冲动的发放,这是肯定的了;如果把这个刺激强度固定住重复给予刺激,再看神经冲动,就出现了一个有趣的现象:这时神经冲动的幅度还是不变的,但发放的频率却下降了。是不是实验操作的问题?为了慎重起见,阿德里安用了不同的刺激形式,检查了不同的感受器。这个现象都会发生。他把这种神经冲动的发放频率随刺激持续作用时间增加而下降的现象称为"感受器的适应"。阿德里安还作出了进一步的说明:对感受器给予刺激时,最初感觉神经发放的神经冲动频率很快,这时大脑的感觉兴奋区兴奋产生特定的感觉。如果刺激仍在持续的话,那感觉神经发放的神经冲动的频率就会减慢,进而大脑感觉兴奋区就不那么兴奋了,所产生的感觉也会随之下降。这就是生物学中常提及的适应现象。

其实被阿德里安证实的这种现象,我们在生活中也可以有所体会:长期接受一种刺激,所产生的感觉就不会那么强烈了。当然,我们的身体有各种感受器,这些感受器的适应性也有所不同。适应最快的是触觉,我们穿衣服、盖被子几乎察觉不出有什么感觉。最不容易适应的是痛觉。可以想象,如果痛觉感受器容易适应,那后果会很糟糕。

在对单根的感觉神经纤维进行研究并得出了重要的结论之后,阿德里安又对单根运动神经纤维的神经冲动进行了细致的研究,并得到了与感觉神经纤维基本相同的结论。之后,阿德里安将所做的工作进行归纳,写成了一本书,这就是著名的《神经运动机制》。在这本书中,他总结了在单根神经纤维中对生物电的研究工作,纠正了以往这个领域中一些不完善的说法。

为了表彰阿德里安发现神经细胞的功能,诺贝尔基金会在1932年授予他生理学或医学奖。同年与他分享此项奖金的人就是谢灵顿。

有人曾这样说,诺贝尔奖获得者可以分为三类。第一类,诺贝尔奖因他们而提高了自身的"含金量";第二类,他们因获得诺贝尔奖而提高了自己的"身价";第三类,诺贝尔奖和获奖者两者之间"不亏不欠"。显然,在因对神经科学作出贡献而获奖的人当中,谢灵顿和阿德里安可以归为第一类,他们是最棒的,即便是身处这样一个优秀的群体中,地位也很显赫。这是因为,在科学研究的长河中,科学家们大都就某一问题进行研究、探讨,得出的成就是某一个"点"。打个比方说,获奖者好比是一颗颗美丽的珍珠,如果把这些珍珠连成一串,就会更令人瞩目,更加灿烂。

有一些科学家就是这样，他们站的角度更高，视野更广。将许多这样的点连接起来，形成了研究的系统，起到了一种承上启下的作用，对后面的工作开拓出一条非常明确的道路，使研究的方向更加清晰，探索自然奥秘的前进的脚步更快。谢灵顿和阿德里安就起到了这样的作用，他们对神经生理学领域的贡献是卓越的。他们的贡献又有不同的侧重，谢灵顿主要在较宏观的方面，对前人的工作作了一个非常好的归纳和总结；阿德里安则是在微观上，用电生理学的方法证实和发展了谢灵顿的研究。后人在他们工作的基础上继续探索研究，使得神经生理学领域的研究蓬勃发展。

获奖后的阿德里安着手研究脑的电活动过程。神经生理学一个重要的分支——脑电图学就是他首先开辟的。这个分支不仅在理论上的位置举足轻重，而且在临床上也很重要，如在癫痫等脑障碍的诊断中，脑电图已经成为不可缺少的手段。

阿德里安研究脑部病理的一个著名的例子是他对纳粹头子希特勒的评价。

阿德里安是一位具有社会责任感的科学家，在第二次世界大战期间，他对这场战争的罪魁希特勒有过一个"诊断"。联系自己的研究领域，他认为："希特勒和那些战争狂，多半是他们的大脑有问题。"他的这席话竟气得希特勒下令去轰炸剑桥以示报复。这种说法还引起了科学界的重视，据说爱因斯坦因此在临终遗言中表示愿意把他的大脑在死后供人解剖研究。不仅如此，他还强烈呼吁反对原子弹的研制，以防人类的自行毁灭。

这位科学家的业余生活也同样精彩。他善于演讲，对击剑、划船、登山等运动项目也很在行。更不用说伴随他一生的美术造诣，他的作品曾被人误认为是专业人士之作。

阿德里安给后人留下的最大印象，还是他对人类的神经科学的卓越贡献。他对后来的研究者也提出了非常有益的告诫。阿德里安说过这样一段话："不要以为把脑神经研究透彻了，医药科学便到了尽头；以脑部病理而言，在我认为值得研究的还多得很呢。"几十年后的今天，这段话仍是非常的适用而贴切。人们在神经领域的研究道路仍然很长、很长。

巅峰之旅

真正的奥秘

在神经纤维上传导的生物电被记录到了,对它的研究也取得了重要成果。刺激是可能产生神经冲动的,但神经冲动产生的机制是什么呢?怎样在神经纤维上传导的?现在是解决这个问题的时候了。在阿德里安、埃夫兰格和加瑟之后,研究生物电的机制就成了科学家们的重要课题。这需要新的研究技术和研究思路,从更微观的角度对神经科学进行探讨。在这次竞赛中,最先的获胜者是两位英国的科学家。他们首先用令人信服的实验方法阐述了生物电的产生机制和传导过程。因此,他们获得了1963年的诺贝尔生理学或医学奖。他们就是,艾伦·劳埃德·霍奇金(Alan Lloyd Hodgkin, 1914—1998)和安德鲁·菲尔丁·赫胥黎(Andrew Fielding Huxley, 1917—)。另外,还有两位德国的科学家埃尔温·内尔(Erwin Neher, 1944—)和伯特·萨克曼(Bert Sakmann, 1942—)因在这方面的工作成绩获得了1991年的诺贝尔生理学或医学奖。他们记录到了单个离子通道的电流,不但更精确地印证了已有的理论,而且为今后的研究和应用创造了更广阔的空间。

▲ 艾伦·劳埃德·霍奇金,英国生物学家,获1963年诺贝尔生理学或医学奖。

▲ 安德鲁·菲尔丁·赫胥黎,英国生物学家,获1963年诺贝尔生理学或医学奖。

▲ 埃尔温·内尔,德国生物物理学家,获1991年诺贝尔生理学或医学奖。

▲ 伯特·萨克曼,德国生物物理学家,获1991年诺贝尔生理学或医学奖。

卡茨在此领域的贡献

谈及生物电产生机制的研究时，一定要涉及德裔英国科学家伯纳德·卡茨(Bernard Katz, 1911—2003)的工作。

卡茨于1970年获诺贝尔生理学或医学奖。他获奖的成果是关于神经和肌肉之间兴奋传递方面的工作。这一点会在后面专门来谈。而在发现生物电的产生机制时，人们也应该记住他的贡献。可以说，卡茨的工作为霍奇金等人的学说奠定了基础。

卡茨毕业于德国的著名学府莱比锡大学，成绩优异，他的医学博士学位论文得到高度评价。但所有这些并没有让卡茨感到高兴。当时正值希特勒上台不久，国内处于一种非常严酷的局面：爱因斯坦被迫流亡海外，纳粹气焰嚣张。面对这样的状况，卡茨不得不为自己的前程担忧。于是，1935年，也就是在他毕业后第二年，24岁的卡茨离开家乡去了英国。

初到英国，卡茨在伦敦大学著名的希尔实验室工作，从事自己所喜爱的神经生理学的研究。在希尔实验室，卡茨埋头苦干了5年，对当时的神经生理学成就有了很深入的了解。在这之后，他又去了澳大利亚的悉尼，与几位志同道合的人一起从事了3年神经肌肉的研究工作。这3年的工作也使卡茨选定了自己今后的研究方向。

重又回至伦敦大学后，除了讲课，卡茨仍致力于神经科学方面的研究工作。他选择的是神经与肌肉之间的兴奋传递的课题。这必定要涉及生物电发生机制方面的问题。

在当时，阿德里安等人的工作使人们对静息电位、动作电位和复合电位等有了一些了解，并在此基础上进行更深入的探讨和研究，这其中就有霍奇金和赫胥黎。卡茨当然对此问题非常感兴趣，因此也加入到这个研究行列。

在最初的工作中，卡茨和霍奇金等人的工作有些是并行的。可以说，在研究生物电的发生机制中，卡茨是功不可没的，他提出的钠离子假说是后续工作的基础。当然，他最辉煌的工作还在后面。

▲ 伯纳德·卡茨，英国著名神经生理学家，获1970年诺贝尔生理学或医学奖。

巅峰之旅

在适宜的氛围中工作

真正圆满地完成生物电产生机制这一研究课题的两位科学家是霍奇金和赫胥黎。

霍奇金和赫胥黎在这一领域的研究长达二十多年。他们的成功与他们自身的努力和才华是分不开的,当然,他们所处的生活和工作环境与他们的成功也有很大的关系。家庭的教养、导师的悉心指导、前人的成果和实验材料的选择等,也都非常的重要。

霍奇金出生在一个出了多位历史学家的家庭中。赫胥黎的父亲则是一位作家。这就决定了他们都会受到良好的家庭教育。中学毕业后,两人又都进入了英国一所著名的学府——剑桥大学三一学院。这里有世界知名的科学家他们站在当时科学发展的最前沿,对霍奇金和赫胥黎都有很好的指导。同时,这所大学的学风对学生的成长也有极大的帮助和促进。学校规定学生除了完成本专业科目的学习之外,还要选修与本专业相关的学科,以此来培养广泛的兴趣和广博的知识。霍奇金是学习生物学的,他选修了数学和物理学,还学习了电缆理论和放大器原理。赫胥黎原来的专业是物理学,因为选修了生理学,对生命科学发生了强烈的兴趣,也因此选择了从事神经生理的研究,将自己扎实的物理学、数学和化学知识用于研究工作。这样的背景,不仅使他俩走了一条共同的道路,而且把学生时代学到的跨学科的知识在实践中有机地结合了起来。这是他们后来研究工作取得成功的关键因素。他们的事例也可以说明,教育方针的制定对学生的成才是很重要的。

霍奇金和赫胥黎是相差三届的校友。说他

▲ 著名的三一学院。

们是师生关系,是因为当赫胥黎毕业实习时,霍奇金已经毕业并从事研究工作了。赫胥黎的实习就是在霍奇金的指导下完成的。后来,他们就一起从事研究工作,成了志同道合的同事。

霍奇金和赫胥黎的研究课题,就是生物电的产生机制。

从生物电这个字眼来说,电就是电流,就要有电荷的流动。这就要涉及两个问题,一是电流要在一定的电位差下才会产生,这个电位差存在于细胞什么位置?二是到底在神经细胞中是什么离子的运动产生了电流?

自从阿德里安等人发现并研究了生物电之后,有的科学家已对此课题进行了研究,并得出了一些说法,但苦于当时的技术手段跟不上,缺乏令人信服的实验依据,不能为人们所接受。霍奇金和赫胥黎的工作就是用实验来验证这些说法。

德国生理学家伯恩斯坦(杜布瓦-雷蒙的学生)从事过神经冲动的研究,在1902年根据一些实验现象提出膜学说。这个学说的要点是:生物电是存在于细胞膜内外的,即膜内外有一个电位差。在细胞安静状态下,即存在的静息电位是膜内为负,膜外为正。细胞一旦受到刺激发生兴奋后,这种电位就发生了变化,内负外正的状况消失了,出现了内正外负的瞬间,即产生了动作电位。这样,在细胞膜的同侧就会出现因受到刺激而产生的兴奋点(动作电位点)与邻近的安静点(静息电位点)之间的电位不同。有了电位差,进而产生了电流。这种局部的电流流动的结果,使安静点的电位发生了变化,相当于又受到刺激,于是原来的安静点又产生了动作电位。依此类推,于是就发生了兴奋的传导过程。

用现在的眼光来看,伯恩斯坦的学说是很有意义的,但这个学说缺乏确凿的实验证据,有些现象本身就不够准确和真实,再加上一些具体细节不甚明了,是不能够被全盘接受的。霍奇金和赫胥黎的工作就是在此基础上作了很大的补充和修正,使其成为比较成熟的理论。

研究课题的中心就是生物电的产生机制。

研究的第一步,也是当年伯恩斯坦无法完成的,即要测到细胞膜内外确实存在着一个跨膜电位。要做到这一点是有困难的,原因是一般的神经细胞太细了,当时制作的电极无法放置到细胞的膜内外。要先找到较粗的神经标本才行。一个偶然的机会,霍奇金发现了一种较为理想的实验材料,是从螃蟹体内分离出来的,直径约为0.3毫米神经纤维。他一开始的研究工作就是用这种材料进行的。但作为实验材料,这样的神经仍显得太细了,加上刚毕业的霍奇金工作经验不足等缘故,研究进展不大。

巅峰之旅

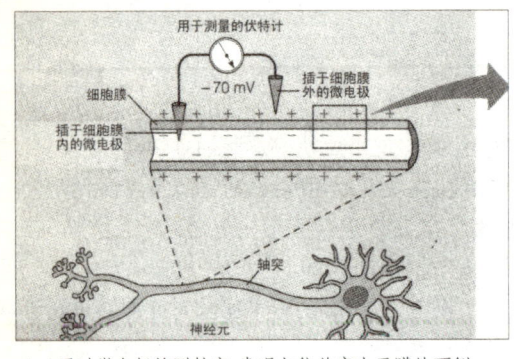

▲ 通过微电极检测轴突,发现电位差产生于膜的两侧。

两年后,霍奇金与美国著名的神经研究权威加瑟取得了联系。当时加瑟继前期工作后,也在研究神经纤维的电活动。他的工作进行得颇为顺利,因为他找到了一种更为理想的实验材料。这是从一种叫枪乌贼的动物体内得到的神经纤维,非常之粗,直径可达 1000 微米,称为巨纤维,如果从神经的断端沿纤维的长轴方向插入一根直径约 100 微米的测量电极,对轴突的正常功能几乎不产生什么影响,是很理想的实验材料。

霍奇金从加瑟那里不仅得到了关于实验材料方面的重要信息,而且还受到加瑟的邀请到美国的一家研究所访问。这个研究所设在临海的地方,盛产枪乌贼,能够就地取材,对研究神经电活动来说真是太理想了。霍奇金在这里参观了他们的实验设备,观摩了他们的实验过程,还学习了巨神经纤维标本的制作方法和对神经冲动的观察方法。这次美国之行,对霍奇金后来的研究工作起到了至关重要的作用。

回到伦敦后,霍奇金也开始用枪乌贼做实验材料。此时作为实习生的赫胥黎,也开始了与霍奇金同样的事业。

很早以前的生理学家就已经知道这样一个事实:细胞膜内外离子分布的浓度是不一样的。这是因为在细胞外包着一层细胞膜。细胞膜不是单纯的一层屏障,其作用之一是对膜内外的物质进行选择性的通透。伯恩斯坦的说法是,生物电的产

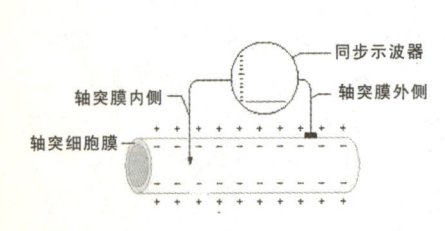

▲ 细胞未受刺激时(安静状态下),膜内外存在一个稳定的电位差,内负外正。

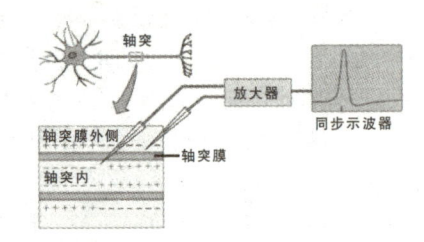

▲ 细胞受到刺激时,细胞膜内外发生了电位变化,由内负外正,变为内正外负。

真正的奥秘

生就是离子发生了跨膜的流动造成的,神经兴奋时,静息电位消失,而产生的神经冲动最大值也就与静息电位值相当。要验证这一点,首先要测到膜内外的电位是不同的。霍奇金和赫胥黎用直径仅 100 微米的微电极从枪乌贼大神经的一头纵向插入神经的轴突内,这样就测量到了轴突膜内外的电位。测量的结果是,在细胞安静状态下,膜内的电位低于膜外,如果把膜上电位定为零,那膜内电位约为 -60～-70 毫伏;当细胞受到刺激时,膜内负电位迅速减少,先是升到零,而后变成正电位,即由原来的内负外正变成了内正外负。对于这个现象,用伯恩斯坦的观点就很难解释了。新发现的实验现象引起了霍奇金和赫胥黎的高度重视。他们先是用更严密的手段确定了这个现象,肯定了在细胞受到刺激时产生的动作电位比静息电位的数值大得多。接着,他们又发现,在细胞未受到刺激时,如果人为地增加膜外一定的钾离子浓度,则静息电位会减少或消失,甚至会出现内正外负的情况,而增加钠离子浓度则对静息电位的影响不大。这说明,静息电位与钾离子有关。这一结果是他们不曾预料到的。正当他们准备把此研究继续下去时,第二次世界大战爆发了。他俩放下手头的研究工作,转而从事为国家战事服务的工作。霍奇金致力于雷达技术的研究,赫胥黎则研究军火制造。

战争结束后,他们重新开始原来被中断了的研究。

既然钾离子的浓度对静息电位的影响很大,他们就以此作为突破点。在资料中,他们发现以前曾有科学家对此有过说法。一位药理学家早在 1904 年就提出过动作电位与膜外的钠离子和膜内的钾离子之间的交换有关。霍奇金和赫胥黎决定先对这一观点进行检验。

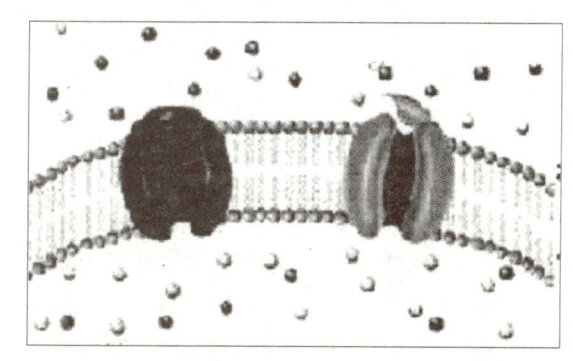

▲ 静息电位的形成主要与钾离子有关,在安静状态下,膜上的钾通道开放,钾离子顺浓度差外流,所形成的电—化学平衡电位就是静息电位。

此时他们的研究条件非常优越,能得到像阿德里安这样的先辈的认可和经常性的指导,还有一些基金会的支持,研究经费很充足。再加上得到英国海洋协会的支持,枪乌贼这样的实验材料来源也不成问题。对于一项研究来说,可以说是万事俱备了。

实验的基本方法确定了,接下来的工作该是检验生物

巅峰之旅

电与膜内外离子交换的有关说法了。

他们继续进行战前就开始的实验，用其他溶液来取代膜外的钾离子或钠离子，观察静息电位和动作电位有何变化。结果发现，如果用葡萄糖等物质取代细胞膜外氯化钠后，静息电位的值基本不受影响，动作电位则受到很大的影响；如果把细胞外的钠离子通过特殊方式消除掉，则动作电位任凭怎样的刺激也都不再发生了。霍奇金和赫胥黎通过这一组现象得出如下结论：在生物电中，静息电位和动作电位的发生机制是不同的。静息电位接近于钾离子的平衡电位，动作电位则与钠离子有重要的关系。这只是一种定性的结论，对神经兴奋和传导的机制要有定量的数据才更能说明问题。要做到这一点太难了，因为动作电位的变化太快，一个动作电位仅能持续1/1000秒。这种转眼即逝的单个电位变化很难记录得到，更别说去分析研究了。这曾是当时科学家们研究动作电位的一个"拦路虎"。霍奇金和赫胥黎却成功地解决了这个问题。他们成功的主要原因，是采用了一种叫"电压钳制"的新技术。他们的实验思路是这样的：根据物理学中的欧姆定律，电流强度、电阻和电位之间是有恒定关系的。如果已知这三个数值中的两个，那另一个也就可以求出来了。霍奇金和赫胥黎测量时使用了两个微电极，一个是测量膜电位用的，另一个是测量电流用的。同时将两个微电极插入枪乌贼巨神经纤维膜内，一个记录膜内电压的大小，另一个记录膜内电流的大小。如果设定一个指令电压，要求膜电位钳制在某一个电压值上，然后用放大器放大100万倍，将指令电压与测量到的膜电位进行比较，并根据两者的差，决定通向细胞内的电流量与电流方向，纠正膜电位，使膜电位与指令电位电压保持一致。这样，实际的膜电位就可以被钳制在实验者所要求的指令电位值上保持恒定不变。在这种情况下，如果发生离子流动，那么，在通电电极上将发出与离子流产生的电流大小相等而方向相反的电流，用来抵偿膜电位的变化，使膜电位保持恒定。通电电流的大小与时间过程，也就标志着离子电流的大小与时间过程，其倒数值就是通透性或电导，也就是实验中准备测定的。

通过这种宏观控制而达到微观的测量方法，他们成功地记录了电位变化各个阶段电流和离子流的变化，然后绘制出膜通透性改变和整个峰电位变化的两条曲线。根据获得的这两条曲线，霍奇金和赫胥黎仔细分析了兴奋过程各个阶段膜电流的变化，得出了更为细致的结果：动作电位的上升相和下降相是由不同的离子流动而形成的。上升相主要由膜对钠离子的通透性增加，大量钠离子从细胞外流入细胞内所致；下降相则主要是膜对钾离子通透性增加，钾离子从膜内流向膜外所致。他们得出结论,静息电位主要是钾离子的平衡电位;动作电位则取决于两个暂时的、相继发生的特定的离子的通透性的改变。上升相相应于对钠离子的通透性,钠离子流入。这种通透性在 0.5 毫秒后就被钾离子的通透所代替,钾离子流出,相应的就发生动作电位的下降相。

为了让这项成果更加确切无疑,他们又花了 4 年的时间用电压钳制技术取得了大量的数据,对动作电位的上升相和下降相进行定量测量。不仅如此,他们还将结果写成一个公式输入计算机,因为兴奋性的特征是由离子的流动来决定的,所以他们用得到的理论去预测已知和未知的兴奋性基本特征。预测的数据和实验结果十分接近。这也从另一个方面验证了他们得出的理论的正确性。

诺贝尔奖评选委员会称,霍奇金和赫胥黎的工作"在了解兴奋性本质的道路上是一个里程碑"。

生命活动的起点

霍奇金和赫胥黎的工作是重要的,但人们对生物电的产生机制的探讨仍然没有结束,其中之一就是钾离子和钠离子的通透性问题。

我们知道,细胞膜具选择通透性,具体控制钾离子和钠离子在细胞内外流动的证据也是确凿的。根据霍奇金和赫胥黎关于生物电产生机制的理论,生物电的产生是由于电荷的流动所致,这主要有钠离子和钾离子。这些离子分布于细胞膜内外,它们是不能随便进出细胞膜的。控制离子进出的是细胞膜上的蛋白质,这类蛋白质以特殊的结构跨越细胞膜,充当了特定离子从一侧进入另一侧的通道,在生理学术语中它们叫做通道蛋白。其名称就由转运的离子而定,如钾通道、钠通道。形成生物电主要就是由这两种通道控制完成的。

1991 年诺贝尔生理学或医学奖的获奖者完成的工作,集中在对单个细胞膜离子单通道的研究上。这两位获奖者都是德国的科学家,他们是埃尔温·内尔和伯特·萨克曼。诺贝尔奖评选委员会称:"近 10 年来,由于有了他们的新技术和新知识,彻底改变了生物学的面貌,促进了研究。"

内尔和萨克曼因为共同的研究兴趣而成为合作伙伴,而且都来自德国南部,有着共同的方言。综合起来,用他们的话说就是"同一部落中的成员"。

巅峰之旅

内尔从很小就喜欢物理和数学,有很大的志向。他先学习物理学,然后又学习生物,内尔对他这样的选择是有自己的理由的,2001年,内尔在接受北京青年报记者采访时,他说:"50年以前,生物是一种描述性的科学,主要是通过对物种的划分和相互之间差异性的描述来研究的,但现在生物已经成为一门分析性的科学。我们想了解发生在我们体内的奥秘,身体是怎样进行工作的,最好有物理方面的背景,我们才能够了解我们体内的物理化学过程。我清楚我非常喜欢生物,在学校的时候物理是我的强项,我自己认为很想了解生物体内发生的物理化学的反应。所以我考虑是先学生物还是先学物理,我选择了后者并且认为这是正确的选择,看起来我选对了。"内尔在德国的一所理工大学学习。毕业后,他在萨克曼去的一家研究所从事研究工作,专门研究细胞膜生物物理学。

萨克曼出身于一个医学世家。他从小对航模非常着迷,喜欢装配遥控航模,理想是长大后做一名工程师。后来,在他的学生时代,他又对生物学发生了兴趣。他成年以后所从事的工作恰恰与这两者都有关系。

由于对生物学的爱好和家庭的熏陶,中学毕业后,萨克曼进入一家医学院学习,当了一名医学生。他并不是真的喜欢从医,因此学到一半就放弃了这个学业。经过联系,他到另一个城市的一个研究机构从事视觉系统的研究工作。可这项工作似乎也不大对萨克曼的胃口,研究进展也不大。他还要另作选择。

为了更好地进行研究,掌握必要的实验技术是非常重要的。当时霍奇金和赫胥黎首创的电压钳制技术在实验室中已得到应用。萨克曼为了掌握这项技术,花了半年多的时间。帮助他掌握这项技术的人就是内尔。在这里,他们相识并相处得非常好。内尔教他掌握了一些必要的技术,如怎样准备动物,学习必要的电子学知识,并一起组装放大器。他们用具有较大神经元的蜗牛作为实验材料,将电极植入这种细胞内部,然后进行实验。但要把电极插入细胞非常困难,再熟练也要花上几分钟的时间,而实验的细胞很快就会死亡,真正研究的时间也就两三分钟。尽管如此,这样的研究还是引起他们非常大的兴趣。

后来,在一个机会中,萨克曼去意大利参加了一个暑期学习班。主讲人就是大名鼎鼎的人物伯纳德·卡茨。前面谈过卡茨在生物电发生机制中所作的贡献,后面还要提及他获得了诺贝尔奖的工作。总之,卡茨从微观探讨生命活动过程中的作用很重要。

卡茨在这次学习班上介绍了他的工作领域和成果。这次经历,不但使萨克曼学到了知识,而且也使他意识到这个领域的研究才是他所要寻求的。

经过努力,萨克曼来到了伦敦的卡茨实验室工作。这时卡茨的主要研究题目就是对离子通道的研究,与萨克曼和内尔从事的课题非常相似。萨克曼在卡茨实验室工作了两年。通过这段时间的工作,萨克曼更坚定了自己的研究方向,选择了研究离子通道这个课题。

从伦敦回到德国后,萨克曼到马克斯·普朗克研究所进行研究工作。这个研究所研究条件优越,设备完善。内尔也在这里工作,他们又再度相遇了。

从伽伐尼发现生物电算起,生物电的研究历史到此已有两百多年。随着研究的深入,技术也不断更新。从最初用铜线和银线作电极来刺激青蛙的神经,到用放大器记录到生物电,后来又发展到利用乌贼鱼的巨大神经细胞,在里面放微电极进行较细致的记录和研究。科学家们在各个时期都取得了很大的成就。再后来,人们又发明了玻璃微管技术。玻璃微管技术就是以玻璃微管作为电极,这种电极比原来的微电极更细,直径大约3至4微米。这样,在实验材料上就不必限于那些大的神经细胞,在一般细胞上也可以做关于电生理的实验。

我们知道细胞膜内外可以进行快速离子交换已经很久了,但与离子交换有关的通道的存在一直没有得到验证。这就使电生理的研究结论不够圆满,因为这是导致生物电产生机制的先期过程。离子通道到底是怎样活动的?怎样关闭或开放?内尔和萨克曼找到了答案,他们成了先行在离子通道上穿梭的人。

要了解离子通道的活动,就要能记录离子通道的开放和关闭,即记录通过的离子流。这一点在内尔他们获得成功之前,是科学家们在研究此问题时遇到的迈不过去的绊脚石。单个的离子通道电流特别小,而且离子通道还包埋在细胞膜上,研究的难度极大。

内尔和萨克曼打算作这项研究。

他们花了近五年的时间作先期准备,改进了实验技术,制定出严密的分析记录程序,完善了电子设备。在操作上,他们也有分工,内尔是学工科的,懂得技术,便侧重于各种设备的研制和完善,萨克曼则动手在动物细胞上进行实验操作。

他们的方法是,取下一块300微米厚的大脑切片,用微小的清洁装置处理神经元表面的结构。这样的准备工作往往要花上两三个小时。然后借助显微镜辨别神经细胞的各种组成部分,胞体、轴突、树突。将玻璃微管电极插入细胞内,然后记录信号。此时记录的就是离子通过通道时的离子流。

这时,内尔和萨克曼所使用的玻璃微管非常细,其顶端只有几千分之一毫米。按说记录单个通道上发生的情况,条件是足够了,但一开始根本记录不到。原因是

巅峰之旅

细胞膜和微管尖端间的封接不够严密,记录到的信号不是单个离子通道上的电流,而是许多个、许多种离子通道的电流总和。这种结果根本说明不了什么问题。看来,解决密封问题是关键。在实践中,他们发明了一种称之为"膜片钳"的技术。即在原来的基础上发展了另一种玻璃微管。与以往不同的是,这种微管的尖端变粗,吸引着一个完整细胞的膜表面,当微管插入细胞膜时,就能使细胞膜与微管口尖端周围形成紧密的封接。吸引电极与封接的细胞膜只有一至几平方微米的面积,其上仅含有几个甚至是一个离子通道。当单个离子通道开放时,由于离子是带电荷的,离子通过通道时就可以记录到一种电流。

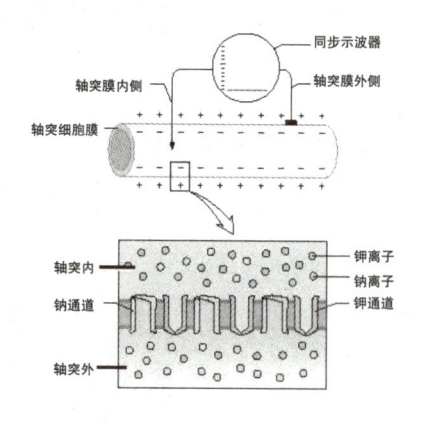

▲ 静息电位产生时离子通道状态。　　▲ 动作电位产生时离子通道产生的变化。

1980年圣诞节后,内尔和萨克曼已经看到了他们成功的曙光,于是加紧工作节奏,夜以继日地观察。实验室里时不时地传出令人激动的声音:"我又有了一个新发现。"

内尔和萨克曼终于记录到了离子通道是怎样活动的了。

原来细胞膜上有不同类型的离子通道。有些只允许带正电荷的钠离子、钾离子或钙离子通过,有些则只允许带负电荷的氯离子通过。对于离子通道是如何工作的,萨克曼有一段非常形象的解释:"离子通道看起来像一个漏斗,漏斗上带有一扇'门'。这扇'门'大到足以让一个离子通过。构成通道内壁的东西看起来像5条做木桶用的窄木条,'窄木条'向通道的一端倾斜集中以使其封闭。当递质和受体纠缠在一起时,这些'窄木条'直立起来,通道打开。"

内尔和萨克曼之所以能够成功,是因为他们在实验方法上进行了突破性的创

真正的奥秘

新,即他们发明了膜片钳技术。这项技术现在普遍用于全世界的每一个细胞生理室,可以对细胞的基本活动进行观察。在单一离子通道开启和关闭时,对其中的离子流进行观察,从而对通道这个"门"的知识再深化,也使生物电的产生机制中对通道这一部分的认识更加深入。不仅如此,他们的这项成就对疾病的认识和对药物的研究也产生了巨大的影响。某些疾病就是或多或少地与离子通道有关。离子通道时开时关,这需要调节,而有些疾病就是因为通道调节失控所致。通过对离子通道的研究,从20世纪80年代以来已阐明了不少疾病的发病原因。比如,囊性纤维性病是因为氯离子通道出问题所致,癫痫是钠离子和钾离子通道出问题所致,某些心血管疾病是因为钙离子通道出问题所致……

诺贝尔奖评选委员会在颁发此项奖金时的评价是:"内尔和萨克曼的贡献,对于细胞生物学领域的发展以及对于阐明各种疾病的机制,均具有革命性的意义,并且开辟了一条发展新的更有效的药物的途径。"

当萨克曼接到他获奖的消息时,他的第一个念头是:"哦,这真是太幸运了!"这反映出了这位科学家的为人。由于膜片钳技术的发明和使用,内尔和萨克曼成为世界著名的科学家。但他们把自己的成功很大程度上归结于机遇,丝毫不招摇。通过萨克曼在两件事上的做法可以反映出一个真正的科学家所具备的优秀品质。一件事是在出版的论文中他从来不用第一人称。当别人问及为什么不使用"我"字时,他的一席话令人深思:"是的,我讨厌这个字。15年以前说'我'字也许没什么不合适的。如今你的研究工作却是建立在许多前人所做的实验的基础上,你所使用的许多技术和概念都是你最初一无所知的,这些都来自于书本知识。所以很容易把'我'字放在不恰当的位置,使人听起来好像你发明了一切。比如,卡茨就从来不用'我'字。他会说'一些证据表明……'或者'这些试验很明显地说明……',但他从不说'我发现……'。"

另一件事是,萨克曼他们发明的技术已经在诸如药业等领域得到应用,当别人问及他是否拥有专利时,他说:"没有,拥有专利会使人过于兴奋,也很麻烦。专利是一件很分神的事情,而我还有那么多新知识要去学习。再说要专利有什么用呢?我又不想在科研工作以外赚钱。这不是我的兴趣所在。"

一个真正的科学家不仅体现在出众的科学素养和才能上,也体现在他们对科学进步、发展的热心支持,对年轻一代科学人无私的提携和指导中。内尔在对待中国学生的过程中就表现出这些优秀品质。在内尔看来,科学是一种跨越国界的和平的精神。现在工作的马普生物物理化学研究所指导过多名中国留学生,有些现

巅峰之旅

▲ 内尔在讲座现场。　▲ 内尔和陈竺院士。

在已经在国内成为重要的科学领军人物。他的学生说，内尔是一位特别谦虚的人，从来不让学生觉得自己是个大人物。让学生最为感动和受益的是，他知道如何帮助学生，而且从来不会利用学生为自己服务。举个例子，导师在学生的论文上署名甚至直接把学生的论文据为己有，在世界范围内已经成为一种现象，但内尔在自己指导的学生完成的论文中从来都不允许署上自己的名字。

为了使中国年轻的科学家们更快地成长，中国科学院制订了"爱因斯坦讲席教授"计划，每年邀请世界顶级科学家来华作相关领域的报告，这个计划的首位演讲人就是内尔。2005年3月，他在中国科学院研究生院作了题为"钙离子和环腺苷酸调控神经递质和激素的分泌"讲座，主要介绍了神经突触传递的研究进展和用膜片钳及其相关技术来研究神经递质释放过程中的分子机制。

有人用同位素标记的河豚毒做实验，发现它们只和细胞膜上散在的一些蛋白质分子作1:1的结合，并由此算出钠通道的数目。钠通道在枪乌贼巨大轴突膜上的密度约为每平方微米550个，在兔迷走神经纤维膜上约为100个，在一些有髓鞘神经纤维朗氏结处的膜上约有104至105个。如果把计算所得的钠通道数和膜兴奋时的Na^+内流作比较，则可得到兴奋时每秒钟将有多于107个Na^+流过钠通道。这个速率超过钠泵主动转运Na^+速度的105倍，比体内一般酶反应的转换率快100倍。

内尔等提示了离子通道是存在于细胞膜上的蛋白质，在静息电位的基础上离子通道的启闭是产生神经冲动的先决条件。那么离子进出细胞膜的具体机制是什么呢？这只有了解离子通道的三维结构，才能彻底解开其中奥秘。

"如果你善待科学,科学就会眷顾你"

神经生理学取得了很大的进展之后,科学家们没有放弃对离子通道的研究,可遇到了巨大的拦路虎——缺少离子通道高分辨率的结构数据,以至于使这个研究领域长期没有得到更长足的发展。这块坚冰终于在1998年被打破——世界上第一张高分辨率的离子通道三维空间结构——源自链霉菌的 KcsA 钾离子通道被成功解析这项成果出自美国纽约洛克菲勒大学的一个研究小组,这个小组的领导者就是罗德里克·麦金农(Roderick Mackinnon, 1956 —),他因此项成果而获得了2003年诺贝尔化学奖。

▲ 罗德里克·麦金农,美国生物物理学家,神经生物学家,获2003年诺贝尔化学奖。

前面已经涉及的不少诺贝尔生理学或医学奖的获得者是物理学出身,这也表明科学是相通的,物理、化学、生物代表着不同的领域和研究水平,从生物学直观的描述到有物理学参与的测量等手段都不断地推进神经生理学的进步和发展,一定程度后达到化学水平即分子水平的研究也就不足为怪了。麦金农获奖就是这种发展的一个重要的代表。

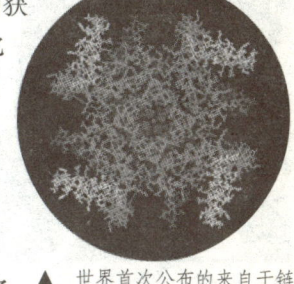

▲ 世界首次公布的来自于链霉菌的钾离子通道图片。

其实麦金农是学医学出身的,获得了医学博士之后,他面临着一个重要的选择,是做医生还是做科学研究,前者是他一个比较现成的选择,而后者则是他童年起就有的一个情结:麦金农从小就喜爱自然,成年以后还能回忆起研究青草、叶子和昆虫的乐趣,他尤其喜欢用显微镜观察微生物。这个快乐的记忆一直伴随他到成年,终于他放弃行医这一稳定而无忧的职业,选择生物化学领域作博士后研究。这样说来,他的科学生涯是在30岁才开始的。

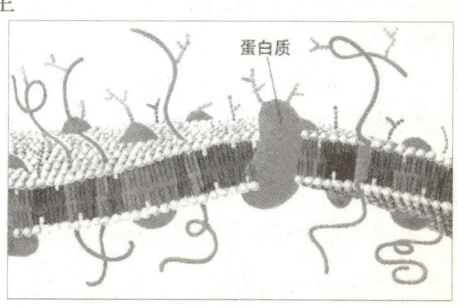

▲ 细胞膜离子通道的三维结构。

麦金农选择的研究项目就是离子通道的结构,这个项目被人们称为不可能完

巅峰之旅

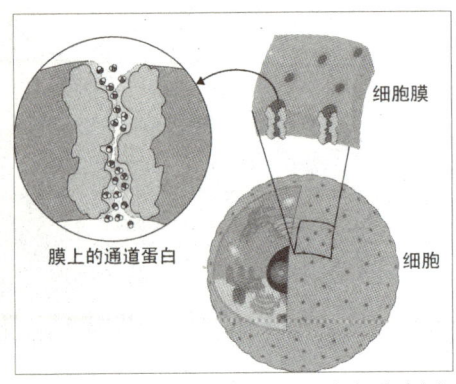

▲ 细胞、细胞膜与通道蛋白三者的关系。得到纯化的离子通道晶体是非常难的事情，是运用 X 射线技术解析其结构的先决条件。

▲ 麦金农在展示他的研究成果。

成的任务。

试图弄清离子通道蛋白质结构的科学家并非麦金农一人，但是在他成功之前所有人都失败了。其实，依靠现代科学技术水平用 X 射线晶体成像技术已经解析了数以百计的蛋白质的三维结构。所谓的 X 射线晶体成像技术解析蛋白质的结构，就是让一束 X 射线照射要研究的蛋白质晶体，此时射线的分布是一种衍射的过程，如果把摄影胶片置于晶体之下，就可以通过曝过光的胶片观察到 X 射线的衍射图像。通过这些衍射图像进行一系列的数学运算，我们就可以解析出组成蛋白质分子的各个原子的空间位置。离子通道是细胞膜上的蛋白质，理论上可以通过上述方法测定结构的。可麦金农的许多同事仍劝告他不要把时间浪费在用 X 射线衍射技术研究离子通道上，称这是一个让人望而生畏的研究项目。原因是运用这种技术的前提是要得到纯化的离子通道蛋白的晶体物质，这可谓是一个巨大的困难。可麦金农对此充满热情。

为了完成这项研究，麦金农从学习晶体学开始，常常出没于哈佛大学的晶体学实验室，他在成功后，在《自然》杂志上回忆这段经历时写到："学生们觉得这有点古怪：一个教授在实验室里转悠，但是他们习惯了，他们确实成为我的良师益友。"

靠着坚定的信念、扎实的理论基础和不懈的努力，麦金农成功了。他领导的研究小组终于得到了链霉菌的 KcsA 钾离子通道的三维结构，这项成果被有关的科学权威称为过去 50 年在离子通道领域最重要的研究之一。

很早以前神经生理学家就知道离子通道具有高度的选择通透性和极高的运输速度，但从未从根本上给予解释。麦金农的研究成果展示出通道上缘的结构恰

真正的奥秘

好完美地容纳钾离子,但却能将体积较小的钠离子拒于通道之外,这样的结构解释了为何此通道蛋白对钾离子有高度的选择性和每秒通过1亿个离子的高运输速度及通道启闭机理。

麦金农的方法是革命性的,它可以让科学家观测离子在进入离子通道前的状态,在通道内部的状态以及离子穿过通道后的状态。

不可完成的任务被麦金农完成了,麦金农说:"我的信条是,如果你善待科学,科学就会眷顾你。"这句话可谓意味深长。

有趣的是,麦金农在发现离子通道结构和因此而获奖的时候,都有戏剧化的一幕:1998年元旦前夜,麦金农的同事们都下班去欢庆新年了,唯有他一个人在实验室继续工作,也就是在那一晚,他第一次看到了离子通道结构。5年后,诺贝尔化学奖揭晓,同事们、朋友们都在为他高兴之时,他却在乡间度假,成为最后一个知情的人。

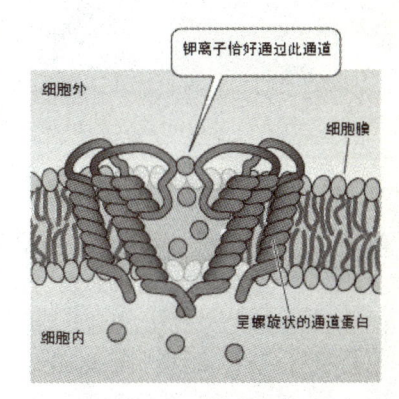

▲ 1998年发现的离子通道示意图,此时KcsA显现离子通道呈关闭状态,到2002年,还是麦金农领导的研究小组又解析出离子通道的开放状态。

巅峰之旅

传递情报的使者

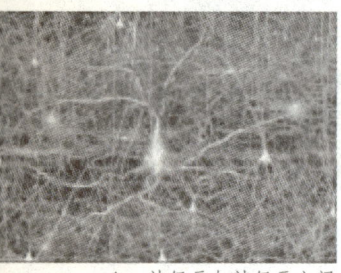

就神经系统而言，在同一个细胞内传播的信息是电信号，是通过神经冲动的传导在一个细胞内扩展，但作为一个反射弧，有许许多多的神经元，单就人的大脑，就有多达几千亿个神经元。要感受一下这个数字是个什么数量级，我们不妨打个比方：亚马孙雨林约有1000亿棵树木，占地可达700万平方公里。

▲ 神经元与神经元之间建立了无比庞大的网络。

要完成反射活动，有神经元与神经元之间信息的传递过程，还有神经与骨骼肌等效应器之间的信息传递过程。再打个比方说，你想拿起一个杯子，这是大脑作出的决定，是由控制骨骼肌的运动神经元支配相应的肌肉完成的。中枢神经系统中的神经元依次传递着"司令部"发出的指令，依次在神经细胞内传导着神经冲动，通过运动神经元，直至你拿杯子的手的骨骼肌上。同样，手指不小心割破了，你会觉得很痛。这是手指上的感受器感受到了刺激，通过一个感觉神经元传至一系列感觉神经元，最后传到脑神经中枢，这时人才会感觉到疼痛。神经元与神经元之间的联系由于其数目的巨大而变得非常复杂，也就决定了神经系统的复杂性。这些姑且不谈，单就两个神经元之间、神经元与所支配的效应器之间是怎样传递信息这个问题来谈，也并非是件容易的事情。细胞之间的对话是怎样完成的呢？

1936年诺贝尔生理学或医学奖是由两人分享的。他们是英国人亨利·哈利特·戴尔(Henry Hallett Dale, 1875—1968)和奥地利人奥托·勒维(Otto Loewi, 1873—1961)。他们的获奖原因是发现细胞间化学传递过程，这在当时是一个革命性的、前所未有的概念。

▲ 亨利·哈利特·戴尔，英国著名生理学家，获1936年诺贝尔生理学或医学奖。

▲ 奥托·勒维，奥地利著名生理学家，获1936年诺贝尔生理学或医学奖。

身体七巧板

具有神秘色彩的实验设计

20世纪20年代以前，在谈到细胞间兴奋传递这个问题时，人们都认为，神经末梢向所支配的器官传递信息也是像神经冲动那样完成的，细胞之间的通信方式也是电信号。这种解释不够令人信服，一是缺乏足够的实验证据，二是存在着非常明显的问题。一种类型的神经作用于不同的器官，会有不同的作用。植物性神经就是如此，那时的科学家们对此类神经的研究已经取得了不少的成就。植物性神经也称自主神经，是一类专门支配内脏器官的神经，分交感神经和副交感神经两类。绝大多数器官受交感神经和副交感神经的双重支配。二者的作用相互拮抗。比如，心交感神经兴奋，心脏活动加强，而心迷走神经（属副交感神经）兴奋，则使心脏活动减弱。消化功能也受交感神经和副交感神经的双重支配，前者使消化功能减弱，而后者则有促进消化的作用……既然电的性质是一样的，怎么会产生两种不同的结果呢？于是有人猜测，是不是除了电信号传递之外，还存在着其他的传递方式？是否存在于细胞之间？

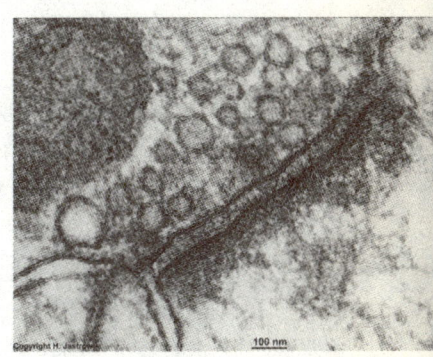

▲ 现代电子显微镜技术表明，两个神经元之间有200埃的缝隙，电信号不能直接跃过此缝隙。

对细胞间传递过程的研究，就是从植物性神经开始的。

1920年3月，奥地利科学家勒维做了一个极为巧妙的实验，在科学历史上第一次证明：心迷走神经使心脏活动减弱是因为释放了一种化学物质，而心交感神经兴奋使心脏活动加强则是该神经释放了另一种化学物质所致。这个结论揭开了对神经上的兴奋化学传递研究的序幕。

勒维的这个发现，颇具神秘色彩。

据说，有一天他做了一个梦，梦中呈现的是一个实验设计。在这里，不妨摘录一段他本人的回忆录：

"那年复活节前夜，我从梦中醒来，开亮了灯，在一片小纸上匆匆记录下梦中所想到的，一躺下又进入了梦乡。第二天早晨6点起床后，想起头一夜曾写下一些

巅峰之旅

很重要的东西,但由于写得太潦草,无法辨认。第二个夜晚3点钟,这个想法又在梦中出现。这是一个实验设计,目的是验证我于17年前所设想的那个化学传递假说是否正确。醒后,我立即起床,奔赴实验室,按照梦中的设计用蛙心完成了这个简单的实验。……"

按照梦中设计的实验方式,勒维连夜完成了这个实验。待到天亮时,神经上的兴奋是通过化学物质传递给另一个细胞的理论完全得到了证实。勒维由此创造了一个奇迹。

"日有所思,夜有所梦"。勒维的成功不是简单地光凭着一个梦就做到的。在化学史上也有著名的化学家凯库勒因工作疲倦打盹而梦见蛇咬尾巴,从而解决了芳香族化合物结构的难题。这虽然带有偶然性的成分,但也有其合理性。就从勒维的发现这件看似非常偶然的事例上,也可以看出他锲而不舍、孜孜以求的研究精神。他梦中的这个设计正是出于他17年前的一个假说。

在成长为科学家的道路上,勒维的经历有些特别。他年轻时并不喜欢自然科学,却对艺术有着强烈的渴求。他进医学院是出于家庭的压力。他的家庭开着一个小药店,兼售其他生活日用品。这个知识层次不是很高的家庭却很崇尚科学,最崇拜的人是医生,认为医生可以妙手回春、受人尊敬,是一个很好的职业。为了自己家里也培养出医生,他们不惜把祖上传下来的房地产卖掉,送勒维进了医学院。偏偏勒维志向不在此。在学校里,他很少去医学院听课,却把大部分时间花在文学院听哲学、建筑史、戏剧等课上。科学的威力毕竟是巨大的,前辈们精彩的文章和实验室那从未接触过的新天地,逐渐改变着勒维原先的想法,越来越强烈地吸引着勒维,也使他从此安于自己的学业。

23岁时,勒维大学毕业了,并顺利地拿到了行医的执照。在他的家乡,这是件大事,他受到了敬重和欢迎。但他并没有从此成为一个父母期盼的从业医生。原因是在医院临床上,他看到许多病症由于医学水平达不到而无法医治,像结核病等许多疾病当时都是不治之症,患者住在医院里只是等死。作为一名医生,他感到痛心,决定从事医学研究工作。

1898年,勒维转入药理学的研究工作。1901年,他到英国留学。就是在那里,他认识了一些著名的生理学家,了解到他们的研究工作。

有这样一种现象引起了勒维的兴趣:在动物体内刺激交感神经的作用与注射一种叫做肾上腺素的物质所产生的现象相似。对此,勒维深受启发,他逐渐产生了这样一种想法:刺激迷走神经或交感神经,或许在其末梢释放化学物质以传递其神经兴奋到各自的效应器上。这个想法就是他17年后在梦中重新又回顾到并实现的实验设计。或者说,他后来的收获缘于埋下并孕育了17年的种子。这可谓是这次英国之旅的巨大收获了。另外一个收获是他结识了后来和他一起获诺贝尔奖的生理学家戴尔。这两位年龄相近的青年所研究的领域也有共同之处,他们都注意到了神经末梢可能释放化学物质这样一个课题。从此,在后来的研究中就开始了有呼有应的合作。

回到德国后,勒维接受了一所医学院的邀请,讲授药理学并开展研究工作,一直工作了30年。也就是在这里,他取得了辉煌的成就。

勒维主要从事药物对心脏作用的研究,利用离体的蛙心研究药物的作用。他最出色的工作是设计了一个在科学史上都非常著名的实验,即人们常说的缘于他的梦的那个实验。

这个实验的具体方法是这样的:将青蛙的心脏A连同迷走神经从蛙体上摘下来,用特制蛙心插管把出心口和入心口连接起来,造成一个体外循环的状态。此时循环的不再是血液,而是一种称为"任氏液"的液体。这是一种和两栖类本身血液特性类似的液体,在这种溶液中,心脏仍可跳动很长时间。由蛙心的跳动次数、收缩的强度及心输出量,可以看到心脏的活动状态。再做一个离体蛙心B,同样安上蛙心插管,灌入任氏液。与蛙心A不同的是,这个蛙心不带有迷走神经。至此,标本的准备工作完成。

▲ 勒维和他的实验装置。

实验的第一步是,用刺激装置刺激蛙心A的迷走神经。因为迷走神经的作用是使心脏活动减弱,所以看到了心脏心率减慢,心收缩力也减弱的现象。此时把循环在蛙心A中的任氏液用吸管吸到已没有迷走神经也未受到任何刺激的蛙心B的玻璃管内循环。正如勒维所预料的那样,蛙心B的心率减慢、心收缩力减弱,跟刺激迷走神经的效果一样。同样,分离出保留了交

▲ 勒维的实验过程及结果。

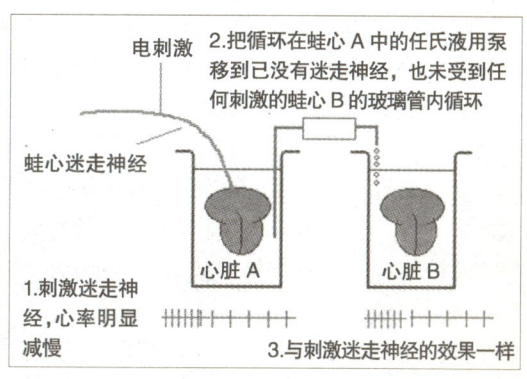

巅峰之旅

感神经的蛙心脏。刺激交感神经,蛙心脏活动加强,具体表现是心率加快、心收缩力加强。此时将其中的任氏液转移至给第二个蛙心脏,后者的跳动也加速起来,如同刺激了交感神经。这个实验结果证明:神经并不直接影响心脏,而是在其末梢释放出特殊的化学物质,这些化学物质引起了心脏功能的改变。

神经末梢释放的是什么物质呢?一来其量很少,二来释放出来后很快就会被破坏,因此很难收集和证明,只能称之为迷走递质和交感递质。但不管怎么样,化学递质的地位被确立起来了。一位生理学家是这样评价这个历史事件的:"很少有一个发现像化学传递的发现那样,对生理学有如此巨大的冲击。"

既然神经与效应器之间、神经与神经之间的兴奋是靠化学物质来传递的,那么进一步的工作就是确定这些起信使作用的化学物质了。

找到信息传递者

勒维说过这样一段话:"戴尔爵士,是我生平唯一的知己,同时我们在医药的研究探讨上,有着共同的志趣与目标。"这两位不同国籍却有着共同志向的科学家,在发现细胞间兴奋传递过程中密切合作长达8年之久,在不同的研究室共同完成这项开创性的工作。

在诺贝尔生理学或医学奖获得者中,戴尔也有一些特点。他不仅是一位出色的科学家,而且还担任过许多重要的行政职务。他一生中曾担任过英国国立医学研究院院长、皇家学会主席、英国战时内阁最高科学顾问委员会主席、内阁原子能委员会顾问、英国科学促进会会长、皇家医学会会长、英国枢密院大臣等职务。这当然是在他生命的各个时期的职务,但一直担任不变的是英国伦敦大学生理学教授。

戴尔出身于一个商人的家庭。后到剑桥大学学习生理学和动物学。他学习非常认真、刻苦,成绩优异。当他埋头读书的时候,人们看到的是他的一丝不苟的风格。这种风格贯穿了他的一生,是他事业上取得成功的因素之一。

完成学业后,他选择了科学研究工作,并为之又到伦敦大学继续深造了两年。然后他找到了一份工作,为一个医药商行的老板作药理研究。这种工作当然是从比较实际的角度出发去从事研究,老板要求他对一种麦角菌进行药理研究。

麦角菌是一种常寄生于像小麦、黑麦等禾本科植物子房部分的菌类。充斥在植物子房中的菌丝干燥后,变成了菌核。这种坚实的菌核呈角状,所以叫麦角。麦角中含有麦角碱,有重要的药物作用。像止血剂、子宫收缩剂,都是从麦角碱中提炼出来的。麦角这种物质在临床药物学中受到了很高的重视,促使人们去研究麦角新的医药用途。

在对麦角进行研究的几年中,凭着扎实的理论知识和操作技术,戴尔果然取得了不小的成果:第一个发现了脑垂体中的催产素;从麦角碱和动物体内分离出重要的体液成分——组织胺,并对其生理作用进行了研究,产生了极大影响。

1914年,戴尔担任皇家医药研究院生物化学系及药物系主任,并开始了对神经冲动化学递质的研究。

在继续研究麦角时,戴尔从中分离出一种物质,将这种物质作用在动物体上,出现了类似副交感神经的作用。但其作用可被一种叫阿托品的药物阻断。这是一种什么物质呢?引起勒维注意的一个实验事实也引起了戴尔的重视,这就是注射肾上腺素可以增大交感神经的作用。这个实验说明,刺激交感神经可能产生了一种类似肾上腺素的物质作为递质。根据这一点,戴尔有了一个新的想法,从麦角中分离出的这种物质也具有递质的特性。戴尔马上着手对这种物质进行化学结构的分析。结果使他感到意外,原来这种物质并不陌生,就是乙酰胆碱。

此前,人们认识的乙酰胆碱是一种人工合成的化合物,但在动物体内是否存在,从来没有人证实过。现在戴尔就被推到了这个位置:既然麦角中的乙酰胆碱具有递质的作用,那就应该验证出在动物体内有天然乙酰胆碱存在这个事实。

要通过实验得到这个结果太难了,因为当时的实验条件不完善,达不到这么高的实验要求。戴尔花了几年的时间,想尽了各种办法,仍然一无所获。但他坚持自己的推测,动物体内肯定内存在乙酰胆碱,只不过是含量太少,或是产生后很快分解,暂时无法测到罢了。

戴尔继续努力,并期盼着支持自己观点的结果出现。

1920年,终于从德国传来好消息,戴尔的好朋友勒维完成了那个著名的实验,证明神经末梢是通过释放化学物质来兴奋心肌细胞的。勒维分别称其为交感递质和迷走递质。这究竟是什么物质,当时不知道。直到1926年,勒维初步把迷走递质确定为乙酰胆碱。这个结果支持了戴尔多年前的说法,找到了动物体内的乙酰胆碱。但这仅仅是猜测,还需要更有说服力的证据。1929年,戴尔发现在牛和马的脾脏内有浓度很高的乙酰胆碱,更说明了乙酰胆碱是动物机体内一个正常的组

巅峰之旅

成成分。

下面的工作该是进一步补充和完善乙酰胆碱作为神经递质、完成细胞间的兴奋传递这个结论了。戴尔为此做了一系列的实验。

继勒维实验后,第二年戴尔又通过实验证实了副交感神经的兴奋正是它所释放的乙酰胆碱引起的。1933年,戴尔和他的合作者对交感神经释放的递质也进行了探讨。植物神经从脊髓发出后到支配效应器之前要换一次神经元,因此植物性神经有节前神经和节后神经之分。戴尔等发现,所有副交感神经的节前神经纤维末梢和节后神经纤维末梢释放的都是乙酰胆碱;交感神经的节前纤维末梢释放的也是乙酰胆碱,一部分节后纤维末梢也释放乙酰胆碱。就是在这些神经与神经之间、神经与效应器之间,乙酰胆碱执行着化学传递的功能。后来,他们还发现,在运动神经末梢与骨骼肌的接点上,也是靠乙酰胆碱传递信息的。他们甚至还测出了一个神经冲动到达运动神经末梢后,可以引起大约 10^{-15} 克乙酰胆碱的释放。

从设想到实验,经过了二十多年扎扎实实地努力,他们终于令人信服地证实了乙酰胆碱是细胞间化学传递的物质。

迷走递质虽被确定了,但交感递质是什么?由于当时技术的原因,有很多争论,鉴定工作也进行得很慢。20世纪30年代初,美国的生理学家坎农*(Walter Braford Cannon,1871—1945)认为是肾上腺素。1936年,勒维也认定是肾上腺素。这样又过了许多年,鉴定技术得到很大改善以后,在40年代中期才最后由瑞典的尤勒确定为去甲肾上腺素。这是一种与肾上腺素结构极为相似的化学物质。随着研究的不断深入,对于递质的认识也不断加深。现在我们已经知道了8种以上的神经递质,如乙酰胆碱、多巴胺、去甲肾上腺素、肾上腺素、5—羟色胺、γ—氨基丁酸、甘氨酸和谷氨酸等。它

▲ 神经之间的联系。

许多轴突末梢与一个神经胞体

---

* 坎农:美国著名生理学家,他认识到全身生理过程的调节像温度、代谢率、血糖水平、心搏率和呼吸速率的调节,更主要是靠神经系统和内分泌系统的相互作用来实现。他发现感神经系统起着主导作用,通过对肾上腺髓质机能的深入研究,他对内环境理论有了更深刻而具体的理解。1932年他在《人体的智慧》一书明确提出了内稳态理论。

们是被一致公认的递质。一般说，一个神经元只使用一种递质，至于该递质的作用如何，是引起后面的神经元或效应器兴奋还是抑制，那还要看这些"下家"本身的情况。还有一些候补者有待鉴定。这些递质在中枢神经元之间的传递过程中发挥作用，不但对生理学，而且对药理学和医学都有巨大的意义。

为了表彰勒维和戴尔的工作，1936年的诺贝尔生理学或医学奖颁给了他们两人。在这之后，身为犹太人的勒维受到了德国纳粹的迫害，于1938年被捕入狱。对于这样著名的科学家，国际科学团体进行了大力营救，经过不懈的努力，勒维才得以获释。他先去了英国，在那里受到了戴尔的热忱欢迎。1940年又接受美国纽约大学医学院的聘请，到那里做研究教授。此时他已经是67岁的老人了，但仍然勤奋工作，在药物研究上成绩斐然。他的一些实验被学术界命名为"勒维实验"。第二次世界大战结束后，他回到故乡观光，犹如当年他拿到行医执照那样，使他的家乡人民感到很荣光。他们筹集钱款，欲盖一座勒维纪念馆，但被勒维制止了。他提议把这笔钱用于培养更多的科学家。

勒维的记忆力非常好，而且工作、生活有板有眼，绝没有半点马虎。这与他的好朋友戴尔非常相似。在英国，戴尔的这个风格更是被许多科学家所仿效。伦敦医药界的专家们，曾一度风行将戴尔的照片放在工作台上。"一见到他那副严肃的样子和他的谨慎勤奋，就立刻有心平气和的感觉"。他们以此来鞭策自己。

戴尔出名以后，担任了许多重要的职务，当然也花费了他许多精力，占据了不少研究时间。在领导岗位上，他同样认真履行自己的职责。第二次世界大战爆发后，戴尔鼓励他的学生投入到保卫国家的战场上。在制定研究政策中，他做了许多工作。他对于做官和获奖并不热衷，最心爱的事情仍然是做研究工作。他用自己的切身体会，多次强调作为一个研究工作者，鼓励和名誉当然很重要，但学习和研究更重要。行政工作当然要好好地做，但如果由此耽误了许多大好的研究时光，那就令人遗憾。

从勒维和戴尔的行为之中，可以看到科学家所应具备的精神和风范。

巅峰之旅

再谈递质

自从勒维和戴尔证明了神经冲动是以化学物质这种方式传递给下一个细胞，即在神经末梢处神经冲动引起递质的释放，这些物质再"横渡"到另一个细胞引起下一个神经或神经所支配的结构的电活动发生变化。通过这种方式，把神经末梢及其支配的结构之间的功能给连接起来。这个发现导致了变革性的新思想，使神经化学和神经药理学很快发展起来。

老问题解决了，又带来了新问题：

神经递质是怎么合成、贮存和释放的？

神经递质出现的时间不到一秒钟，瞬间便消失，这是怎么回事？

还有哪些物质参加了这种细胞间的传递过程呢？

解决这些问题的成果主要是由3位1970年诺贝尔生理学或医学奖的获得者取得的。他们是英国人伯纳德·卡茨、瑞典人乌尔夫·冯·奥伊勒（Ulf von Euler, 1905—1983）和美国人朱利叶斯·阿克塞尔罗德（Julius Axelrod, 1912—2004）。此外，1963年诺贝尔生理学或医学奖的获奖者约翰·卡鲁·埃克尔斯（John Carew Eccles, 1903—1997）在此领域也有卓越的贡献。

▲ 乌尔夫·冯·奥伊勒，瑞典著名神经生理学家，获1970年诺贝尔生理学或医学奖。

▲ 朱利叶斯·阿克塞尔罗德，美国著名生物化学家，获1970年诺贝尔生理学或医学奖。

▲ 约翰·卡鲁·埃克尔斯，澳大利亚著名生理学家，获1963年诺贝尔生理学或医学奖。

在突触上发生的事情

上面谈到的递质的作用是在细胞之间发生的，这种细胞间的结构有一个专门的词，叫突触。

早在1897年，谢灵顿在一本教科书中就提出了突触的概念。何谓突触？谢灵顿是这样解释的："就目前所知，使我们认为轴突的末梢分枝与其所碰到的树突和胞体的物质是不相连续的，而仅是与它们相接触，一个神经细胞与另一个神经细胞的每一个这样的触点可称之为突触，用以表示神经细胞间的功能性的联系。"也就是说，神经间所连接的特殊结构很早就确立起来了。两个神经元以突触相连接，分别冠以突触前神经元和突触后神经元。突触的结构就由突触前膜（属突触前神经元）、突触间隙（两个神经元之间）和突触后膜（属突触后神经元）组成。

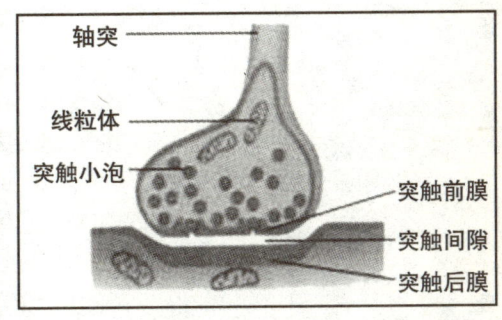

▲ 神经元之间突触的结构。

在很长的一段历史时期，人们在神经元之间是怎样传递信息的这个问题上存在着错误的观点，以为细胞间信息也是靠电的形式传播，即所谓的"电学传递论"。即便在戴尔和勒维发现化学递质，确定了是以化学物质来完成传递过程以后，这个争论仍在继续。

在这场争论中，有一位人士颇具有戏剧性的色彩，他曾经是"电学传递论"的忠实捍卫者，而在大量的事实面前他不断修正自己的观点，后来不但变成了"化学传递论"的支持者，而且还为此作出了卓越的贡献。他就是埃克尔斯。

埃克尔斯被神经生理学圈内人士称为这个领域内承上启下的人物——他是谢灵顿的学生，而卡茨又曾做过埃克尔斯的助手。他很好地完成了不同代科学家在同一研究领域的衔接——就如同他完成了细胞间信息传递的工作一样。

埃克尔斯是澳大利亚人。在本国读完医学本科后，以优异的成绩获得了英国维多利亚女王的奖学金，赴英国留学。他非常仰慕大生理学家谢灵顿，选择进入牛津大学的，在谢灵顿的指导下攻读生理学。两年后，由于成绩突出，取得了初级研究员的资格。从此，他有了自己的实验室，开始了研究生涯。埃克尔斯早期的工作是作为谢灵顿的助手，研究运动神经支配肌肉的方式。虽然研究资历不长，但埃克尔斯的工作成果却令人震惊。为了研究肌肉的收缩情况，他设计了一种新的肌肉活动描记装置。与以往的同类装置相比，这台仪器描记更准确，给研究带来了很大的便利。在做谢灵顿助手期间，他还取得了牛津大学的博士学位。埃克尔斯的才干

巅峰之旅

▲ 埃克尔斯工作照。

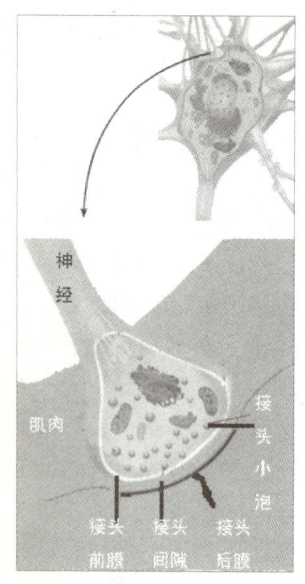

▲ 神经—肌肉接头，也称运动终板。

和工作深得谢灵顿的赏识。谢灵顿让他做了不少重要的工作，还让他参与自己编写的专著。

在埃克尔斯研究神经支配肌肉的方式上，就涉及神经与肌肉之间信息的传递问题。神经、肌肉之间的连接在广义上也是突触。更确切地说，是神经—肌肉接头，或称运动终板。埃克尔斯最开始接受的是传统的说法，即神经肌肉接头间是靠电来传递兴奋的。而此时，同是英国人的戴尔已经得出结论：传递信息的是化学递质。这在当时可算是一个震撼，在人们的怀疑声中引来激烈的争论。戴尔非常沉着地应战。他认真倾听不同的意见，并纠正自己的不足之处，用更有说服力的实验来证明自己说法的客观性和准确性。在这种浓厚的科学讨论和研究的氛围之中，埃克尔斯感受到了严谨的治学态度，在事实面前改变了自己的电传递论，做了化学传递论的拥护者，并在这方面做了开创性的工作。

1934年，埃克尔斯的老师谢灵顿退休了。离开祖国多年，在工作环境的改变和思乡的双重因素下，埃克尔斯回到了澳大利亚，主持悉尼医学研究所的工作。在化学传递这种新的思想指导下，又开始了对神经肌肉间兴奋传递的研究。

确定研究课题后，埃克尔斯请了两位助手参加研究工作，其中一位就是从英国远道而来的、对此课题有浓厚兴趣的伯纳德·卡茨。

他们一同工作了3年。在这3年中，他们的工作是卓有成效的。在研究神经—肌肉间的传递过程中，他们记录到当来自中枢的神经冲动快速到达运动神经末梢后，在神经肌肉接头处的新的电位，这个电位很缓慢。因为神经肌肉接头也称为运动终板，所以他们把这种缓慢的电位叫做终板电位。这种终板电位发生后，再引起肌肉产生动作电位，继而引起肌肉的收缩。他们还确认：终板电位的发生就是乙酰胆碱引起

再谈递质

的。即作为化学递质的乙酰胆碱的作用结果是产生了终板电位。

正当他们的工作顺利地开展之时，第二次世界大战爆发了。他们的研究也因战争而中断，研究小组解散，人员各自奔赴自己在战争中的岗位。

1943年，埃克尔斯又来到了另一个国家——新西兰，在一所大学担任教学工作。在非常繁重的教学任务中，埃克尔斯依然念念不忘他的研究课题。学校的实验设备不好，他就从理论上进行准备工作，不断提高自己的学识水平。有了充足的准备，一旦机会来了，他们便开始研究。

1951年，埃克尔斯和他的同事们，第一次将微电极插入到突触后神经元中，并记录到了突触后的电活动。他们发现：当突触前神经兴奋时，在不同的突触后神经中可记录到不同的电位变化，一种是可以引起突触后神经元兴奋的"兴奋性突触后电位"，一种则是引起突触后神经元抑制的"抑制性突触后电位"。这的确是一个令人惊喜的发现。

为了更好地完成已经胜利在望的研究，埃克尔斯又重新回到了实验条件较好的澳大利亚国立大学，在那里担任生理学教授，并在此工作了13年。在经历了多年的学习、艰辛的准备和探索之后，他的工作在这里取得了巨大的成就。

在证实了突触前神经元的神经冲动可以引起突触后神经元的电位变化之后，埃克尔斯继续他的研究。他得到的重要成果大致如下：按照功能，突触可以分为两类。一类为兴奋性的，一类为抑制性的。如果来自突触前神经元的神经冲动到达的是兴奋性突触，经过化学递质的作用，突触后神经元就产生兴奋性突触后电位，这种兴奋性突触后电位经过总合以后产生动作电位，突触后神经元就表现出兴奋。这种兴奋的表现可以是肌肉的收缩，也可以使下一个神经元所产生的动作电位继续传至下一个神经元。反之，如果是抑制性突触，则突触后神经元产生抑制性突触后电位，突触后神经元就会降低兴奋性，出现抑制。

神经元之间建立的突触联系数字是非常惊人的。有人作了个比喻：假如取只有一根火柴头那么大的脑

▲ 突触传递的过程。

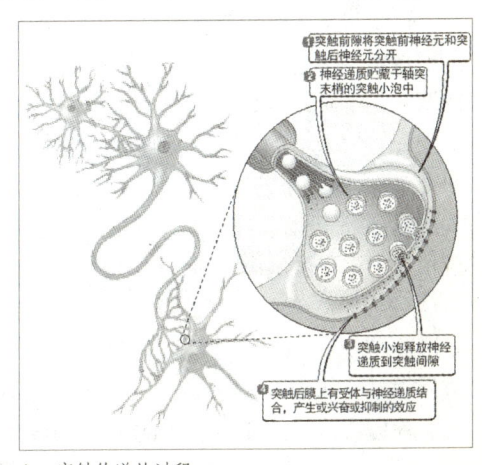

巅峰之旅

组织,其表面上的突触就可达到10亿个。这不仅因为神经元数目巨大,而且与任一特定的神经元形成突触联系的神经元也非常之多,在1万至10万个之间。所以,在神经系统中,神经元之间的联系绝不是一对一的"单线联系"。那么,一个特定的神经元就要接受许多多的信息,有兴奋性的,有抑制性的。这个神经元到底是兴奋还是抑制,要取决于兴奋、抑制双方力量抗衡的结果。这就是神经细胞的整合作用。神经冲动传来,突触后神经元到底是兴奋还是抑制,是由递质与相应的受体结合后产生的效应决定的。

递质的由来

1970年诺贝尔生理学或医学奖评选委员会在谈到获奖者之一的奥伊勒时说:"乌尔夫·冯·奥伊勒对交感神经系统特别感兴趣,并早已鉴定了肾上腺素能物质——去甲肾上腺素。他与一位瑞典同事、已故的尼尔斯·阿克·希拉普(Nils-Åke Hillarp)一起,证明了神经中的去甲肾上腺素是在直径大约为万分之一毫米的颗粒中合成和贮存的。他在这些神经颗粒的特性研究中作出了巨大的贡献。"这一段话对尤勒的工作做了概括。

奥伊勒出生在一个高级知识分子的家庭。他的亲人中有好几位著名的化学家。他的父亲和教父都是诺贝尔化学奖的获得者,他的外祖父是化学元素铥和钬的发现者。在这种家庭氛围中成长的奥伊勒从小就非常喜爱科学,但他并没有走前辈的化学研究之路,选择了医学作为大学的学业。就在他父亲获诺贝尔化学奖那年,24岁的奥伊勒正在一所大学的药理系做助教。他虽然没有从事化学本身的研究工作,但后来的事实证明,家庭的熏陶、扎实的化学知识给他的工作带来了极大的便利,是他获得成就的因素之一。尤其是他掌握的化学微量分析技术,在他发现机体中重要微量物质的过程中起到了相当大的作用。

完成学位论文后,奥伊勒得到了一笔到国外作研究的奖学金。这个机会使他到国外一些著名的实验室参加短期工作,不但见识到了与他相关研究领域的最新成果,而且认识了许多著名的科学家。在这些实验室里,奥伊勒学习各种实验技术和实验方法,同时也在选择自己今后的研究方向。奥伊勒开始从事研究工作时并没有局限在某一特定的领域,他参与研究的领域很广泛。比如,他参加过高血压的研究,涉及过生理物理学的领域。特别值得一提的是,他还参加过内分泌学的研究工作。在产科医生描述的一种现象中,他敏锐地觉察到其内在的重要性,并从精液中提取了一种全新的激素取名为前列腺素。他最先对前列腺素进行分离和纯化的工作。当这项工作进行了一段时间后,奥伊勒转交给他值得信任的另一位科学家贝格斯特隆(Sune K.Bergström, 1916—2004)完成后续工作。贝格斯特隆则由于完成了由奥伊勒确定并参与了最初工作的选题,成功地分离和纯化了前列腺素而获得 1982 年诺贝尔生理学或医学奖。

奥伊勒撤出这个后来获得很大荣誉的选题,原因是有另一个更吸引他的题目,这就是对交感递质的研究。

奥伊勒曾慕名到英国伦敦的戴尔实验室工作了一段时间,对戴尔的工作有很深的了解。回国后,他决定把戴尔的工作继续下去。

前面谈过,勒维和戴尔发现的细胞间兴奋传递是靠化学物质进行的,确定了所谓的"化学传递论"之后,下一个问题就是确认化学递质到底是什么了。当时勒维只是定为"迷走递质"和"交感递质"。迷走递质很快就被戴尔等人研究证明是乙酰胆碱。交感递质是什么,却因当时的技术条件和研究方法等问题一直没有得出肯定的答案,研究的进展特别慢。

到了 30 年代初,美国著名的生理学家坎农对此有了一个答案,认为交感递质是肾上腺素。1936 年勒维也认为是肾上腺素。后来坎农等人又推翻了自己的结论。因为缺乏确凿的实验证据,谁也无法来下最后结论。自勒维做了科学史上著名的蛙心灌流证明神经的信息传递靠神经递质实验算起,这场争论经历了 25 年。直到 1946 年,才由奥伊勒以无可否认的事实正式确立交感递质是去甲肾上腺素。这种物质与肾上腺素在结构和功能上都有很多类似之处。之所以称为肾上腺素和去甲肾上腺素,是因为这两种物质可作为激素由内分泌腺体肾上腺髓质嗜铬细胞分泌。这两种物质的结构很相似,只不过肾上腺素比去甲肾上腺素多一个 N 位的甲基,去甲肾上腺素在嗜铬细胞内脱掉 N—甲基就是肾上腺素。如果切除动物的肾上腺,血液中肾上腺素消失,而去甲肾上腺素浓度变化不大。这说明去甲肾上腺素的主要来源并非是肾上腺,而是来自于交感神经节后纤维。这种作为神经递质的去甲肾上腺素,就是奥伊勒发现的。虽然它和作为激素的去甲肾上腺素来源不同,但在功能上,作为激素的去甲肾上腺素和作为神经递质的去甲肾上腺素是一致的。当机体面临紧急情况时,心脏活动会加强,呼吸会加快。这就是它们通力合作的结果。另外,作为激素的肾上腺素和去甲肾上腺素,也可以作用于突触,产生和递质相似的效应。鉴于激素和神经递质有千丝万缕的联系,神经递质去甲肾上腺素应该称为"肾上腺素能递质"。

在确立了交感递质为去甲肾上腺素之后,奥伊勒的工作重点就放在神经末梢去甲肾上腺素的分布情况,发现大部分交感神经节后纤维末梢释放的递质就是去甲肾上腺素。在不同的生理情况和病理条件下,去甲肾上腺素的分布是不一样的。

化学递质去甲肾上腺素在突触前神经元的分布是怎样的呢?是散落分布于整个细胞,还是另有其他方式?经过大量研究,奥伊勒发现这种递质是在神经末梢内一种小的颗粒内合成和贮存的。这种颗粒非常小,直径只有30~150纳米。这个制造场地和小小的容器就叫做突触小泡。奥伊勒对于去甲肾上腺素这种递质合成、贮存和释放过程的发现,有重要的理论意义,对胆碱能递质的研究也具有很大的启发性。同样,作为神经递质,有许多共性。如乙酰胆碱也是在突触小泡内贮存和释放的。奥伊勒的发现在医学上也有实际意义。

医学上有一类拟肾上腺素的药物,它们的特点是,结构与肾上腺素和去甲肾上腺素相似。当它们作用在神经突触时,可以起到和神经递质去甲肾上腺素相似的效果。这些药物包括肾上腺素、去甲肾上腺素、异丙基肾上腺素、多巴胺、麻黄碱、苯肾上腺素等等。如从家畜肾上腺提取的或人工合成的肾上腺素,可以有兴奋心脏、升高血压的作用,在临床上可以用于由窒息、溺水、药物中毒等引起心脏骤停的急救上。从植物中提取的麻黄碱,人工合成的去甲肾上腺素、异丙肾上腺素等,都有增加交感神经活动的作用,在临床上有广泛的治疗用途。这些都是在奥伊勒发现了去甲肾上腺素以后,人们在此基础上研究和应用的结果。

递质的命运

在对拟肾上腺素类药物的研究中,20世纪50年代活跃着一位出色的人物。他就是阿克塞尔罗德。

1970年的诺贝尔生理学或医学奖分成两半,一半由卡茨获得,另一半就是由奥伊勒和阿克塞尔罗德共同分享。

如果把这两位同为一项研究内容而共同获奖的人物进行比较就会发现,他们的家庭出身和后来成名的道路有着非常显著的差异。奥伊勒出身于著名学者的家庭,从读书到从事研究,都极为顺利甚至研究时的客观条件都极为优越。相比之下,阿克塞尔罗德则经历了更多的坎坷和艰辛才走到辉煌。他各方面的条件不仅比不上奥伊勒,而且从年轻时起就更多地为生计而四处奔忙,在远离科学研究殿堂的地方生活,四十多岁才取得博士学位。由此也可以看出,阿克塞尔罗德是一位具有惊人毅力和坚忍不拔意志的学者。

阿克塞尔罗德1912年出生在美国纽约一个贫寒的家庭。尽管他从小就表现出聪明的天资和好学的精神,而且成绩优异,但因为父母无力支付学费仍上不了一流的大学。阿克塞尔罗德只能别无选择地到免费大学去读书。

大学毕业后,该选择今后的方向了,但当时的情况是身不由己的。阿克塞尔罗德后来谈到这段时间时说过:"在美国,30年代是身无分文的青年人无缘问津科学的年代。"不仅如此,当时美国经济危机严重,大批的劳动者被解雇,像他这种刚出大学校门的年轻人,更是无人聘用。阿克塞尔罗德藏起自己的惆怅和无奈,为生存的第一需要而奔波。他干过各种工作,包括粗活和脏活。毕业后的那两三年中,他不得不频繁地调换工作来解决温饱问题。直到1935年,一家私人研究所让阿克塞尔罗德在实验室里做药剂师。虽然这个工作也不是他所想做的,但毕竟可以做得长久一些。他的主要工作是药物分析。这种工作近似于一种熟练工种,但他并没有就此放弃自己的理想,他利用业余时间抓紧学习。在这家研究所工作期间,他靠自学获得了硕士学位。

阿克塞尔罗德工作的研究所规模并不大,在从事较实际的项目研究中,也常会遇到一些解决不了的问题,需要到外面请教行家。这个"跑腿"的工作往往就落在了阿克塞尔罗德的身上。老板不经意的派遣倒成了他一个非常好的学习机会。在与外面的交往中,他认识了著名科学家伯纳德·布罗迪*(Bernard Brodie)。布罗迪是一位药物学家,在药物代谢方面的研究对现代药理学理论产生了重大的影响,在西方享有很高的声誉。在与布罗迪的接触中,又增加了阿克塞尔罗德从事研究工作的渴望。另一方面,阿克塞尔罗德所表现出的良好的研究素质和学识也得到了布罗迪的赏识。就这样,在1946年,阿克塞尔罗德正式调到布罗迪的门下做助手,由此开始了他梦寐以求的科学研究生涯。这年,距他大学毕业已整整过去13个年头了。

阿克塞尔罗德与布罗迪一起从事药物作用机理方面的研究长达9年。在这9

---

* 伯纳德·布罗迪:在化学药理学处于开山祖师的位置。他发展了一系列测量血中化学药品的方法,促进了抗疟疾计划的成功,也因此建立了化学药理学这个领域。

巅峰之旅

年内,他们一起获得了很大的成功。这不仅使阿克塞尔罗德在这方面成为了一名专家,更重要的是这些年的工作为他后来的研究打下了一个很坚实的基础。阿克塞尔罗德凭着自己的信念和努力,终于踩出了通往科学殿堂的路,得到了一些知名科学家的承认和支持,还获得了博士学位。1955年,阿克塞尔罗德到美国著名的研究机构——美国国立精神卫生研究所工作。他从普通研究人员做起,很快就担任了药理部的主任工作,相应的,他的生活和工作的客观条件有了很大的改变。

20世纪50年代初,阿克塞尔罗德开始对拟肾上腺素类药物进行研究。涉及药物的研究,就必涉及该药物在体内代谢的问题。为了解以往在这方面的研究情况,他广泛查阅文献资料。有一个情况引起了阿克塞尔罗德的注意,就是这些药物的代谢研究寥寥无几,机体本身肾上腺素和去甲肾上腺素的代谢研究更是空白。阿克塞尔罗德决定要补上这个领域的空白。

阿克塞尔罗德最先的工作是寻找使去甲肾上腺素分解的酶。因为没有任何前人的工作可以借鉴,所以这项工作困难重重,主要是肾上腺素和去甲肾上腺素在体内的分解速度比其他激素物质快得多。在临床上使用去甲肾上腺素可以进行心血管病的抢救和治疗,停止输入几分钟后心血管所产生的效应就会消失。要在这么短的时间内捕捉到变化了的物质,的确太难了。

恰在此时,阿克塞尔罗德读到了一篇文章引起他格外注意。文章谈到嗜铬细胞瘤患者的尿中含有一种叫3—甲氧—苦杏仁酸的物质。就是这篇报道使阿克塞尔罗德的研究有了转机。凭着扎实和广泛的基础知识,他意识到他找到了解决问题的关键。

嗜铬细胞瘤是一种产生肾上腺素和去甲肾上腺素的肿瘤。由于嗜铬细胞瘤患者会比正常人产生更多的肾上腺素和去甲肾上腺素,所以尿中出现了可以查出的物质成分——3—甲氧—苦杏仁酸。

根据嗜铬细胞瘤患者的这个临床现象及3—甲氧—苦杏仁酸的结构,阿克塞尔罗德敏锐地觉察到这肯定与两种肾上腺素的代谢有关。3—甲氧—苦杏仁酸应该是肾上腺素和去甲肾上腺素分解代谢的最终产物。

3—甲氧—苦杏仁酸与去甲肾上腺素结构比较,同为带有苯环的化合物。前者在苯环的第3位上添加一个甲基而转化为相应的甲基氧化物。阿克塞尔罗德再进一步推测,在去甲肾上腺素的分解中有一个氧位甲基化的酶在起作用,而3—甲氧—苦杏仁酸就是在苯环第3位上加了一个甲基而转化成的相应甲基氧化物。

敏捷的思维使阿克塞尔罗德一下子找到了突破点。他迫不及待地按照自己的假说来做实验,果然得到了证实。去甲肾上腺素分解中有氧位甲基化作用的规律很快被生物化学界和医药界认可。

这时另一个问题接踵而来。作为神经递质的去甲肾上腺素如果从突触小泡内合成后释放出来使用一次就被酶分解的话,那岂不是太浪费了?这不符合生物体内最优化的利用原理。因此,还应该有另外一条更合理地利用去甲肾上腺素的方式。阿克塞尔罗德下一步的工作就是找到这种方式。

对这个问题进行研究在方法上有困难。要跟踪到去甲肾上腺素,首先就要解决对其微量测定的问题。在神经突触,去甲肾上腺素含量微少,变化又非常之迅速,用一般的研究方法效果肯定不理想。

阿克塞尔罗德再一次体现出他那广泛而扎实的研究素养。他采用同位素标记的技术研究神经递质在突触处的代谢机制,并获得了成功。

他的方法是这样的:用同位素氚(^3H)来标记去甲肾上腺素。这种标记的去甲肾上腺素事先就被证明与体内的同种物质具有相同的生理作用。将这种标记后的物质注射到血液或脑脊液中,进行追踪观察。果然,它们出现在突触小泡内。当有神经冲动来临时,这种去甲肾上腺素从突触小泡中释放出来,突触间隙与突触后膜上的受体结合引发下一步的生理过程。大部分作为递质而释放出来的去甲肾上腺素在完成了这一使命之后,被重新摄取回突触小泡内,以便参加再次释放,小部分则在分解酶作用下分解。这也解释了去甲肾上腺素的作用为什么迅速、有效的原因。这是在突触处非常经济、合理地使用的结果。

阿克塞尔罗德关于去甲肾上腺素的形成、失活和再吸收的发现,使神经递质研究向前推进了一大步。

递质的行为

20世纪50年代,正是阿克塞尔罗德对突触传递,也就是神经元与神经元之间的信息传递研究处于高潮的时候。有不少科学家也在从事类似的研究,其中就包括伯纳德·卡茨。他研究的是另外一种细胞间的兴奋传递过程,即神经与肌肉细胞之间的传递。

前面已多次谈到卡茨和他的研究工作和成就,包括和霍奇金等人对生物电机

巅峰之旅

制的研究和埃尔克斯等对神经肌肉兴奋传递方面的研究。卡茨还有更为出色的成就,这就是使他获得诺贝尔奖的研究项目。

由于第二次世界大战的爆发,卡茨中断了与埃尔克斯的合作研究。战争结束后,他回到伦敦继续从事研究工作。此时他倾心研究的仍然是老题目——神经肌肉间兴奋传递的过程。这个话题,埃尔克斯的老师谢灵顿早就提出来了。他说,在神经冲动的传递上,在神经细胞之间、神经细胞与肌肉细胞之间,发生的过程可能有所不同。但卡茨通过对神经细胞间兴奋传递过程的研究,认为这二者之间会有很多共同之处。他要用事实证明这一点。经过不懈的努力,他终于得到了令人瞩目的成果。这花费了他17年的时间。

在20世纪三四十年代,戴尔等人在研究化学递质时,已经证明在神经肌肉接头,即运动终板上的化学递质是乙酰胆碱,知道乙酰胆碱在释放后可以引起肌细胞发生电变化,这种电位就叫终板电位。许多终板电位整合后就使肌细胞膜产生动作电位,从而引起肌肉发生收缩的反应。但乙酰胆碱作为递质的释放过程是怎样的,需要更细致的探讨。在研究方法上,卡茨使用当时已常用的研究手段——微电极技术和示波器扫描技术。当他在记录蛙神经肌肉间电变化的实验时,常常在扫描图上出现一个小的偏转,这个偏转非常的小,只有0.5毫伏。起初,他以为是实验仪器的误差所造成的,没有太在意。但这个偏转总是非常顽固地存在,只要电极一插进神经肌肉接头处(即运动终板),在没有受到刺激或刺激强度不够时,这种偏转总是不连续却同等大地发放着。这么有规律的情况就不是误差的原因了,一定是个值得研究的问题。卡茨把这种电位称为"小终板电位"。

小终板电位的确定,使神经肌肉间信息传递的研究增加了复杂性,但也为这项研究提供了一条新的线索。它出现的原因是什么呢?卡茨认为这可能与乙酰胆碱的释放有关。根据测算,释放一个乙酰胆碱所引起的电位变化比小终板电位为低,但兴奋引起的终板电位又比小终板电位为高。卡茨根据这些得出一个假说——"递质量子释放假说"。这个假说的大意是,小终板电位是很多的乙酰胆碱同步释放所导致的。这些乙酰胆碱打成一个小包装,称一个量子单位。在神经未受到刺激时,量子单位自发随机释放,就产生了小终板电位。每当神经受到刺激、有了神经冲动后,动作电位会使很多个量子单位同步释放,产生的就是终板电位。

卡茨设计了实验来验证他的假说。他把微电极放在运动神经末梢接头处,持续通电,使接头前膜模拟在神经冲动到达时的情况,此时在记录仪上描记出的曲线表明小终板电位发放的频率升高,递质的量子单位释放增大到100倍以上。这

身体七巧板

个实验说明，递质的释放是由电来控制的。随后他又发现，当神经冲动到达运动神经末梢时，使接头前膜对钙离子的通透性增加，钙离子进入神经末梢后，出现了递质的释放增加。

诺贝尔生理学或医学奖评选委员会在评价奥伊勒、阿克塞尔罗德和卡茨这三位获奖者的工作时说："……正和所有的基础发现一样，上述发现已引起了广泛的实践进展，可能用于医学领域，这对我们大家都有影响……你们关于神经化学递质过程的性质的重要研究，不仅丰富了我们的医学理论知识，而且对于了解治疗外周和中枢起源的神经疾病也是非常重要的。"要解释上面这段话，先要把他们三人的发现，加上前人的工作一起串起来，使细胞间兴奋传递的脉络更加清晰。细胞间的传递在研究中分神经元与神经元间的、神经元与肌肉细胞之间的两种。两种过程有不少相似之处，但又有各自的特点。神经与肌肉接头（运动终板）之间的兴奋传递过程大致如下：当神经冲动由运动神经纤维传至接头前膜时，接头前膜电位发生变化，变化的结果是膜上钙通道开放，对钙离子的通透性增加。钙离子进入接头前膜，使接头小泡释放乙酰胆碱。乙酰胆碱经接头间隙扩散到接头后膜，与后膜的乙酰胆碱受体结合。这种复合体引起后膜对钠离子通透性增高，产生终板电位。经总合以后，肌细胞膜产生动作电位，再经过称之为兴奋收缩耦联的过程，导致肌肉收缩。

神经元之间的传递是严格意义上的突触传递。当突触前神经元上的神经冲动传来后，引起突触前膜对钙离子的通透性增加，突触间隙的钙离子通过突触前膜进入神经末梢内。通过钙离子的作用导致突触小泡中递质的释放。递质通过突触前膜经间隙到后膜，与相应的受体结合。通过传递，突触后神经元产生何种效果决定于递质与受体结合后所产生的效应。如果与受体结合的是兴奋性递质，则引起突触后膜主要对钠离子通透。突触后膜电位增大，当达到一定程度时，引起动作电位即突触后神经元兴奋；如果与受体结合的是抑制性递质，则引起突触后膜主要对氯离子通透，突触后膜上电位的值会比静息电

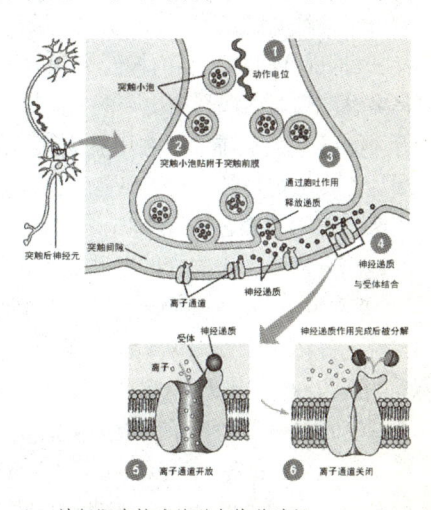

▲ 神经肌肉接头的兴奋传递过程。

位还要低,使突触后神经元呈抑制效应。

在医学上,由于搞清了细胞间传递机理,使药学家们在药物的开发上又有了一片新天地,在信息传递处用药。比如,在浅麻醉下进行外科手术,如果肌肉收缩得很紧,那不利于操作。此时就用一些骨骼肌松弛药,原理是这类药物能选择性地和运动终板上的受体结合,从而阻断了神经肌肉接头处冲动的正常传递,使骨骼肌松弛。在患心律失常、心绞痛、急性心肌梗塞、高血压等病症时,往往在临床上使用抗肾上腺类药,如心得安等。这类药物的作用原理,是竞争性地与受体结合,从而对抗神经递质与这些受体的结合。这样作用的结果是出现心率相对减慢、心肌收缩力降低等交感神经活动降低的状态,以达到治疗的目的。

全身麻醉在手术中是常用的方法。全身麻醉药是指能广泛抵制中枢神经系统,暂时引起意识、感觉、运动和大部分反射消失及骨骼肌不同程度松弛的药物。这类药物的作用机理是导致钠钾通道、乙酰胆碱受体的构型和功能的改变,首先影响的就是神经冲动在突触的传递,进而影响神经纤维的传导,导致中枢神经系统产生广泛的抑制。精神失常,是由于各种原因引起的精神活动障碍的一类疾病,如精神分裂症、躁狂症、抑郁症等。现在可以靠药物进行治疗。这类药物就叫抗精神失常药。针对不同的情况有不同的作用机理。比如,精神分裂症是由于脑内边缘系统中,神经递质多巴胺能使神经功能增强所致。治疗的药物(如氯丙嗪等)就是一些立体构型与多巴胺相似的物质,能竞争性地与突触后膜多巴胺受体结合。药物骗过了神经元的结果,就是使多巴胺过强的机能降低,从而达到抗精神病的作用。又如,抑郁症是由于脑内神经突触间隙中的去甲肾上腺素的浓度减少所致,原因是突触前膜对已经释放出来的去甲肾上腺素摄取过多、过快。抗抑郁药(如丙咪嗪等)则能抑制突触前膜对去甲肾上腺素的再摄取,使突触间隙的去甲肾上腺素含量增加而产生抗抑郁。这些都是由于有了对化学传递机制的知识而获得的成果。除了医学上的用途之外,在理论上对传递过程的研究沿着前人探索出的道路还在不断地深入发展。卡茨获得诺贝尔奖后,仍致力于对乙酰胆碱等递质更为细微的探讨,并取得了一定的成绩。现在,这方面更是硕果累累。随着新的研究技术和研究方法的开拓,人们对于突触结构和传递过程有了更为细致的了解。比如,一个突触大约有1000万个受体。在神经肌肉接头处,一旦有了神经冲动,会释放出大约300个量子单位。每个量子单位会激活大约1000条钠离子通道,从而引发后面的过程。更为重要的是,对受体的研究方兴未艾。好比一把钥匙开一把相应的锁,如果钥匙是神经递质的话,与其结合的受体就是开启后面环节的锁。递质与受体结合后才可引发后面的一系列过程而导致生理效应,这是传递的一个关键环节。

　　细胞间信息的传递,在很大程度上依赖于各种各样的受体。所谓受体,就是细胞膜上的一种结构蛋白。受体具有识别、接受和传递信息的作用。实际上,对受体的研究已有近百年的时间,20世纪70年代后对受体的研究才全面开展起来。特别是随着免疫和分子生物学新技术的应用,伴随对突触的研究,对受体的研究更加深入。比如,在80年代中期以后,应用克隆技术已探明乙酰胆碱的一类受体结构。基因工程技术更是使受体研究有了快速的进展。

接受信息的装置

　　前面谈过,神经调节的基本方式是反射,反射活动的结构基础称为反射弧。不论何种反射,都要通过反射弧来完成。在自然条件下,反射活动一般都须经过完整的反射弧来实现。怎样启动反射弧的功能？必须要有有效的刺激。刺激的接受装置就是反射弧的第一部分——感受器。

　　感受器是指分布在体表或身体内部的神经组织末梢的特殊结构和装置。这种结构和装置能够感受机体内外环境的变化,并以神经冲动的形式传入反射中枢。

　　这种机体内外环境的变化,就是刺激。客观条件下的刺激多种多样,有机械刺激、化学刺激、温度刺激、电刺激等等。一种感受器往往只对一种性质的刺激敏感,因此便有了机械感受器、化学感受器、温度感受器之分。当然,感受器的作用不单单是感受刺激,而且还要把刺激转变成神经传递的统一信息——电信号,所以感受器还是一个换能的装置。

　　感受器的结构有的简单,有的复杂。最简单的感受器就是游离神经末梢。复杂的感受器除了具有特殊分化的感受细胞外,还有一些附属装置。这就形成了感觉器官。比如,眼睛就是一种人们非常熟悉的感觉器官,是由作为感受器的视网膜和角膜、虹膜、晶状体、玻璃体等结构组成的。

　　在诺贝尔生理学或医学奖中,也留下了科学家研究感受器和感觉器官的印迹。

身体七巧板

感受压力和化学成分

在众多的诺贝尔生理学或医学奖的获奖者中,有一位曾担任过重要国际职务的人物,他就是比利时的科内尔·让·弗朗索瓦·海曼(Corneille Jean Francois Heymans,1892—1968)。海曼曾任国际生理学会会长、国际药理学会会长、世界卫生组织的特邀委员等职。他是因为自己出色的研究成果而得到生理学界和药理学界的肯定和推崇的。这其中就包括他获得诺贝尔奖的项目——发现颈动脉窦和主动脉弓对呼吸的调节作用。

海曼是一位"子承父业"的科学家。他父亲 J. F. 海曼(J. F. Heymans)是享誉欧洲的比利时著名学府根特大学药理系的创始人和主任。中学毕业后,海曼不仅在这所大学就读,而且就是药理系的学生。大学毕业,又经历了第一次世界大战后,他去其他国家的一些著名实验室进修学习。后来重新回到根特大学,在父亲的指导下获得博士学位后,开始了教学和研究工作的生涯。可以说,有不少研究课题都是他们父子两个共同工作的成果。如果不是他父亲在1932年去世的话,那么1938年的诺贝尔生理学或医学奖很可能是他们父子二人共同获得。

▲ 科内尔·让·弗朗索瓦·海曼,比利时著名生理学家,获1938年诺贝尔生理学或医学奖。

海曼父子主要从事呼吸和循环生理学及药理学方面的研究工作。

呼吸系统和循环系统在机体内的功能是密不可分的,二者的功能活动变化趋势是一致的。举个例子说,运动后呼吸会加深加快,心脏活动也会加强。安静状态下,呼吸系统和循环系统的功能都会有所降低。这是因为呼吸系统是进行氧气和二氧化碳交换的系统,而循环系统的功能之一就是运输这些要交换和已交换的气体到达目的地——细胞与组织。运动后,人体细胞新陈代谢活动增强,耗能多,消耗血液中的氧气增多,产生的二氧化碳也相应增多,这样就促使呼吸加深加快来改善血液中二氧化碳相对增多、氧含量相对减少的状态,以保证血液成分的相对恒定。要完成这个工作,循环系统的工作就要跟上,保证运输。然而,在20世纪二三十年代,对下面的问题就解释不清了:呼吸和循环功能加强到一定程度,保证了运动时气体的交换后,这个加速过程是怎样减缓下来的呢?或者说,运动过后,心

巅峰之旅

脏活动会降低,呼吸也会相对减慢减弱,因为此时代谢已不需要了。这个由功能加强到功能相对下降的过程是怎样完成的呢?

在当时有一种现象已被发现,就是当血压上升后,呼吸就减缓,严重的高血压甚至还会导致呼吸暂停。低血压却总是引起呼吸加深加快。对这个问题的解释是,这是由于血压和血液成分直接作用于胸部的呼吸中枢所致。这个观点缺乏实验证据,仅为推理而已。海曼父子对此有疑问,他们认为还应该在外周存在着通过反射活动来完成这种生理活动的结构。他们要通过实验弄个究竟。

如果是反射活动,那就应该有感受器。这个"监测哨"应该设在血压和气体变化最明显的位置。海曼父子把眼光瞄在血液刚出心脏的地方——主动脉弓。

刚从心脏发出的动脉有一个弓形的弯曲,这段动脉叫做主动脉弓,这里有主动脉体。由主动脉弓再分支通往全身时,向上的支路有两根分别叫左颈总动脉和右颈总动脉。在左、右颈总动脉的末端和再分支出的颈内动脉的起始处形成膨大,是感受器存在的部位。

研究方向明确了,但在进行设计实验时,有一个问题让人犯难。海曼父子要证明的是血压或血液成分对外周感受器的作用。这是反射活动,中枢是不可少的。可就在呼吸中枢——延髓的附近存在中枢感受器,血压和血液成分对中枢有直接的作用,研究外周感受器时,中枢感受器的作用无疑对实验会形成干扰因素,不足以形成一个单一变量,这有悖于科学探究原则。

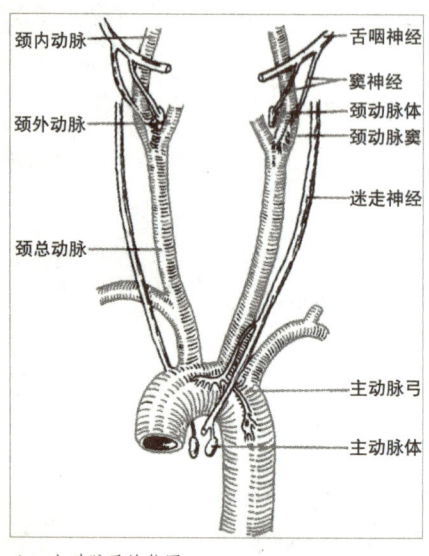

▲ 主动脉弓的位置。

设计实验时,首先要解决这个既干扰又不能去掉的问题。他们终于设计出一种十分独特的实验方法,跨过了这一难关。这种方法后来成为生理学和药理学的经典实验方法。

海曼父子设计的方法独特之处在于,使用两个动物个体做成一个实验对象。

具体方法是这样的:选择 A、B 两条狗。先将它们麻醉,然后使 B 狗头和躯体分开,这两个部位之间仅用迷走—主动脉神经相连。按照海曼父子的预测,这应该

身体七巧板

狗 B 的断头的血液供应由狗 A 经灌注完成。1.狗 B 的断头;2.狗 B 断离的躯干;3.气管插管;4.狗 B 右、左侧的迷走神经;5. 狗 B 静脉头端与狗 A 右侧与左侧静脉心脏血管吻合;6. 狗 B 动脉头端与狗 A 右侧与左侧动脉心脏端之间的血管吻合;7. 监测狗 A、狗 B 血压变化之处——股动脉;8.监测狗 B 的呼吸状况之处——喉部。

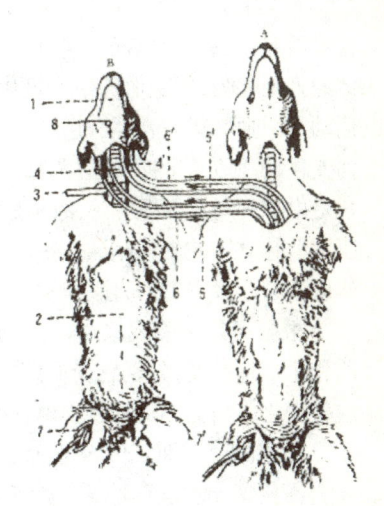

▶ 海曼父子设计的断头灌注实验示意图。

是实现外周反射活动时包含有传入神经和传出神经的混合神经干。通过这条神经使 B 狗脑部的呼吸中枢与躯体主动脉弓区保持联系。躯干的血液循环仍在继续,呼吸则由人工呼吸器维持。头部的血液供应则由 A 狗实现:将 A 狗的两条颈动脉与 B 狗的两条颈动脉施行端对端的吻合术。A 狗的两条颈静脉也与 B 狗的两条颈静脉同样吻合起来。用 A 狗体内的血液来灌流 B 狗头部。A 狗的作用就是保证 B 狗头部的血液供应。就这样将 B 狗变成头部和躯体部既相对独立而又联系,并能进行一定生理活动的两部分。通过记录 B 狗喉部及鼻翼的活动来反映其头部的呼吸情况。

经过周密而又精巧的设计,实验动物制备完毕。海曼父子做了如下的实验:当记录到 B 狗躯体部血压降低时,孤立的头部就会出现呼吸加快的现象。反之,B 狗躯体动脉血压升高,则引起 B 狗头部的呼吸减慢。如果这时给其躯体注射强心剂肾上腺素的话,B 狗头部的呼吸会因其躯体血压的强烈升高而暂停。这些现象都是以前别人实验肯定了的, 也初步说明了躯体动脉血压升高会抑制呼吸中枢,下降则会兴奋呼吸中枢的活动,这是调节最为突出的一个特点——达到稳态。海曼父子就在这个基础之上进行他们的实验。

他们第一期的实验分为几步进行。

第一步,用实验方法改变 A 狗的血压,B 狗头部的呼吸没有什么变化,说明 B 狗的呼吸变化是自身躯体血压变化所致。第二步是稳定血压,从而改变血液中的成分,再看呼吸变化。如果加快 B 狗躯体的人工呼吸,使得 B 狗躯体动脉血液中氧

巅峰之旅

含量增多,二氧化碳减少,这时B狗头部的呼吸明显减慢减弱。反之,中断B狗躯体的人工呼吸,使其血液中二氧化碳积累、氧含量减少,则立即引起B狗头部呼吸活动的增强。第三步,将迷走—主动脉神经切断,不管血压如何变化,血液成分如何变化,B狗头部的呼吸均无大的变化。这就无可辩驳地说明:B狗头部的呼吸变化是由唯一与自身躯体连接的迷走—主动脉神经传输的信号来完成的。或者说,躯体动脉血压的变化是通过主动脉—迷走神经作为中介的反射来调节呼吸的,并非血液对呼吸中枢的直接作用。

根据上述实验现象,海曼父子又预言:主动脉弓区和颈动脉窦区有压力感受器和化学感受器,分别感受血液中压力的变化和化学成分的变化。主动脉神经将这种变化传到脑部的呼吸中枢,反射性地引起呼吸的变化。

研究的第二期工作该是确定压力感受器和化学感受器的位置。

海曼父子再次设计了一种非常绝妙的实验方案。原则是缩小研究范围,各个击破,找到存在感受器的部位。具体方法是:在B狗原来装备的基础之上,再引入第三只狗C。这只狗的"任务"是供应孤立出来待研究部分的血液。

他们先是把B狗主动脉区从全身的血液循环中独立出来,以C狗来保障其血液供应。主动脉区与B狗头部仍是以迷走—主动脉神经相连。如果此时增加这个区域的血压,反射性抑制呼吸中枢的现象又出现了。反之亦然。而变化主动脉区以外的血压,头部的呼吸并无多大改变。在这种条件下,稳定主动脉区血压值,改变C狗的血液成分。随着通往B狗主动脉区的血液成分的改变,其头部的呼吸也有明显的变化。

颈动脉区存在着引起呼吸活动改变的压力感受器和化学感受器。随后按照同样的实验思路,他们又确定了这两种感受器也存在于颈动脉窦区。

之后,研究者进一步确定了在主动脉弓区,压力感受器在主动脉弓上升的血管内壁,化学感受器则位于主动脉体内;在颈动脉窦区,压力感受器和化学感受器都在颈动脉体内。

海曼父子的努力,改变了一个多世纪以来的传统观念,证明了在呼吸和血压调节的机制中,除了对中枢的直接作用外,还有外周作用。父子二人因此花费了近十年的精力和时间。

海曼父子的工作不仅使人们扩展了关于呼吸调节的知识领域,了解了感受器,而且在实践中得到很好的应用。在药学界,由于增加了对呼吸调节机制的认识,可以研制新的药物。例如,因疾病或一氧化碳中毒导致呼吸衰竭或抑制时,常使用山梗菜碱或尼可刹米这类药物，其作用机理就是刺激主动脉体和颈动脉体化学感受器而反射性地兴奋呼吸中枢。

到了 1930 年，老海曼退休了，小海曼担起父亲的职位，任根特大学药理系主任。他继续研究颈动脉区感受器和呼吸的调节作用，发表了不少专著。后来获得了许多荣誉，在世界各地讲学。尤其是 1938 年获得了诺贝尔生理学或医学奖。这时老海曼已经去世。与父亲一起工作的成果而获奖，想必他一定会感慨万千。

到了 1940 年，希特勒入侵比利时。这位诺贝尔奖的获得者再次投入保卫祖国的战斗。战争结束后，由于他的知名度、学识和领导才干，他担任了不少重要职务。任职期间他到世界各地讲学、指导。1959 年曾来过我国，在北京、上海作了三次学术报告，介绍他的工作成就。

尽管获得了数不清的荣誉和担任多个高级职位，但海曼并没有停止他的研究工作。他和海曼研究所的同事们一起进行了广泛的研究，如脑循环生理、神经性及肾性高血压的病理生理、肌肉运动时的血液循环、去除交感神经动物的生理学和药理学研究、血液循环停止后的各种神经中枢的改变及恢复、细胞代谢活性特质的药理学等等。他发表论文八百多篇，其研究之广泛，从这个数字上就可见一斑了。

巅峰之旅

窗口

人们常说,眼睛是心灵的窗口。从心理学角度讲,人的心理变化可以从眼睛中表露。从生理学角度讲,眼睛是人体最重要的感觉器官。人从外界所获得的信息大约有 90%~95% 是来自于眼睛。通过眼睛,人们看到这个客观世界的各种事物、发生的各种事情和斑斓的颜色。由此可见眼睛对于人是多么重要。如果眼睛出了问题,那对人的一生来说该算是极大的憾事。眼睛作为一种感觉器官,在研究领域也是热点项目。无论从实际上还是从理论上,对眼的研究都已引起人们的重视。在诺贝尔生理学或医学奖的获奖人群中,就有因研究眼睛而成就卓著的人。

心灵窗口的卫士

▲ 阿尔瓦·古尔斯特兰德,瑞典著名眼科学家,获 1911 年诺贝尔生理学或医学奖。曾担任诺贝尔物理学奖评委会主席。

眼睛对人是重要的,眼科医生则被称为心灵窗口的卫士。在医学史上有一位非常出色的眼科医生,他就是 1911 年诺贝尔生理学或医学奖获得者阿尔瓦·古尔斯特兰德(Allvar Gullstrand,1862—1930)。

古尔斯特兰德出生在瑞典一个眼科世家。他的父亲是一位靠祖传技艺治疗眼疾的医生。他的医术不仅在当地得到人们的认可,而且还有北欧各国的患者慕名而至。但这个眼科医生仍把家安在较贫穷的地区,过着不很富裕的生活。原因是他遵照祖训而行:给贫穷民众看病,除药费外,略收诊费,以技能救民众,不得靠给人家治病而发财致富。父辈精良的诊治技术加上高尚的医德,使古尔斯特兰德从小就耳濡目染。来他家看病的人,流露出的痛苦表情和凄切言语,使古尔斯特兰德从很小的时候起就立志要继承父业,为大众解除由眼疾带来的痛苦和磨难。

虽然古尔斯特兰德的父亲医术高超,但由于偏见或是嫉妒,有关当局以他不是科班出身,治疗方法不正规为借口不重用他。这对古尔斯特兰德产生了很大的影响。勤奋好学的古尔斯特兰德以优异的成绩中学毕业后,没有马上到父亲的诊所工作,而是进医学院攻读现代医学知识,决心用科学的方法研究祖传的治眼医术。

1884年,古尔斯特兰德大学毕业后,在父亲的诊所工作了一年。通过这一年的实践,他深感用自己学到的知识去理解和应用祖传下来的技艺远远不够,还要继续学习才行。他选择去奥地利的维也纳,专门学习视觉生理学。之后他从维也纳又到瑞典首都斯德哥尔摩。这期间他向著名眼科专家学习,增长见识和技能。1888年古尔斯特兰德完成了学业,取得了眼科行医执照之后,重新回到父亲的眼科诊所做了开业医生。始终不变的信念加上多年刻苦的钻研,此时的古尔斯特兰德的医术已经很高超了。他仍然在父亲原来开业的贫穷地区行医。他对祖训有了新的理解:"患眼病的多半是穷人,我就理当住在他们当中。让看不见的人摸索很远来看病,简直是最残忍的酷刑。"

由丰富经验积累起来的祖传医术加上现代医学知识,古尔斯特兰德不但治疗眼病的医术更加高明,而且还在实践中积极摸索,探求更有效的治疗方法。

找眼科医生的人往往是因为视力出了问题。看不清的原因是什么呢?用现在的医学观点来看,散光、白内障、近视、远视、老视眼是常见的原因。但那时对眼睛视物不清形成的机理了解甚少,也就可想而知治疗效果会怎样了。古尔斯特兰德在探索这些视力问题的发生机理中作出了卓越的贡献。

在古尔斯特兰德所处的年代,人们刚开始见识眼镜。可那时的眼镜更多的作用是贵族太太、先生附庸风雅的装饰品,起不了什么校正视力的目的,价钱昂贵不算,更重要的是不了解病理。人们只是知道眼睛视物与光学原理有很大关系。古尔斯特兰德就刻苦学习与光学有关的知识,精通了几何光学等方面的知识。他后来取得的成就与这方面的知识有很大的关系。

他首先对散光这种现象进行研究。

经过仔细观察,他发现称为散光的患者眼球前方的外层即角膜,与正常人不一样。这种人角膜各部分经线的弧度不一样。古尔斯特兰德选择适当的圆柱形透镜加以弥补,患者看东西变形和不清的情况得到改善。随着对散光治疗临床经验的积累,他改进了调整散光程度和角膜异常的方法,使得在临床上能更为方便地校正这类问题。因此他通过了论文答辩,获得了博士学位。他的工作也得到了学术界的公认,他被聘为一所医学院的眼科讲师。此时他不但要看病、从事研究,还担任教学工作。他在这个阶段进行对眼斜视问题的鉴别诊断,发表了有关的论文。由于他的工作突出,在进入医学院工作的第二年他就担任了斯德哥尔摩眼科诊所所

巅峰之旅

长,后来又被母校聘为教授。此时他32岁。

工作变动后,他父亲原来留在贫穷地区的诊所仍然存在。古尔斯特兰德把它改成眼科医疗中心,安排专人在那里为民众服务。而他则把更多的精力投入到对眼睛这一重要感官作用机理的研究方面。

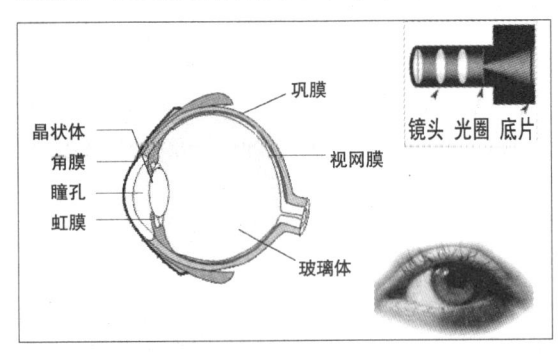

▲ 眼的基本结构。

▲ 眼的视网膜成像原理。

有人把眼睛的功能比喻成一架非常精美的、无与伦比的照相机。从这个意义上说,眼睛有些工作原理与照相机是一样的。要想得到一张清晰的照片,需完成两个主要的步骤,一个是通过调节聚焦将所照的物体清楚地在底片上曝光,另外一个就是通过某些手段将底片上的物像显示出来。眼睛也是如此,要想看清一个物体,首先要通过眼睛的折光系统将所看物像清晰地落在"底片"——视网膜上,再通过视网膜上的感光系统感受这种光波的刺激。这样才能再由传入神经——视神经中枢传入到脑部的视觉中枢,我们才能看清楚外界的事物。发现眼睛的这些功能靠了不少科学家的努力,眼睛折光系统的折光及调节原理的发现则是由古尔斯特兰德完成的。他由此获得了1911年的诺贝尔生理学或医学奖。

眼睛的折光是十分复杂的过程。光线落在视网膜上要经过一组"透镜",这就是由角膜、房水、晶状体、玻璃体组成的复杂的光学系统。每一个"透镜"都有自身的曲率半径和折光指数。这样,光线通过眼需要经过多次折射才能完成。同时,人看东西的远近是不同的,如果是照相就要靠伸缩镜头以改变焦距来进行,人则可以在瞬间完成。

古尔斯特兰德运用所掌握的丰富的光学知识,广泛探索了各"透镜"的折光指数、光学成像等问题。

窗口

对正常的眼睛，看完远处的物体，再马上看近处的物体，同样也能看得非常清楚。这件看似非常平常的事，如果让机器去模仿却几乎是不可能的。虽说照相机通过调焦也能完成这一步骤，但是再好的照相机也绝对办不到在如此短暂的时间内，即在人们不经意中就完成的事。折光系统既能折光，也是快速而准确的调节系统。

这其中最主要的原因是什么？通过对眼睛精细的解剖和观察，古尔斯特兰德对眼睛各组成部分已相当熟悉了。通过研究，他发现晶状体在视近物的调节过程中具有非常明显的变化。

晶状体原本是富有弹性的球体，但在眼睛中，由于有一种称为睫状肌的平滑肌通过悬韧带牵拉，所以晶状体在不需要调节的情况下（所看物体距眼睛大于6米时）呈扁平状。

古尔斯特兰德发现，在视近物时，晶状体的结构变化较大，随着物体的移近，晶状体会变得越来越凸。用光学原理来说，这样可以使焦点近移。古尔斯特兰德用光学和数学的知识仔细地计算了这种晶状体变化后聚焦的情况，结果与实际测定的基本一致。

眼的调节，主要是靠晶状体形状的改变而实现的。

具体地说，这样一个神经反射的动作，如果按照眼睛的折光能力正好能使6米以外的物体成像在视网膜上，那么来自较此为近的物体的光线将是不同程度辐散的，它们的成像位置将落在视网膜之后。由于光线没有在视网膜上聚焦，所以物像是模糊的，感觉上也只是看到了一个较模糊的东西。当视觉中枢感觉到的是模糊的视觉物像时，就发出指令通过传出神经到达眼内的睫状肌，使其中环行肌收缩，这样牵拉晶状体的悬韧带就放松了，结果，原本绷紧的晶状体就会由于其自身的弹性而向前方和后方凸出（以前凸出较为明显），使眼的折光能力增大，较分散的光线提前聚焦，成像在视网膜上。自然，物体距离眼球愈

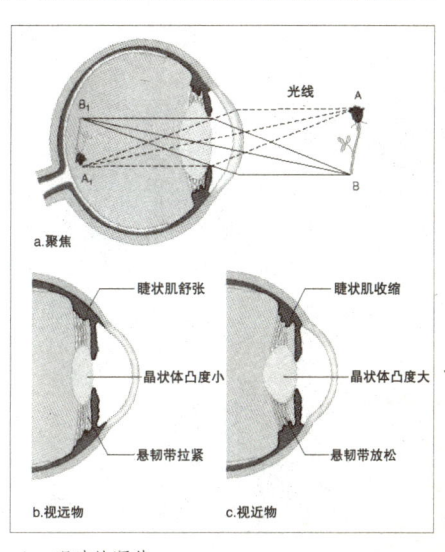

▲ 眼睛的调节。

巅峰之旅

近,到达眼的光线的辐散程度就愈大,因而也需要晶状体作更大程度的变凸。

古尔斯特兰德经过二十多年的不懈努力,作为医生为普通民众解除眼疾,作为科学家搞清了光线通过折光系统在视网膜上成像的原理,阐明了视近物时眼的调节机理。正如诺贝尔奖评选委员会在阐述评奖理由时所说的:"(古尔斯特兰德的)科学贡献,从开始到后来的发展,都已载入瑞典医学科学的史册,因为它过去是,现在是,而且将来也是一个光辉的篇章。"作为来自诺贝尔祖国的获奖者,他得到了极大的荣誉。

古尔斯特兰德关于视近物的调节理论,为许多常见现象的解释提供了依据。比如,为什么年纪大了,看书往往就不大清楚了?这是因为晶状体老化的缘故。晶状体的弹性变凸、焦点近移是视近物调节的主要原因。晶状体的这种能力随年龄的增大而逐渐减弱。也就是说,晶状体在悬韧带放松时所能鼓出的程度随年龄增大而减小。幼年时,晶状体弹性较大,可作较大的凸度改变,因而调节力大,能看清距眼较近的物体。随着年龄的增长,晶状体弹性逐渐降低了,因此人眼的调节力也随年龄增长而逐渐减退。过了40岁的人,调节力减退加快,形成老视眼,即通常人们所说的老花眼。其表现就是看近处物体时物像不清晰。知道了这个道理,人们就会用合适的凸透镜进行矫正。

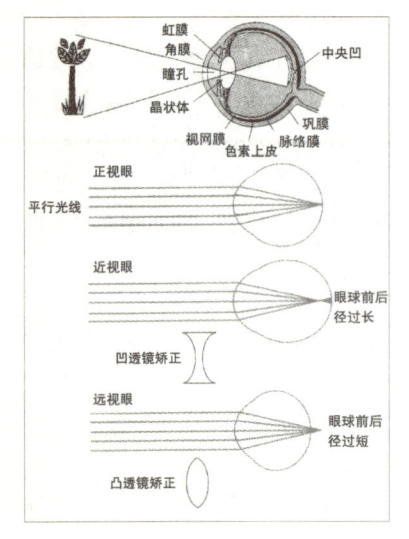

▲ 正视眼、远视眼和近视眼的比较。

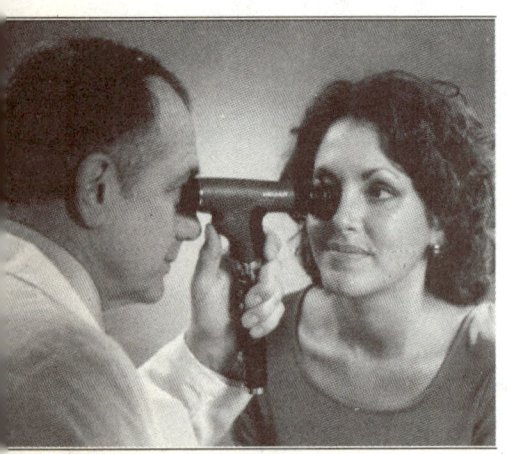

▲ 医生在用检眼镜给病人作检查。

▲ 古尔斯特兰德创制的裂隙灯显微镜。

窗口

又如，近视眼多数由于眼球的前后径过长，致使来自远处物体的平行光线在视网膜前就已聚焦，此后光线又开始分散，等落到视网膜时形成的是扩散的光点，造成视物模糊的感觉。这可以用配戴合适的凹透镜加以矫正。

时值今日，戴眼镜再也不是毫无意义的时尚和摆设了。对于具体的折光异常现象，都能有非常合适的眼镜来矫正。这是古尔斯特兰德成果的具体应用。

古尔斯特兰德在获得诺贝尔奖后，并没有停止在眼科领域的研究，而是一方面致力于更高级的光学系统定理的研究，一方面培养人才，在眼科医学上有着很多特殊的贡献。比如，他和工艺师一起创制了各种眼科用器械。就像内科医生必备听诊器一样，在眼科医生的诊室内，不可缺少的是裂隙灯显微镜。这是穿过一个缝隙打在被测者眼睛的光线的装置，医生用来检查眼睛前房，即角膜、晶状体等状况。如果要检查后房，即视网膜的情况，那就用检眼镜。这两种装置都是古尔斯特兰德发明的，在眼科诊断技术上所起的作用是无可替代的。

"心灵窗口的卫士"，古尔斯特兰德是当之无愧的。

"看见"的缘由

要产生视觉，眼睛主要完成两个功能：一是将所看物体通过折光系统落在视网膜上成像，这是视觉感受的第一步，属物理过程，其作用机理是由古尔斯特兰德发现的；接下来的过程就是视网膜把物理图像转换为视神经纤维的神经信号。视网膜是怎样感受光波刺激并对其进行加工的？对这项研究作出重要贡献的包括三位1967年诺贝尔生理学或医学奖获得者。

▲ 乔治·沃尔德，美国著名视觉生理学家，获1967年诺贝尔生理学或医学奖。

▲ 霍尔丹·凯弗·哈特兰，美国著名视觉生理学家，获1967年诺贝尔生理学或医学奖。

▲ 拉格纳·格拉尼特，瑞典著名视觉生理学家，获1967年诺贝尔生理学或医学奖。

巅峰之旅

他们是：美国人乔治·沃尔德（George Wald, 1906—1997）和霍尔丹·凯弗·哈特兰（Haldan Keffer Hartline, 1903—1983），瑞典籍芬兰人拉格纳·格拉尼特（Ragnar Granit, 1900—1991）。

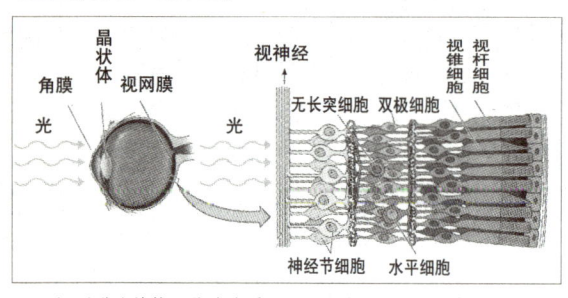

▲ 视网膜的结构。作为感受器，视网膜既要接受光刺激，还要将这种刺激转化成可在神经上扩布的电信号。

眼是一个重要的感觉器官，包括许多诸如角膜、晶状体、玻璃体等附属结构，真正感受光线的感受器是视网膜，这个结构面积犹如一张最小面值的邮票，厚度只有0.1~0.5毫米，但结构却十分复杂。从组织结构上看，视网膜应属神经性的结构。里面的细胞通过突触相互联系。仅按细胞分层的话，就可以分为四层结构。

视网膜之所以能感受光的刺激，是因为在它的上面有感光细胞。感光细胞分为两种，一种叫视锥细胞，一种叫视杆细胞。这两种细胞在形态和分布上都有所不同，而且视锥细胞对光的敏感性较差，只能感受较亮的光线，但能产生色觉，分辨力较强，可产生精确的视觉。在强光下，主要是这类细胞发挥作用。视杆细胞对光的敏感性高，能感受弱光，但不能辨别颜色，分辨力也较低，故在暗光下起作用。人们在光线较暗时，只能看到物体的粗略轮廓，没有颜色，原因就在于此。

再进一步追究，为什么感光细胞能够感光？那是因为感光细胞上具有感光物质。感光物质在光刺激下分解，释放的能量使感光细胞发生电变化，进而使视神经末梢兴奋，产生向中枢传送的神经冲动。

根据从易到难的原则，对感光物质的研究是从功能相对简单的视杆细胞开始的。

在19世纪，就有人从视网膜中提取出一定纯度的感光物质，它在暗处呈紫红色，但在受到光线照射时迅速褪色，甚至完全变为白色。人们把这种物质叫做视紫红质。由视紫红质所表现的现象，也提示感光物质在光的作用下可以发生某种光化学反应，这是光波刺激被视网膜所感受的第一个步骤。

视杆细胞中的感光物质是什么？沃尔德在这个研究课题中作出了突出的贡献。

沃尔德是美国著名的视觉生理学家、生化学家。他出生在美国的一个德国移民的家庭中。

1967年沃尔德获得诺贝尔奖作讲演时,对为他的研究工作提供帮助的人们给予了高度的评价。的确,沃尔德是很幸运的,他的研究得到了不少著名科学家的大力帮助。

大学毕业获得理科学士学位后,沃尔德就在当时大名鼎鼎的视生理学家塞利格·赫克特(Selig Hecht)的手下做研究生和助手。这位学术权威以特殊的引人入胜的方式向沃尔德开启了认识视觉宫殿的大门。在这位学术权威那里,他不仅学习怎样进行视生理学的研究工作,而且学习从事研究所应具备的素养。在后来谈到这位使他取得成就的导师时,他说:"我有幸受教于他,在某种意义上,我所做、所说和所写的一切,都是献给他的。"由此可以看出他对自己恩师的深厚情意。

取得博士学位后,他即开始对感光色素方面的研究。

当时,视紫红质这种感光色素的光化学反应引起不少人的兴趣。有一位与沃尔德同一大学叫海奇特的人,非常精于视觉的测量研究,他将自己和他人的测量结果进行比较和研究,对视紫红质的光化学过程得出了下列一个反应式:

$$\text{视紫红质} \xleftrightarrow[\text{暗光下合成}]{\text{强光下分解}} P+A(或衍生物 P+B)$$

在这个可逆反应中,P、A、B是什么,都无定论。沃尔德怀着强烈的愿望要抓住这些还只是符号的分子,从此开始了与分子打交道的生涯。

他先是在视网膜中分离出一种物质,经过鉴定就是维生素A。维生素A在当时才刚刚分离成功和确定结构。沃尔德专门到苏黎世大学,那里有因分离和鉴定维生素A而获得1937年诺贝尔化学奖的化学家卡勒(Paul Karrer, 1889—1971)的实验室,在卡勒的实验室里他做了视网膜内维生素A的鉴定工作。这为证实视网膜的生化过程奠定了基础。

人们对维生素A的重要性早就给予了肯定,很早就知道如果饮食过于单调会引起夜盲症。科学家们后来分析,夜盲症产生的原因是由于维生素A缺乏所致。但对维生素A在视觉中起了什么作用并不清楚。沃尔德的研究结果表明,维生素A直接参与了感光色素的生化反应。这在视觉生理的研究中实在是一个新的里程碑。

巅峰之旅

沃尔德在研究中体现了一种双管齐下的研究思想。一方面进行生命活动最细微的分子领域的研究,从有机体中分离分子,研究它们的结构和反应过程;另一方面,还要从宏观去把握这种分子反应在机体中所发挥的作用。

研究方向确定了,沃尔德紧接着又在视紫红质分解变色过程中分离出一种叫视黄醛的物质,并确定视黄醛是一种中间产物。进而,沃尔德用一系列精确的实验,阐明视杆细胞的光化学反应过程如下:

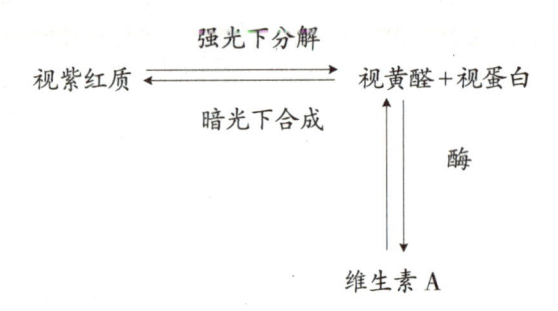

$$视紫红质 \underset{暗光下合成}{\overset{强光下分解}{\rightleftharpoons}} 视黄醛 + 视蛋白 \underset{酶}{\updownarrow} 维生素A$$

沃尔德通过他的研究工作解密了那些原来是用字母标记的物质,并弄清了这些物质之间的相互联系。视紫红质是视黄醛和视蛋白的结合物,它在光的作用下分解为无生理作用的全反视黄醛和视蛋白,同时释放能量,全反视黄醛在维生素A酶的作用下可变为维生素A,在色素细胞内贮存起来。在暗光下维生素A在维生素A酶的作用下又可变为顺视黄醛,进而与视蛋白结合为视紫红质,以维持视杆细胞对光的敏感度。这个原理为长期悬而未决的维生素A缺乏可导致夜盲症的原因给出了答案:在视紫红质分解与合成的过程中,有一部分视黄醛被消耗,需要补充维生素A来维持视紫红质的合成。如缺乏维生素A,视紫红质合成数量就会不足,将影响人在暗光下的视敏度,引起夜盲症。

不仅如此,生活中的一些体验也与之有关。举个例子来说,如果你进电影院时电影已经开演,整个放映室的灯都熄灭了,刚从明亮处突然进入暗处,眼前感到一片漆黑,稍过一会儿,这种什么也看不见的感觉就会消失。这是因为眼睛对暗光刺激有一个适应过程。这种适应暗光视觉的过程就称为暗适应。究其原因,与视紫红质合成有关。由于视紫红质在强光下大量分解,初到暗光的环境中,视紫红质的余量很小,不足以引起兴奋。在暗处重新合成后,才能逐步恢复暗光下的视觉。血中维生素A过少,视紫红质合成不足,会延长暗适应过程的时间。与之相反,当你从

窗口

暗处突然受到强光的刺激后，比如晚上你房间的灯突然被打开时，也会感觉是一片光亮却什么也看不见。同样是稍稍过一会儿后，正常视觉才得以恢复。这种过程称为明适应。明适应的机理与暗适应正好相反，是与在暗处积蓄起来的视紫红质的分解有关。视紫红质在强光下分解，以致刺激过强而产生刺眼的感觉。随着视紫红质减少，强光下发挥作用的视锥细胞行使功能，恢复正常视觉。

沃尔德对于视紫红质光化学反应过程的研究以及对于生命活动中与生理功能有关的化学反应的研究，是一个开创性的工作，使人们开始在分子水平中研究生命活动的机理。其研究思想不仅在视觉器官中，而且对其他生理过程的研究也是有重要意义的。

沃尔德不但是一位出色的研究者，而且也是一位具有强烈社会责任感的学者。他讲演的口才和热情令人交口称赞。他可以把非常深奥的科学道理讲得通俗易懂，让人感觉是一种美妙的艺术享受。退休后，他把大部分精力投入到社会活动中。在美国发动侵越战争时，他呼吁停止军备竞赛和冷战，目的是努力"为孩子们争取一个美好的世界"。

▲ 1969年，沃尔德在反对越南战争的集会上。

捕捉"看见"的信号

视网膜上的感光细胞可以分为两段，即内段和外段。杆细胞所含的视紫红质实际上全集中于外段。由结构就可以判断出，感光细胞的外段是进行光—电转换的关键部位。内段则与下一级的神经元发生突触联系。

沃尔德的工作发现了光刺激被视网膜接受的第一步，即光化学反应过程。视网膜不仅单纯地接受刺激，而且还要对刺激进行初步的加工，这是一种电变化过程。

最早记录到视网膜中电变化并对其进行分析而取得成果的是美国人哈特兰。20世纪20年代，由于测试仪器的创新，使记录细胞水平电流变化成为现实，这无疑为神经科学的研究插上了双翼。这段时期内出现了许多重要的成果，是神

巅峰之旅

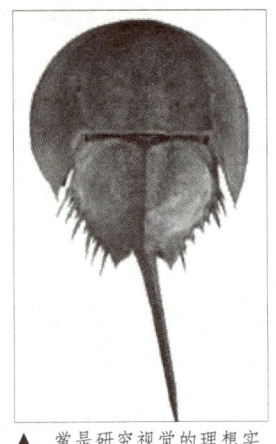

▲ 鲎是研究视觉的理想实验材料。

经科学飞速发展的时期。这时候恰是哈特兰获得医学博士学位，步入研究领域的时期。在读书期间，他的主要课题就是视觉问题，学习研究物理和化学方法。

哈特兰有一个特点，即对新生事物很敏锐，非常喜欢摆弄仪器。在学生时期就用弦电流计研究视网膜电生理，因此很自然地把神经生理学研究的手段引入到他对视觉的研究中来。有些仪器是他根据原理自制的，像当时刚出现的很难搞到的生理放大器，就是他自己组装的。

开始研究神经生理电发生机制时，选择枪乌贼作为实验材料是成功的一个重要因素。哈特兰的成功则归于他选择了鲎为实验材料。哈特兰在获得诺贝尔奖后多次提到，他选对了鲎为材料是很幸运的事。鲎为一种海洋生物，哈特兰之所以看中它，是凭着对动物知识的了解。哈特兰知道鲎的光感受器很大，视神经又很长，要研究视网膜，这实在是太理想了。

当时单个神经纤维上的电活动刚刚能够记录到，哈特兰也想得到在视神经上类似的记录。经过努力，他终于首次记录到了单根视神经纤维的电活动变化。这个成果与普通纤维神经传导机制是一致的。它还表明作为视觉的传入神经，视神经上传播的就是幅度大小一致的动作电位。而人们视觉所感受到的光的强度则是根据动作电位发放的不同频率来编码向中枢传送决定的。

对鲎的视网膜进行研究后，哈特兰开始了对更高级动物的视网膜的研究工作。哈特兰选择的实验材料是两栖动物的蛙。蛙的视网膜相对于鲎要小多了，因此记录电变化时哈特兰颇费了一番心思。他凭着自己很强的动手能力和解决问题的能力，成功地记录到蛙视网膜单根视神经上的动作电位。

通过观察，哈特兰发现了一个重要的现象。

人们通常在谈到眼睛时，往往把它比喻成照相机。这是一种比较通俗的比喻，但这种比喻是不够准确的，因为照相机把所看到的物体如实地反映在底片上，底片本身对其没有任何的加工分析功能，而眼睛的视网膜则对所感受到的物像有一个加工分析的过程。这个现象是哈特兰首先发现的。他是通过对记录到的视神经上发放的冲动进行分析而得出这个结论的。他发现，如果给蛙的眼睛以光的刺激后，在视神经上记录的神经冲动是不一样的，可以分成三种形式：一种是当光刺激

窗口

刚一落在视网膜上,视神经上瞬间就会有神经冲动发放的"给光型";一种是在给予光刺激过后才产生神经冲动的"撤光型";再一种就是不管是否施与光刺激,视神经上都会有神经冲动的"给光—撤光型"。也就是说,前往中枢"汇报工作"的信息并不"如实"。答案只有一个:视网膜不仅是单纯接受信息的装置,它还对所接收到的信息进行了初步的加工和分析。这个结论把当时人们对眼睛的认识提高到了一个新水平。

视网膜对所接收的信息进行加工的目的是什么呢?它没有原封不动地将外界的光刺激情况汇报给大脑有什么生理意义呢?光刺激转变成神经冲动的机制是什么呢?哈特兰决定要解决这些问题。

鲎仍然是研究的好材料。哈特兰重新又和鲎打上了交道。此时微电极技术已经发明,善于使用新技术的哈特兰当然在新的研究课题中也使用了这种测试手段。

鲎的视网膜不但大,视神经长,而且作为低级动物的鲎还有一个特点,就是它的眼睛是由许多"小眼"组成的。这种眼称为复眼,每一个眼内都有相对独立的视觉细胞和神经,构成独立的视觉系统,"小眼"之间又是相互联系的。因此,既可以研究每个独立的感觉单元,又易于研究它们之间的相互作用。鲎的这个特点在哈特兰的研究中派上了用场。

1946年,哈特兰的研究又一次取得了重要的成果。

在一次做实验时,一个原本不经意的现象引起了哈特兰的注意:实验人员正在记录一个"小眼"所发放的神经冲动。也许是自然光或照明的原因,总之是实验室内的光线大大增强,而此时这只记录着的小眼所发放的神经冲动的频率反而减少。以前这种现象也发生过,哈特兰认为不过是干扰而已,没太放在心上。但这次长期困扰着他的问题使他产生了一个要用实验验证的念头:是不是室内光线照到了其他小眼对这只记录的小眼产生了某种作用呢?在实验的条件下,哈特兰先重复了刚才所看到的情况:用强光照射到复眼上,被测小眼的神经冲动频率很小;再想办法把其他小眼遮盖起来,单独照射一只小眼,结果发现这只小眼所发放的神经冲动频率明显地增多。实验支持了哈特兰的想法:复眼中的小眼之间具有相互的抑制作用。这是一个意外的收获,哈特兰很受鼓舞。他感到这里面还大有名堂,于是停下原来的课题,先全力投入对这"意外"现象的研究。哈特兰最终发现从鲎再外延到整个生物界的视网膜中相互作用的基本原理,这就是后来生理学所说的视觉侧抑制现象。

巅峰之旅

不但在鲨各个小眼之间具有相互抑制作用,在高等动物中视网膜内各神经元之间都具有相互抑制作用。结果它们不是单纯地向"司令部"汇报情况,而是先要对所收到的光波进行分析和初步加工。

侧抑制的生理意义是,增强落在视网膜上图像的对比度,把图像的轮廓勾画得更加分明。我们往往有一种感觉,在看有明有暗的东西时,往往那个明暗界线特别分明。在较暗的背景上出现一个亮点时,会有一条特别亮的亮线;在较亮的背景上出现一个暗点时,会有一条特别暗的暗线。这条明显的分界线用测试仪器是测不到的。以前人们以为是单纯的心理问题,是一种错觉所导致的,哈特兰的发现,阐明了这种现象所具有的生理学基础。这一较复杂的情况虽然涉及相当广泛的细胞兴奋和抑制,但最终只是由一条视神经纤维向中枢去"汇报情况",可见视网膜所接受的光刺激已在视网膜内进行了复杂的处理和编码。当你读书上的文字时,别忘了是经你的视网膜中神经元相互作用后才产生"白纸黑字"的效果的。哈特兰自1946年发现侧抑制现象后,一直致力于定时分析鲨视网膜中抑制性的相互作用。到1958年,他已经对视网膜中的相互作用给出了精确的定时描述。之后,他又从事视网膜中动态过程的研究。通过不懈的努力,他不但对鲨这种动物视网膜生理过程进行了深入的研究,而且以鲨为参照对其他动物进行了比较研究,阐明了视网膜生理学中的许多基本原理,为视觉生理的研究作出了重要的贡献。

几乎与哈特兰同时,瑞典有一位科学家也在用电生理方式对视网膜进行研究,也对视网膜的侧抑制现象的研究有所建树。他就是格拉尼特。

格拉尼特在大学期间是学习心理学的。在实验心理学研究中有不少涉及视觉的话题。这使格拉尼特对视觉研究产生了浓厚的兴趣,他决定改行学习生理学。取得博士学位后,格拉尼特出国学习,在现代生理学奠基人谢灵顿的手下工作了半年。他非常珍惜与这位大师在一起的机会,像海绵一样如饥似渴地汲取谢灵顿的工作方法和研究思想。后来格拉尼特回忆这段历史时深情地谈及谢灵顿这位神经生理学的先驱者的教诲和思想几乎影响到他的一生。

除了对视网膜侧抑制的研究之外,格拉尼特在视觉器官的研究领域中,最著名的是对视网膜电图(ERG)的分析。

将一个引导电极和角膜接触,将另一个电极置于额部作为参考电极,当给视网膜以光刺激时,可以在适当的记录仪器上记录到一系列电变化,称为视网膜电图。

人们很早就测出了视网膜上的电位变化过程,但描记出来的图形十分复杂,

窗口

有着好几个陡缓不一的峰波,这是视网膜在大范围光照时所发生的各种电变化的综合反映。那么视网膜电图是由哪几部分组成的呢?都有什么结构参与了这个"大合唱"?一系列的问题"迷"住了科学家。最终对这个图形作出合理而恰当解释的是格拉尼特,他用精巧的实验设计解决了这个难题。

格拉尼特的实验设计建立在一个基础之上,就是他发现视网膜电图各组成成分对诸如乙醚、阿托品等药物的耐受力是不同的。通过药物的作用,各组成成分由出现的快、慢和消失的迟、早方面显出自己的真面目。经过复杂的分析,格拉尼特把视网膜电图最终分成三个组成成分,分别命名为 a、b、c。格拉尼特分析的结果是:负向而微小的 a 波主要来源于感光细胞的感受器电位;幅度较大的 b 波主要与一种称为双极细胞的神经元的活动有关;平缓而持续时间长的 c 波,可能与色素细胞层的正常功能有关。

格拉尼特对视网膜电图作出分析是在 20 世纪 30 年代,时至今日已过了半个世纪,在这几十年中,虽然视觉生理学获得迅速的发展,但格拉尼特对视网膜电图成分的分析是人们公认的视觉生理学发展的里程碑。也成为检查眼科某些视网膜病变的有力工具。比如,可以根据视网膜电图的变化情况判断视网膜色素变性的程度。糖尿病性视网膜炎的视网膜电图也有明显的异常。现在的研究趋势已表明:在未来的临床实验中,视网膜电图可能会成为研究视网膜功能的主要方法之一。

视觉生理学的研究引用了电生理学的研究方法,获得了丰硕的成果。

巅峰之旅

对声音和位置的感受

生理学家认为,一个人如果要独立生存不可同时缺少两种感觉器官,一个是眼睛,一个是耳。如果这两个器官同时出现了问题,那是一个漆黑中的寂静世界,自己的位置变化也不能调整了,结果个体的独立生存就会遇到很大的麻烦。由此也可以看到,耳这个器官不仅含有听觉感受器,而且还有位置觉感受器。在耳感受器的研究队伍中,有1914年诺贝尔生理学或医学奖获得者奥地利人罗伯特·巴拉尼(Robert Bárány,1876—1936)和1961年该奖获得者美籍匈牙利人格奥尔格·冯·贝凯西(Georg von Békésy,1899—1972)。

▲ 罗伯特·巴拉尼,奥地利著名耳科医师,获1914年诺贝尔生理学或医学奖。

▲ 格奥尔格·冯·贝凯西,美国著名生物物理学家,获1961年诺贝尔生理学或医学奖。

从病人的症状中找到本质原因

1915年到1918年,由于国际局势紧张的原因,诺贝尔基金委员会一年一度的评奖活动被迫停止了。可以说作为一种征兆,1914年的授奖也出现了前所未有的现象:找不到诺贝尔生理学或医学奖的获奖人。

这位失踪的获奖者就是奥地利的耳科医生巴拉尼。他因对前庭装置生理学与病理学方面的研究而获此殊荣。此时的巴拉尼因参加奥地利部队担任民间医师而被俄国俘获,正在俄国的西伯利亚战俘营中。后经瑞典王子卡尔代表红十字会出面周旋,巴拉尼才于1916年从俘虏营里放了出来,在瑞典首都斯德哥尔摩接受这份迟到的奖章和证书。

巴拉尼1876年出生在奥地利首都维也纳一个普通家庭里。母亲是一位科学家的后代。他受母亲的影响极大,从小时候起,他就表现出坚强的毅力。这点可通过两件事证实:一是他很小患了骨结核。当时的治疗效果很差,他的膝盖关节不能活动,腿总是处于僵硬的状态。这种残疾给他的生活造成了很大的障碍,但他坚持锻炼,最终克服了障碍。他的成功表明,残疾并没有给他造成什么影响。他照样进医学院读书,学习成绩一直在同学中领先,毕业后照样投拜名师,当了耳科医生。甚至在保家卫国中照样上了战场,做了一名战地医生。他终生坚持爬山、打网球。另一个例子是他从小就酷爱音乐,小提琴拉得很出色。殊不知他的这门技艺是在别人的窗下聆听老师讲课,并靠一把捡来的小提琴练出来的。坚强的毅力是一个人成功的重要因素之一,巴拉尼就是一个实例。

1900年从医学院毕业后,巴拉尼又相继进修了内科、神经科和外科。后来在维也纳大学耳科诊所找到一份当实验助手的工作。领导这家诊所的就是当时欧洲著名的耳科专家波利兹。巴拉尼在波利兹手下所做的具体工作是,在给病人诊治耳疾的同时,要进行一些与临床有关的研究工作。

巴拉尼学习非常刻苦,在他工作的第二年,就取得了重大发现。这是巴拉尼经过艰苦的努力而得到的。

巴拉尼的发现起因于一个人们见怪不怪的现象。

耳科病人前来就诊时,往往有用水冲洗耳道的过程。冲洗时感觉不是很舒服,病人常述说感觉很晕;医生也会发现病人的眼球会有快速转动的现象,医学上叫做"眼球震颤"。为什么会发生这种现象呢?虽然当时这种现象很常见,医生却不能解释其中的原因,只推测是冲洗出现的一种反应。巴拉尼被这种现象吸引住了,他决定要弄个水落石出。

在以后的治疗中,他耐心地听取病人冲洗后的感受,认真地观察病人的眼睛和身体其他部位的变化,并将听到和观察到的都记录下来。不久他就收集到20例类似的病例。冲洗耳道为什么会导致眩晕和眼球震颤?这里面大有名堂!

为给上述现象一个合理的解释,巴拉尼向导师求教,并从导师收藏的书籍中寻找线索,结果大有所获。早在几十年前就有人发现,人产生眩晕与内耳有关。还有人进一步做实验发现,如果把豚鼠内耳一个称为前庭器官的部位进行麻醉或破坏,动物会出现眼球震颤、身体向一侧旋转或翻滚的现象。更有人明确指出,上述现象是破坏了内耳中半规管的功能所引起的。

巅峰之旅

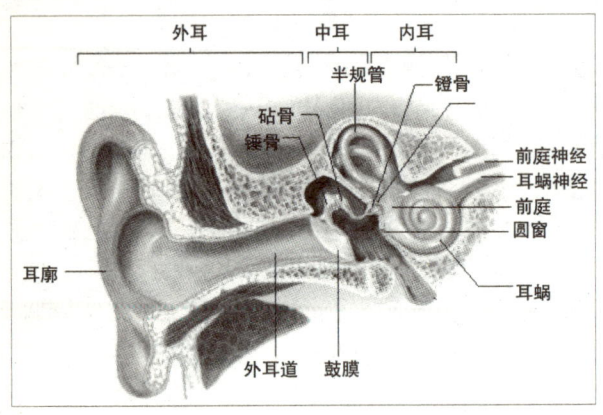

▲ 耳的结构。

耳是听觉器官,也是位置觉和平衡觉器官。耳分为外耳、中耳和内耳三部分。内耳包括感音系统的耳蜗和前庭器官。前庭器官又包括前庭和半规管,是人体对运动和头在空间位置的感受器。前庭和半规管各有分工。当人的头向前、后、左、右倾斜或转动时,当人乘火车启动、刹车,或乘飞机、电梯升降时,人们都可感受得到。这归功于前庭感受器对头部位置及直线变速运动的感受。而当人在旋转(如坐在突然加速的转椅上)时,对位置的感受则来自半规管。

巴拉尼的工作成就主要是他发现了半规管感受旋转变速运动的机理。

三个半规管互相垂直,配置在身体前、后、水平三个不同平面上。在三条半规管即将汇合的地方都有膨大的结构,感受位置变化的感受器——毛细胞就藏在这个地方。

根据认真的观察和思考,巴拉尼提出自己的假设:在临床观察到的病人由于冲洗耳道而引起的眩晕和眼球震颤,是由半规管引起的。

冲洗耳道为什么能够刺激半规管呢?这个问题以前没有答案。巴拉尼决定要将其找到。

目标明确了,事情也就好办了,一次与病人无意之中的谈话也帮了巴拉尼的忙。

一天,巴拉尼正给一个病人冲洗耳道。忽然病人抱怨水温太凉而把他弄晕了。巴拉尼也注意到病人的眼球在震颤。难道眩晕与水的温度有关系吗?巴拉尼立即将冲洗的水加热再继续操作,病人又抱怨眩晕了。这时巴拉尼又注意到病人的眼球在震颤。细心的巴拉尼观察到这次眼球转动的方向与刚才用冷水时正好相反!

巴拉尼再用与人体体温相似的37℃水温的水给病人冲洗。以后再没有病人的抱怨声了。

这次经历不仅提示巴拉尼今后给病人冲洗耳道时要用温水以防眩晕、眼球震

对声音和位置的感受

颤,而且带给巴拉尼一个新的研究课题。他以此为契机,一步一步探索这其中的道理。

上述现象是不是普遍的呢?对正常人也如此吗?他说服一些人做志愿者接受他的试验。结果表明,正常人内耳如果受到冷水或热水的刺激,也会引起眼球震颤和眩晕。如果内耳有损伤了还会有上述反应吗?巴拉尼又找了一些内耳严重化脓或前庭已被破坏的病人做同样的试验。结果不管是热水还是冷水,都没有任何反应。这更进一步说明了出现的反应与内耳的前庭装置有关。巴拉尼把这种测试前庭装置功能的检验,称为热检验。就是现在,临床也常用这种非常简单易行的检验方法来诊断前庭装置的功能是否正常。在巴拉尼发现热检验之前,检查内耳的情况一般都要通过外科手术才办得到。

热检验的原理是什么呢?这是下一步要研究的问题了。

巴拉尼设想这是由于冷水或热水灌流外耳道时,通过骨壁传到内耳引起半规管中内淋巴液的运动而刺激了位置觉感受器。冷水和热水引起眼球转动方向之所以不同,那是因为冷与热导致内淋巴液运动的方向不同所导致的。

严谨的巴拉尼用精心设计的实验验证他的设想。

冲洗耳道的水温不变,改变冲洗时头部的位置,也就是改变水平半规管在空间的位置。平躺时水平半规管的感受器在上,而头转动180度呈俯卧时,感受器的位置也180度转到了下位。结果是,同样用热水冲洗耳道,眼球震颤的方向却不同了。

实际上,旋转引起的眼球运动即眼球震颤,是一种不自主的节律性活动。在正常情况下,外半规管受刺激时引起水平方向的震颤,而上、后半规管受刺激时引起垂直方向的震颤。我们不妨回顾一下自己在这方面的经历。当头与身体向右旋转时,你的眼睛并不随着头也向右旋转,而要保持注视正前方,也就是原来头未动时的目标。随着头在动,你的眼睛实际上在向左移,这个过程很慢。可头在向右转而你的眼睛不能再向左移的时候,当眼睛左移达到最大限度时,非常快速地右转回跳到头正前方的位置。这就发生了一次眼睛的震颤。如果头部的旋转不停地发生,那眼睛就会发生连续的震颤。用冷水或热水冲洗耳道时,是半规管的温度刺激导致半规管内淋巴液流动,使毛细胞"犯了经验主义的错误"——误认为是头部在旋转的缘故。

我们还有一种直接的经验是,如果旋转太多了,尤其是蒙上眼睛——没有了视觉的"更正"功能后,会感到眩晕、恶心,甚至呕吐,人会向原来旋转的方向跌

巅峰之旅

倒。医学上称这些为前庭植物神经性反应。巴拉尼通过实验证明,这些反应与小脑的功能有关系。小脑对调节前庭器官的活动有重要作用。

巴拉尼由于出色的工作成绩而获得了诺贝尔生理学或医学奖时,还是一个工作不过十余年、年仅三十多岁的讲师。他的获奖,引来因嫉妒而发的异议,以致他获奖后返回维也纳,却为其同事所不容,这使他很伤心。但科学毕竟会公正待人的,一批世界著名耳科专家联合发表文章为巴拉尼辩护恢复名誉。巴拉尼在再三邀请下来到瑞典一所大学的耳鼻喉科研究所任所长和教授。从1916年起,他为世界各国培养了大批的五官科人才。也就在这年,诺贝尔基金委员会重新举行仪式,瑞典国王亲自给巴拉尼颁发了诺贝尔奖章和证书。从巴拉尼的工作成绩上可以看出,他得到的这一切是公正的。他是靠治学严谨、一丝不苟的科学态度得到的。他的临床笔记,甚至是处方,都写得工整清楚。他常说,"人间最可怕的是一知半解而又以通达自居","我自觉所知甚少"。他用坚实的脚踏出的成功之路,无疑给后人留下很多值得思考的地方。

一位获诺贝尔生理学或医学奖的物理学家

贝凯西1899年出生在匈牙利首都布达佩斯一个外交官的家庭。可能是家庭的缘故,他中学的学习生活是在几个国家中度过的。接受众多的教育方式,使贝凯西养成了一种善于比较的习惯。他不但学会了用比较方法来识别古代青铜器的真伪,而且用比较的方法为自己选择了今后所从事的专业。中学毕业后,他没有急于选择今后学习的科目,而是花了两年的时间学习物理学课程。进入大学后,学习数学,钻研天文学,又转而研究化学。通过比较,他最终还是选择物理学作为自己攻读的专业。在后来的学习和工作中,他还是通过比较方法来了解别人的观点,确定工作研究的价值。在谈到这种习惯时,他说:"在相当长的时间里,这种比较方法几乎是保证我取得成功的秘诀。"

1923年,贝凯西获得布达佩斯大学物理学博士学位。

毕业后,贝凯西到设在布达佩斯的匈牙利邮政部工作,时间有二十多年。他获奖的主要成就就是在这里取得的。他当时的身份是通讯工程师。

第一次世界大战后的布达佩斯是欧洲通讯的枢纽,通讯质量却不过关,常常出故障。为改进通讯质量，贝凯西充分发挥了自己的才能。当时检查电话线的故障，要花 15~20 分钟。贝凯西发明了用"滴答"声就能检查好线路的新方法，时间仅为 1 秒钟。

导致贝凯西取得卓越成就的，乃是起因于提高通讯质量中的一个实际问题。要进一步提高通讯质量，就要进行投资。有限的钱是投在改进电话机上，还是投于电缆的改造上？这应当看哪种更有效，有效与否则要看听的效果。耳本身的结构和功能是很重要的因素。这样，贝凯西选择了搞清听觉机理的课题。

要了解耳的功能，首先要知道耳的结构。在此之前，人们已经搞清了耳的结构。耳分外耳、中耳和内耳。

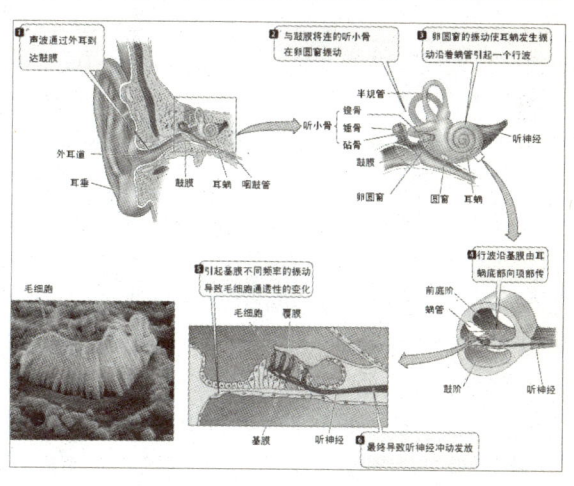

▲ 听觉产生的过程。

外耳的作用是收集声音，中耳是传音的地方，而声音则是在内耳被"听"到的。内耳中有一个很像钢琴键盘的结构，叫耳蜗。耳蜗比钢琴的结构复杂多了，钢琴不过 88 个键，而在耳蜗这块小小的骨质结构上竟有两万个"键"——细如纤毛的听觉感受器。这些细胞不像琴键那样直线排列，而是沿着一个盘旋、环绕两周半的基底膜排列的。人们还确认，基底膜有传递听觉的作用。

要研究确立课题，得先从学习耳的解剖知识开始。贝凯西到医学院解剖实验室去学习时，竟引起了那些解剖专家的反感，他们认为作为一个机械工程师，不应该这么"不务正业"。贝凯西本部门的人对他也同样反感，因为他常常从解剖实验室带出一些人的头颅，将其带到单位用钻孔机打开进行研究，每天让人看到机床上布满人的碎骨末的场面。久而久之，医学院方面不允许贝凯西参与解剖工作，他所在单位的某些人也认为他是不受欢迎的人。另一方面，研究耳蜗功能这个课题本身充满了重重的困难。首先是耳蜗很小，只有半个小拇指的指甲盖那么大，而且外面还有坚硬的颅骨保护。另外，耳蜗内及基底膜周围充满了淋巴液，当机体死亡或耳蜗离体后，淋巴液体很快干涸，传导声音的生理功能因此消失，就没有研究意

巅峰之旅

义了。

但这一切丝毫没有减低贝凯西坚强的研究毅力和决心。

凭着丰富的想象力和灵巧的双手，贝凯西把别人无法办到的事办得非常漂亮。耳蜗太小了，他改进工具，发明了超细的钻头和探针——他的小剪子的刃只有几千分之一英寸。他还发明了显微镜操纵器来完成在耳蜗"键盘"上的"弹奏"。在麻醉的动物实验中，贝凯西发现，只要保持一定的湿度，耳蜗基底膜的活动就不会受到影响。于是他建立了一种对离体耳蜗的研究方法：实验在生理溶液中进行，借助水下显微镜观察基底膜的变化。

万事俱备了。

声音引起内淋巴液振动，是从耳蜗蜗底的基膜开始的。然后此振动再以行波的形式沿基膜向耳蜗的顶部方向传播，就像人在抖动一条绸带时，有行波沿绸带向远端传播一样。振动的幅度随之逐渐加大，到达基底膜的某一部位时，振幅达到最大值。随后，振动停止前进并逐渐消失。贝凯西直接观察并详细记录了基底膜振动的情况，不但了解到基底膜振动的形式，还观察到在不同频率声音的刺激下基底膜振动的变化。贝凯西进一步的发现很有趣：在基底膜上，行波所能到达的部位和最大行波振幅出现的部位是不一样的，而且是由声音的频率决定的，小频率的声波只能引起靠近耳蜗蜗底很小距离上的基底膜的振动，中频率的声波却使基底膜的振动范围向前进到耳蜗中段，高频率的声波则可使基底膜的振动一直推到耳蜗的蜗顶。为了更好地研究耳蜗的工作原理，贝凯西依照实验观察到的现象制成了一个耳蜗振动模型，进行了大量的耳蜗传声模拟实验。经过观察、假设、实验，贝凯西创建了耳蜗生理作用的理论，这就是著名的"行波理论"。

行波理论的创立揭开了听觉之谜。对生理学创造性的贡献，使这位物理学家获得了不少与生理学和医学有关的奖项，其中就包括1961年诺贝尔生理学或医学奖。这种因"不务正业"而获奖在诺贝尔奖的历史上非常少有。

在贝凯西为匈牙利电话系统的研究工作到了第23个年头时，第二次世界大战的战火燃烧到匈牙利。一颗炸弹将贝凯西实验室所有的设备彻底摧毁了。贝凯西不得不离开祖国去了国外。他后来在美国安居下来，继续从事对感觉器官的研究，从听觉扩展到视觉、触觉等。他制造的耳蜗振动模型就是来到美国后才制成的。通过这个装置，证实了他早年对耳蜗频率分析的观点。

在听到自己获得诺贝尔奖时，贝凯西非常平静地说："有许多科学家应该得到这一荣誉，所以从某种意义上讲，这只是一个机会而已。"是的，贝凯西追求的是对科学的探索。他还说过:"科学家酷爱对某些问题进行研究,而我的愿望是对研究耳聋作出贡献。"

　　与工作中追求精益求精形成鲜明对比的是,生活中的贝凯西极为简单。他每天把大量的时间花在实验室里,生活中唯一的爱好是收集珍贵的艺术品。他终生未娶。在他临终的遗嘱中,指定的继承者是诺贝尔基金会。他把一生精心收集的、价值40万美元的艺术品献给诺贝尔基金会。这笔钱相当于他所接受的诺贝尔奖金的10倍。

"司令部"里发生的事情

　　谢灵顿的研究工作对人类探知神经系统的奥秘作出了非常卓越的贡献,人们又在他所创建的整合理论基础上丰富了神经生理学。
　　当然,谢灵顿的理论也有局限性,和处在那个时代的生理学学者一样,他只把外界刺激引起机体的非随意动作称为反射,而且认为进行调节作用的"指挥者"是大脑皮层以下的各级结构,特别提出大脑的活动里不包括反射活动。后来,俄国一位生理学家谢切诺夫出版了一本叫《脑的反射》的书,第一次把反射的概念也应用于人脑的活动中。他认为脑的活动实质上也是反射活动。
　　大脑包括的内容太多太多,思维、情感、记忆、意识,甚至包括中风、精神分裂等,总会有对一个人来讲充满兴趣的题目,但由于大脑的复杂性和不可知性太多,又是一个在研究领域上令人敬畏的禁区。

敢于闯入"禁区"的人

一谈到对大脑的研究历史,不可不讲的一位是俄国科学家伊万·彼得罗维奇·巴甫洛夫(Ivan Petrovich Pavlov, 1849—1936)。

巴甫洛夫的名气很大。他于1904年获诺贝尔生理学或医学奖。1935年8月,他以"全世界生物学家元老"的身份主持了在苏联召开的第十五届国际生理学大会,被称为是"世界生理学家之最杰出的人"。他是苏联第一个获得诺贝尔奖的科学家,也是世界上第一个获得诺贝尔奖的生理学家。必须说明的是,使巴甫洛夫获奖的原因是他在消化研究方面取得的卓越成就,他对大脑的研究工作是在他获奖以后才开始的。我们在讨论大脑研究的历史时必须谈一谈这位并没有因之而获奖的人物,因为他找到了对大脑进行研究的方法,使反射概念具有更全面的内容。几乎在每一本讨论大脑功能的教科书中,都能见到巴甫洛夫的名字。

▲ 伊万·彼得罗维奇·巴甫洛夫,俄国著名生理学家,获1904年诺贝尔生理学或医学奖。

在艰苦的环境中

巴甫洛夫1849年出生于沙皇统治下的俄国。他的父亲是一位神职人员。巴甫洛夫小学、中学上的都是教会学校。父辈对他的期望是长大以后继承父业,在教区当个牧师。这在当时是一个令人尊重和羡慕的职业。但少年时代的巴甫洛夫表现了一种对科学非常强烈的兴趣。他读过一些科学小册子后,被科学那种不可抗拒的力量深深地吸引了。中学还没有毕业,他说服了家人从家乡到了大城市,考入彼得堡大学学习自然科学。在人们还不太知道科学是什么的当时,他所做的是不太被人理解的事情。

在大学学习期间,巴甫洛夫对生理学更感兴趣。他把动物生理学选为自己学

巅峰之旅

习的重点科目。大学的学术氛围和开阔的科学视野,使巴甫洛夫选择科学研究作为自己终生的事业。他做学生期间有两次获得金质奖章的经历,足以说明他对自己选择的志向的喜爱。

可学业结束后,实际的情况并不那么如意。巴甫洛夫选择科学研究的道路是很艰难的。在生活上,他的家庭经济情况一直不怎么好,甚至在他的回忆录中提到:"当我们度过避暑生活回到彼得堡的时候,我们已身无分文。要不是有德米特里(巴甫洛夫的弟弟)的寓所可住,那么就简直无地栖身了。"在工作上,起初巴甫洛夫处于很频繁的调换之中,后来好不容易安定了,工作条件却是异常的艰苦,实验室只有洗澡间那么大,更不用说实验设备的质量了。在名誉上,巴甫洛夫的身份是助教、实验员,直到46岁时才做了教授。就是在这种状态下,巴甫洛夫对消化系统的研究做出了获得诺贝尔奖的业绩。我们非常熟悉的苏联大文学家高尔基有一段话精彩而准确地描述了巴甫洛夫:"(巴甫洛夫)一位经过坚强锻炼的和精雕细琢的极其稀有的人物,这种人物的经常功用就在于探究有机生命的秘密。他好像是自然为了认识自己本身而特意创造出来的一个极其完善的生物。"

因消化系统的出色的研究成果而荣登诺贝尔奖宝座后的巴甫洛夫,更是证明了高尔基对他的这种评价。

成为著名科学家之后

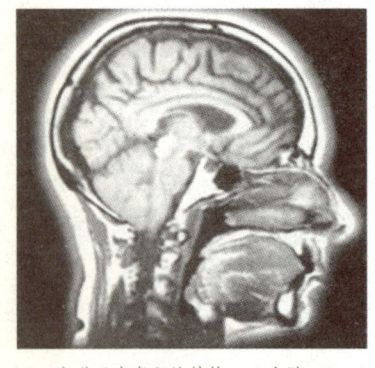

▲ 充满无穷奥秘的结构——大脑。

1904年,巴甫洛夫进入诺贝尔奖获得者的行列之中,可谓是功成名就了。他那时已是俄国科学院通讯院士,还是三十多个学会、大学和科学院的会员、教授和院士,并且有了自己的研究所,国内外的同行纷纷前来参观学习。有人称当时的列宁格勒已变成了生理学家朝拜的麦加圣地。尤其是列宁领导的十月革命胜利后,建立了苏维埃新政权,巴甫洛夫的生活和工作条件得到了改善。那时正是新政府在经济上处于最困难的时期,但为了支持巴甫洛

身体七巧板

夫的研究工作，列宁亲自签署特别法令，提供一切有利条件保障巴甫洛夫的研究工作。1924年，苏联科学院为巴甫洛夫新建了一个研究所，后来又建了一个生理学研究中心。这与以前的状况相比，真是天壤之别了。巴甫洛夫——一位诺贝尔奖的获得者，真可说是前途无量，坐享其成了。但此时的巴甫洛夫，放下了曾为他带来世界声誉的领域，把眼光放在了一个全新的研究领域——大脑。

当巴甫洛夫提出自己的新主张后，周围的人和同行先是大吃一惊，而后是极其强烈地反对。因为他们深知，大脑是研究领域的一片禁区，一切都要从头开始，弄不好会身败名裂。已快六十岁、享有很高威望的巴甫洛夫值得冒这个险吗？

巴甫洛夫已铁定了心。他的决心是这样的大，以致不听任何人的劝阻。与来人谈话时开口一定要相约，免谈有关劝阻研究大脑的内容。他甚至不让助手们再谈论消化系统。巴甫洛夫对抱有疑问的人说："这方面的工作够咱们干100年的。不，不，消化系统的事结束了。我要专心致力于另外一个新领域。"

大脑是高等动物最高级的调节中枢。那大脑的生理功能是什么？活动有什么规律？不知道！对这块领域，科学家们很茫然，尽管知道大脑很重要，有探索的极大价值，但就是不知该如何开展工作，因为研究大脑得找出一种与研究其他器官系统完全不同的实验方法，要能得到直接的和可靠的实验证据。这一点太难了。直接证据对于这块既不能像心脏那样跳动，又不能像肠子一样蠕动和分泌消化液，甚至表面看起来就是静态的结构，该怎样拿到令人信服的研究方案？长期以来，对于大脑这个禁区，科学家们虽然探索的心情迫切，但却又无可奈何。但巴甫洛夫决心要走进去。

作为科学家的巴甫洛夫，他执著地要研究大脑的强硬态度绝不是冒进和"说大话"。在研究消化过程中，他对于某些实验现象的观察已经让他有了对大脑进行研究的设计思路，他要试一试。

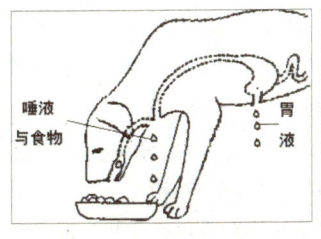

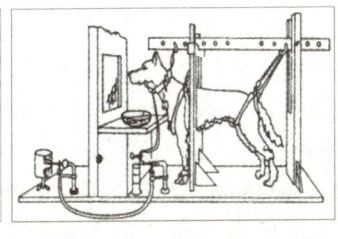

▲ 巴甫洛夫设计的实验方案。　　▲ 巴甫洛夫设计的实验装置。　　▲ 巴甫洛夫在观察实验结果。

巅峰之旅

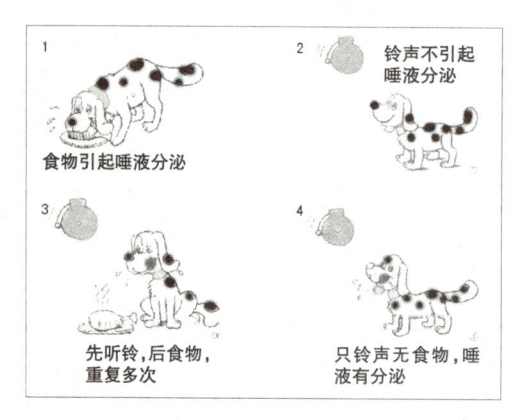

1. 食物引起唾液分泌
2. 铃声不引起唾液分泌
3. 先听铃,后食物,重复多次
4. 只铃声无食物,唾液有分泌

▲ 巴甫洛夫的实验步骤和实验现象。

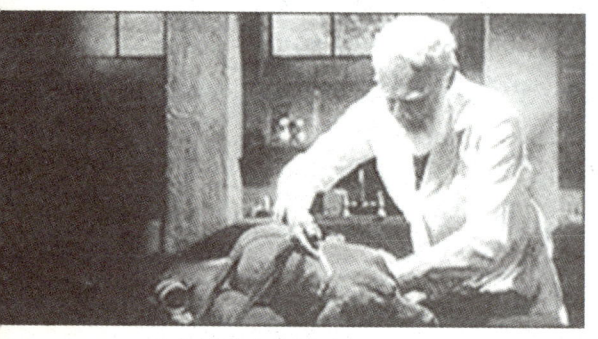

▲ 巴甫洛夫在实施手术方案。

其实巴甫洛夫打定主意要从事对脑的研究也不是一天两天的事了。他对一只叫利斯卡的狗注意很久了。这不是一只普通的狗。为了研究制造胃液的胃腺的分泌情况,他在这只狗的胃上接了一个瘘管到体外。另外,它的颈部有一个小孔,食物不能进入胃,从口中进入食道后,到了小孔就向外掉出来。狗的进食则由巴甫洛夫亲自来喂。他将小块的肉与面包直接放到狗的胃里。这样的一只狗有些现象很叫巴甫洛夫迷惑不解:为什么有时胃液几乎一点也不分泌,有时又忽然不断地滴进试管呢?

当给利斯卡拿来一盘肉块时,它贪婪地吞下后,肉块又向外掉出,这时胃液像透明的水一样流进接在瘘管上的玻璃试管里。食物刚刚进到嘴里,胃里就已经分泌出胃液了,好像有谁预先告诉过胃一样。巴甫洛夫认为这是因为口腔里隐藏着感受器,它迅速向大脑打信号,"食物进入口腔了"。大脑便向胃发出命令,使胃分泌出胃液,准备消化食物。但下面的现象就不好解释了,只要狗一看到食物,一闻到食物的味道,胃液就会大量分泌。甚至一听到要吃饭的信号——铃声,或听到固定饲养员的脚步声,胃液都会大量分泌。巴甫洛夫认为,这些都是通过神经向大脑传送要吃的信号,狗的大脑里已经组成铃声与食物、脚步声与食物的联系,只要听到铃声和脚步声,大脑就会发出分泌胃液的命令,以至于单听到铃声、脚步声,胃液也会分泌。这是因为狗的机体已做好接受食物的准备,这是机体对刺激的反应。换句话说,就是反射作用。

通过对消化以外的研究、观察和思考,巴甫洛夫从消化液的"心理性"分泌入手,系统地对大脑皮层生理活动进行了独创性的研究,建立了高级神经活动学说。

从 20 世纪开始，巴甫洛夫就致力于研究大脑的生理，直到他去世，一共 35 年，取得了辉煌的业绩。

神经系统的活动方式是反射，通过巴甫洛夫的工作，将反射分为非条件反射和条件反射，使反射概念更具全面的内容。

食物进入口腔引起消化液分泌的反射，火烧手引起手回缩的防御反射，初生的小孩就会吸吮的反射，都是生来就有的、比较固定的反射。这类反射叫非条件反射。这类反射活动使人和动物能够初步适应环境。非条件反射的特征之一是数量有限，但人类和动物生存的环境却是变化无穷的，如果单靠非条件反射，那对生存会造成很大的局限性。比如说，要等野兽来咬时才逃避，或要等火触到手上才回缩是很可笑的事情。因此，机体在接受刺激、产生反应的形式中，必然会有新的补充，这种新的补充形式就是条件反射。

条件反射是通过后天的学习和训练而建立起来的反射。前面巴甫洛夫谈到，狗听到铃声就可以引起唾液分泌，就是狗自己"学习"而得到了一种条件反射。条件反射是反射活动的高级形式，是动物和人在个体的生活过程中，按照它们所处的生活条件，在非条件反射的基础上不断建立起来的。在巴甫洛夫的实验中，狗进食时有胃液分泌，这是非条件反射，而铃声没有引起胃液分泌的功能。如果在这条狗每次进食时都预先或同时伴有声响，这样，食物和声响两种刺激在进食过程中多次结合以后，即使单独出现声响而未给食物，这条狗也会产生胃液分泌，即建立了由声响引起胃液分泌的条件反射。

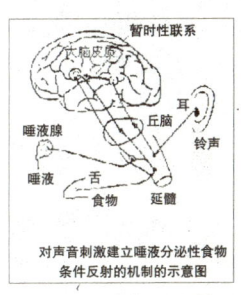

▲ 对声音刺激建立唾液分泌性食物条件反射的机制的示意图

▲ 巴甫洛夫对实验现象的解释。

	非条件反射	条件反射
实例 形成时间 刺激	吃酸杏，分泌唾液 先天遗传的 事物本身，如杏	看到酸杏，分泌唾液 后天获得的 事物的属性，如杏的形状颜色
数量	少而有限	多而无限
神经中枢	大脑皮层以下中枢	大脑皮层有关中枢
反射弧	永久、固定	暂时、不固定
二者的关系	条件反射是在非条件反射的基础上形成的	

▲ 条件反射与非条件反射的比较。

巅峰之旅

条件反射的建立是灵活可变的,其形式是多样的,数目是无限的。通过条件反射的建立,使人和动物对环境变化具有精确而完善的高度适应能力。同时,条件反射的建立,可以使身体在某些非条件刺激直接作用到来之前就发生反应。比如,动物在很远的地方看到猛兽时,就可以避开它而免遭伤害。对人则更高级,通过语言、文字这些抽象的信号,就可以达到实现反射的目的。比如,人们看到"小心有电"的文字时,无须亲自去试一试,就可以产生避开的反射活动。

就这样,巴甫洛夫把自己提出的条件反射,变成了一种可以进行实验研究的方式。进一步地,他的研究工作表明,条件反射活动发生在大脑两半球的特定部位上,兴奋和抑制过程是大脑皮层的两个基本过程;兴奋过程引起反射,抑制过程则制止反射的出现。比如,睡眠时躯干肌紧张下降,就是通过大脑发放的抑制命令来实现的。

对高级神经系统的研究方面,巴甫洛夫虽未因此而获奖,但却在这个领域中开了一个很好的头,留下了重重的一笔。在他的研究基础上,人们已相继踏入这块原先无法涉足的禁地。

"谨向阁下大脑的左右两半球一并致贺"

大脑实在是令科学家着迷的研究领域,其蕴藏的无穷奥秘吸引了不少科学家致力于这方面的研究。在诺贝尔生理学或医学奖的获得者中就有这样一位。他就是美国的神经生理学家罗杰·沃尔科特·斯佩里(Roger W. Sperry,1913—1994),于1981年获奖。

斯佩里自幼就失去父亲,由母亲抚养成人。他以优异的成绩从中学毕业后,靠奖学金上了大学,先是获得英语文学学士,然后又攻读两年精神学,获得硕士学位。随后,在读动物学哲学博士时,他又在动物学方面打下了对后来工作有益的基础。这样的经历,使斯佩里在后来研究脑神经科学时有着非常独特的思维,最突出的一点就是他从不拘泥于前人的经验和理论。

▲ 罗杰·沃尔科特·斯佩里,美国著名神经生理学家,获1981年诺贝尔生理学或医学奖。

一张"行政管理图"

至少有两千年了,每一个人都相信大脑各部分是不同的,每一部分所做的事情跟别的部分做的不一样。人们用这一部分听,用那一部分看,又用另一部分运动。甚至有人干脆就画出人大脑的各个"执政部门"的详细分布图。这张图将大脑分成许多区域:爱情、对子女之爱、夫妻之爱、友谊、定居感、持续力、自负感、满意感、谨慎、好斗性、遮遮掩掩的习性、危害感、生命力、营养良好的心情、渴望与追求感、庄严感、诚心诚意的性格、坚定的性格、富于尊敬和崇拜的性格、希望、理想、富于建设性、富于精神性、模仿性、仁慈、和蔼、高兴情绪、时间感、单调感、计算能力、分辨顺序的能力、语言能力、分辨形状的能力、分辨着色的能力、分辨重量的能力、大小尺寸感、两重性、对过去的记忆力、辨识方位的能力、比较能力、因果分析能力、人性……这张图对每一个有着强烈好奇心的人都很有吸引力。但是,

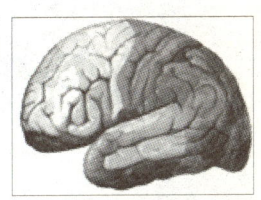

▲ 很早以前人们就知道大脑分成许多区域,每一个区域的功能是不同的。

巅峰之旅

谁也无法证明其准确性,只能通过"经验性"推测。几百年前就有人专门研究人的头部形状。根据人的头部有长而扁、高而尖、额有宽有窄等不同的类型,推出这个人善于做什么。比如,一个会讲故事的人,也许他脑子的某一部分发育很好;如果一个人很灵巧,那他大脑那一部分就发育得好。甚至用来反推。都进入20世纪了,人们还相信有天生的犯罪类型的人,这可以通过他头部的形状看出来。更有甚者,有些人还拿这类说法赚钱行骗,出现了一种看颅相的算命方法,通过头骨的形状就可知此人的运气和财气。

大约在1870年,两位德国医生尝试了一种不同的实验,他们把一条狗的颅骨打开,以便能够清楚地看到脑。他们用电来刺激狗大脑的一侧,结果令人惊奇地发现,狗身体的另一侧肌肉在抽动。原来大脑里的这部分就是指挥身体运动的区域。他们把这块区域就称为运动区。另外,一位医生也注意到在脑前部的坡处有一个负责说话的地方,如果这部分出了问题,那病人的临床表现往往是不会说话,这些实验都进一步证明大脑的功能的区域性。后来,一位叫戴维·弗里欧的英国医生开始探索有关脑是如何工作的更多情况。他选择的是与人更接近的猿作为实验对象。他就像深入实地考察的勘测者那样进行实地测试。他发现启动肌肉运动的区域主要在大脑的中央前回,而且呈一种"上下倒置"的状况。刺激中央前回的顶部,会使脚趾和双脚扭动;往大脑下面一点位置进行刺激,会引起双腿活动;再往下一点则是背部肌肉的活动,再下一点则是胳膊的活动。刺激大脑的最下部,则会引起动物头部的运动。他还发现,常常是脑的右侧控制身体的左侧。

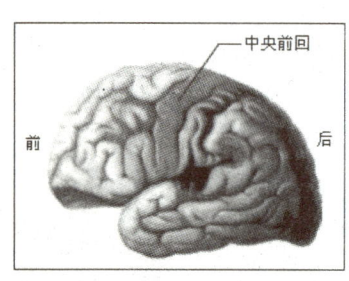

▲ 人们最早确认了大脑的中央前回是负责运动的区域。

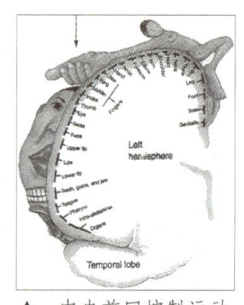

▲ 中央前回控制运动的特点是"上下倒置"。

弗里欧的研究是令人信服的,原因是他的结论有足够的实验证据。但是,这种实验也有局限性,因为他选择了一个可以观察的现象——运动。对于动物而言,它只能表现,而不能说出感受。而人有动物所不具备的功能和特点,但同样的实验方法不可能在人身上进行。因此,对于大脑其他功能的区域划分还是一个问号。

因为无法直接研究活的脑,科学家和医生们想出了许多办法来研究脑的迂回

"谨向阁下大脑的左右两半球一并致贺"

身体七巧板

的方法。早期只能是靠一些偶发的事件进行研究。比如,一个人因中风而死亡了,医生们就通过解剖发现他脑中病灶的位置,并根据病人语言不清、行为不便诸现象而推出"主管部门"的位置。这实在是一种无可奈何而为之的方法,虽然有些道理,但仍缺乏直接的实验证据。斯佩里就是在这种状态下,以独特的视角和方法,用实验研究大脑,发现了大脑两半球专门化的功能,为人们了解大脑更高级的功能提供了一个全新的轮廓。

从找"+"号开始

哺乳动物的大脑,分为左右半球,覆盖在脑干上,两半球之间以一个叫胼胝体的结构相连。这个结构以前人们不太重视,认为它是脑的支架,使大脑半球避免凹陷。这个观点在当时非常盛行,就连斯佩里的导师都这样认为。

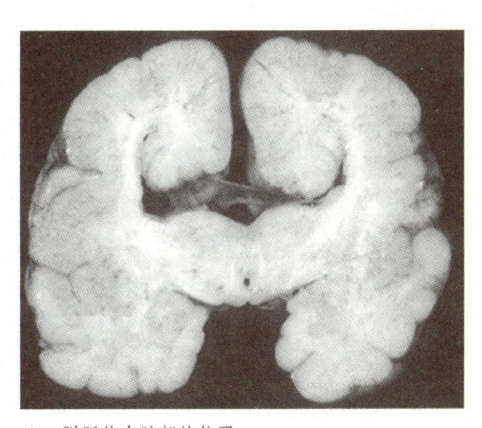

斯佩里的眼光却与众不同,他认为胼胝体一定还另有重要的功能。

斯佩里之所以非常看重胼胝体在大脑中的功能,是因为一种在临床使用的手术。

▲ 胼胝体在脑部的位置。

从20世纪40年代开始,对于患癫痫病非常严重的人,医生往往采用将胼胝体切断的方法进行治疗。手术后,病人发病的次数和严重程度都会大大降低。对于这种现象的解释是有效地防止了病症向另一侧大脑扩散。也有的医生十分肯定地说,胼胝体唯一的作用是将癫痫发作从身体一侧传播到另一侧。

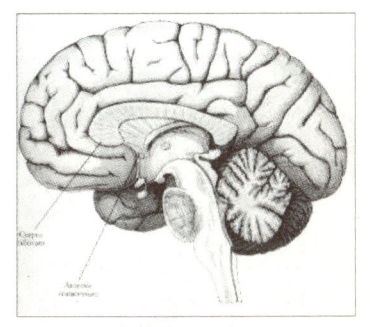

胼胝体的作用是什么呢?难道就是为了

▲ 胼胝体联接大脑左右半球。

"谨向阁下大脑的左右两半球一并敬贺"

105

巅峰之旅

少数人发作癫痫病用的吗？斯佩里决定弄个究竟。

从20世纪50年代开始，斯佩里的研究小组就此问题进行了大量的实验。他选择与人进化地位较近的猴子为实验对象。在实验设计上，他选择了猴子的视觉变化。先将动物进行胼胝体切断的手术，使之成为所谓的"裂脑动物"，以备实验使用。这种动物大脑的左右半球由于切断的胼胝体而失去了联系。另外，哺乳动物的视神经在传入大脑时有一个交叉，即左眼所接收的信号不仅可以传到左脑半球，而且还可以通过视交叉传到右脑半球。为了把左右脑的联系彻底切断，斯佩里用一种精密的手术在切断胼胝体时把视交叉也一并切断。这样左右脑信息完全隔绝。

下面该看看这种动物的表现了。

把猴子的一只眼蒙起来，进行另外一只眼的单眼训练。让它看两种符号，一个"+"，一个"0"，挂出"+"号时，它会取到食物吃，挂出"0"则什么也没有。先使这只单眼受训的猴子形成一种条件反射，学会选择有食物吃的"+"号标志。然后，把这只眼蒙起来，让另外一只眼再去看"+"和"0"这两种标志。结果呢？猴子什么也不会了。作为对照，没有切断胼胝体的猴子的那只没有经过训练的眼，却照样可以选择出它有所获取的"+"标志。

同样地，教会正常猴子的一只手做会一个动作，那它另一只手不用学习也可以做出这个动作，但如果是用裂脑猴子的话，没有学习的那只手得再进行训练后才办得到。

这些实验都说明，胼胝体有在大脑两半球间传递信息的功能。

斯佩里的实验证明，如果切断胼胝体，大脑两半球就会失去联系，每个半球就会像一个完整的大脑那样起作用。

事实上，人的胼胝体是由约两亿条神经纤维组成的纤维束。

再找合适的研究对象

以证实了胼胝体的功能作为突破口，斯佩里要进行大脑区域定位的研究了。

大脑左右半球靠着胼胝体进行联系，胼胝体负责两半球的整合。那是否意味着这两半球有不同的特征呢？研究这样的课题需要加上心理学的内容，用动物进

"谨向阁下大脑的左右两半球一并致贺"

行实验局限性太大了。斯佩里想到了"裂脑人"。为了控制严重而难治的癫痫，医生对一些病人施行了胼胝体切断手术，将大脑两半球直接联络的所有神经交叉联系都中断。由于损伤的神经较多，这些病人手术一年后才得以康复，大多数人的病情得到改善，而且大致看起来与常人无异。但仔细观察就会发现，这种人的行为是有些怪异的。他(她)往往会做些自相矛盾的动作。比如，有时一只手穿着衣服，而另一只手又脱着衣服；有时候，一只手想与朋友握手，而另一只手会拉住自己的这只手，不让它伸出去；或者一只手推开来人，而另一只手则紧紧拉住不让他离开……这些行为是在中断左右大脑半球的联系后发生的，预示着左右大脑虽然可以各自为政，但要完成一个协调的动作需要两半球共同的参与。在这个整合的过程中，大脑两半球各司什么职责呢？

斯佩里设计了一系列心理学实验，观察并测试了十多个这样的裂脑人，对他们进行了视觉、触觉、听觉、情感等方面的实验研究。他的设计不仅可说明问题，而且还非常的有趣。

斯佩里考虑到视交叉的问题，但对于人不可能像动物那样切断视交叉。因此，在实验方法上，他采用快速的光刺激，使刺激图像的呈现时间只有100毫秒，这样眼睛的调节系统还来不及对焦，刺激信号就消失了。这种视觉刺激只施加到两眼视网膜的一边，从而只有一侧大脑半球直接接受刺激图像的信息。

下面是实验的情况：

第一幕：视觉实验

　　(将受试者左右眼用挡板隔开，形成左右两个视野，将苹果呈现在右侧视野)

　　实验者：看见什么了？

　　裂脑人：苹果。

　　(将苹果呈现在左侧视野)

　　实验者：又看见什么了？

　　裂脑人：没看见什么，哦，好像是……

　　(将几种不同的水果呈现在受试者面前)

　　实验者：你能将刚才看到的东西指出来吗？

　　裂脑人：(十分肯定地指着苹果)就是这个。

巅峰之旅

结论:实验结果表明,裂脑人的两侧半球是各自独立的,而且两侧半球的知觉几乎是相同的。在正常情况下,右侧视野投射到右半球,左侧视野投射到左半球。当苹果刺激裂脑人右眼时,他不能用语言报告右半球的知觉,显然是由于大脑的语言中枢位于左半球。虽然病人不能说出他看见什么,但完全能用非语言的表示方法来鉴别所看见的东西。可以认为,虽然右侧半球没有语言功能,但能感知、学习、记忆和完成运动任务。

第二幕:触觉实验

(将铅笔呈现在受试者右侧)
实验者:请拿出相应的物体来。
(受试者用左手从一堆东西中拿出了铅笔)
(再让受试者左手握住一个球)
实验者:你手里拿的是什么?
受试者:哦,我说不大准。
实验者:能说出它有什么特点吗?
受试者:不能。喏(指着一张写有 ball[球]的卡片),我手里拿着的东西就在那张卡片上写着呢!

结论:右半球拥有一定的语言理解能力,但缺乏语言能力。

第三幕:一张图片

(将一幅女性裸体图片呈现在一位女受试者的左半侧)
受试者:(大笑)
实验者:看见什么了?
受试者:这是一张裸体图片。
(再将这张图片呈现在她的右半侧)
受试者:(面色绯红,笑)
实验者:你看见什么了?
受试者:什么也没看见。

结论:右半球与左半球的差别不只是在右半球缺乏语言能力,事实上在某些

"谨向阁下大脑的左右两半球一并致贺"

感知方面,右侧半球超过左侧。

第四幕:搭积木的实验

(让受试者完成把彩色木块拼成一个图案的任务)

(受试者左手能够搭出一个一个完整的构型,而右手好像不听使唤了,任务完成得不够好)

结论:非语言优势半球在空间感知方面占优势。

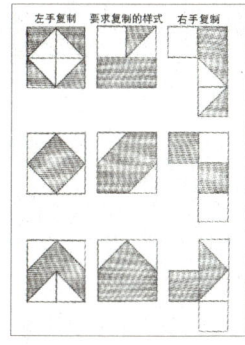

▲ 裂脑人的搭积木实验。

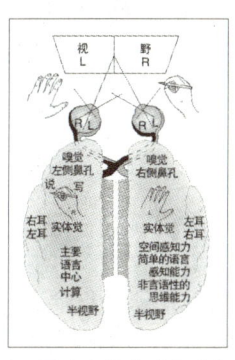

▲ 两个大脑半球的功能分区。

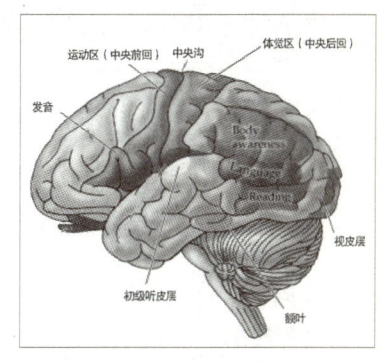

▲ 人大脑半球外侧面的功能定位。

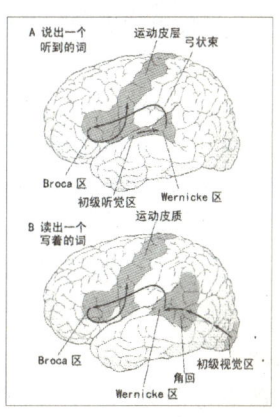

▲ 大脑几个中枢之间的联系。要说出一个听到的词或者读出一个写着的词是需要几个中枢互相配合才能完成的。

裂脑人的搭积木实验是一个医生做的进一步的实验,要求一个裂脑病人用红白两色积木块拼成按图形所示的模型。从图中可见,右手不能复制出所示模型,左手虽能复制出正方形的结构,但内容却有差异。也就是每只手的失误频率相等,但失误类型却大不相同。结果显示大脑每侧半球都能产生一套单独的技术来完成这项任务。这一发现与两半球对各种机能有专门化区域的其他证据相一致。同时也显示无论哪一侧半球都不能够单独地分析所示模型,它们必须协作,相互补充。

结束语:斯佩里经过一系列的实验,终于揭开了大

巅峰之旅

脑两半球各自独立功能之谜。人脑两半球在功能上具有高度专门化，而且两者是不对称的，在功能上有所分工。一般左半球在语言功能等抽象信号上占优势，擅长说、写和数学运算等；右半球在非词语性认识功能，如音乐欣赏、空间辨认等方面占优势，对语言文字亦有相当的理解能力，擅长整体直观的认识。它们既互相独立又彼此互补。

在正常情况下，两半球功能的整合是依赖于胼胝体这种联合纤维的作用，使不同的感受和思维功能分工合作，相辅相成，认识一个完整的客观世界。当斯佩里荣获诺贝尔奖的消息传到他所在的学校加州理工学院时，这所学院的院长专门发了一篇贺词，在贺词中他诙谐地写道："斯佩里，谨向阁下大脑的左右两半球一并致贺！"

一个会生活的人

斯佩里对大脑两半球功能的研究从病理现象着手，取得了令人瞩目的新发现。他的理论不但现在已成为生活常识，而且对行为学、心理学、神经分子生物学和临床医学研究诸方面指出了一系列新问题，开拓了新领域。

斯佩里的成就在很大程度上归功于他不受原有观念的束缚，敢于尝试新的研究方法，探索出新的研究路子。他的一位学生曾经说过："（他）知道如何开展科研工作，他了解问题的症结所在，接着他会精力充沛地去研究主要的问题。他从不摆出官僚主义的架势，也从不把精力放在那些琐碎的事务上。"

在科研工作之外，斯佩里也把生活安排得丰富多彩。在诺贝尔奖评选委员会发布了他获奖的消息时，在他的学校却哪里也找不到他。此时他正在人烟稀少的墨西哥露营，享受大自然的美好风光。他当天就得知了获奖的消息，却按原计划度完假期才回到仍在四处寻找他的学校。这仅是他经常外出的其中一次。在斯佩里的家里有许多古生物化石，全是他们夫妇二人历年来从美国西部一些荒野中探寻挖掘出来的。他不仅热爱古生物学、野外宿营，在钓鱼、绘画、雕塑、跳舞等方面也很在行。家中陈列了不少由斯佩里自己制成的绘画、塑像和陶器。他的同事对他的评价是，"除了作为一名研究人员所必备的天赋条件以外，他还是我有生以来所知的最爱好艺术的人"，"他既是出众的雕塑家，又是一位废寝忘食的古生物学家"。

这样一位无论做什么都很有成绩的人,是一位真正热爱生活的人。

1977年,斯佩里在一次演讲中根据他对大脑功能的研究,对现行的教育体制提出了自己的忧虑。他说:我们的教育体制和现代城市社会,通常都着重于语言通讯和早期"三会"(即读、写、算)的训练,却歧视非语言的、非数学的脑半球,这种倾向已日趋严重。在我们的公立学校,对于右半球所进行的正规训练的总量,同左半球所获得的专门训练相比是微不足道的。因此,现在需要采取一些更好的方法,以便在智力发育的关键时期逝去之前发现、测量、开发非语言的智力部分。

虽然他的这段话出自二十多年前,但对于现在仍具有非常大的提示作用:我们该怎样真正认识和利用自己的大脑。这不仅是科学家的责任,也是教育部门的责任。在制定教育方针和教育实施方案时,应该考虑到大脑本身的特性,遵从其本身的客观规律。这恐怕也是研究大脑的一个主要目的吧。

巅峰之旅

进入更深的层次

巴甫洛夫和斯佩里对大脑的研究还是从较宏观的角度、从整体进行的。这一方面是因为大脑本来就是通过整合而达到机体整体协调的结果,另一方面也是当时研究技术水平所限造成的。大脑这样一个最高级的司令部在进行神经调节时,到底发生了什么事,或者说,人脑是通过怎样的细致机制达到了调节的目的?

1981年与斯佩里分享另一半诺贝尔生理学或医学奖的是两个人,他们是因发现大脑执行具体的调节功能的机制而获奖的。这两个人是美国人戴维·亨特·休布尔(David Hunter Hubel, 1926—)和瑞典人托斯登·尼尔斯·威塞尔(Torsten Nils Wiesel, 1924—)。

实际上,休布尔和威塞尔都是好几次被提名为诺贝尔奖的候选人。他俩是一起工作、年龄又相仿的同事,并进行同一领域的研究工作。二人志同道合,密切配合,二十多年如一日,人们都称他们为"不可分割的休布尔和威塞尔"。休布尔也说过,在他们的合作中,两个人的思路或认识常常是同时产生,或互相启发而产生的。他说:"我们都不知道也不关心是谁首先有了某个认识。有时,某人产生了一个念头,不巧又忘掉了。后来,另一个人又想到了它。"这种组合是黄金搭档,是最容易出成果的合作关系。

休布尔和威塞尔的合作还很有一些偶然因素。1958年休布尔因所在研究机构实验条件不好,研究受到很大限制,决定转到霍普金斯医学院生理系进修。不巧的是,生理系的实验室正在修建,无法进行实验。正在休布尔沮丧之际,同在霍普金斯医学院眼科学研究所的著名科学家库夫勒给了帮助,主动让休布尔来到他主持工作的研究室工作。他的搭档就是已来此工作了3年的威塞尔,从此他们开始了二十多年的合作。

休布尔和威塞尔的工作领域是大脑的一个具体执行功能的区域——视皮层。这是对大脑的研究,也是对视觉产生的研究。

▲ 托斯登·尼尔斯·威塞尔,瑞典著名视觉生理学家,获1981年诺贝尔生理学或医学奖。

▲ 戴维·亨特·休布尔,美国著名生理学家,获1981年诺贝尔生理学或医学奖。

一开始,他们研究的是大脑细胞的视觉反应。

当眼睛的视网膜接受到光刺激并把其变为电信号通过视神经向中枢传送时,首先到达一个叫外侧膝状体的地方。这里是视神经的终止处,也是通往大脑信号的中间站。20世纪50年代电生理技术已经成熟,他们采用电生理技术,将微电极插到外侧膝状体,再刺激猫的眼睛后,捕捉到在这里的电位变化。然后,他们又把研究的眼光放在大脑的视皮层。

他们还采用光刺激眼睛后捕捉视皮层电位变化的方法进行研究,可是出现了令人不解的问题:任凭怎样用光去刺激眼,在排除了操作错误之后,视皮层都泰然处之,无动于衷。问题出在哪里呢?此时中间站——外侧膝状体是有电位变化信号的,为什么传不过来?一个偶然的操作,让他们找到了答案。原来视皮层"喜欢"的刺激方式很特殊,它不喜欢原先光点的刺激,而喜欢一种有特殊朝向光带的光。一条有合适朝向的、运动的光带或暗带,对视皮层细胞常常是一种有效的刺激。这种工作是非常细致的,也是非常消耗体力的,他们对视皮层上记录的第一个细胞的研究一直持续了9个小时。

就这样,经过20年密切的合作和不懈的努力,休布尔和威塞尔终于取得了巨大的成就。这种成就不仅使人们对视觉系统的功能更加清楚,而且对于大脑本身的功能也有了进一步的了解和认识。简单地说,大脑的调节功能绝不是一种简单的神经元的聚集和依次传递信号的过程。要看清东西,那所看到的物体要经过许多部门进行复杂的视觉加工过程才能办得到。因此,休布尔和威塞尔提出了皮层结构的分级学说。他们认为,皮层细胞的输入是通过逐级连接得到的,视觉通道由低级到高级,各水平上的细胞接受刺激及反应的形式变得越来越复杂。由视皮层的研究外延到大脑的其他功能,可以想象大脑在完成听觉、嗅觉、位置觉、触觉等感觉上也是要经过复杂的过程才能完成的,更不要说关于思维、情感、记忆等过程了。难怪有些长期从事大脑研究的科学家有这样一种感觉:知道得多,未知的就更多。这就好像希腊传说中的九头蛇,砍掉一个头在原处会长出九个头。

大脑真是一个引人入胜的谜。1990年7月17日,当时美国总统乔治·布什呼吁,应该竭尽全力使公众充分意识到脑研究给人类带来的益处。科学家们则认为,神经科学的发展正处于关键时刻,并倡议命名20世纪90年代为"脑的10年"。

对于神经系统的研究,休布尔曾经说过一段令人深思的话:"在神经生物学领域,可能永远也不会出现哥白尼或达尔文式的革命,至少不会有那种暴发的形式,如果有革命,它将是一种渐进的……"他的这段话,对神经科学的发展规律作出了

巅峰之旅

一个概括。一百多年来,这个领域的科学家们的确是在一步一个脚印地进行不懈的努力,取得了一个又一个成就。虽然不是轰轰烈烈,但回过头来,与当初发现生物电的时代相比较,才知道人类已经对这个领域的了解有了多么大的飞跃。时至今日,神经科学已经走过了它发展的早期阶段,开始走向成熟。

在脑的化学语言和脑若干重要功能之间架起桥梁

新千年的第一个诺贝尔生理学或医学奖授给了在脑研究方面作出贡献的三位科学家。他们是瑞典人阿尔维德·卡尔森（Arvid Carlsson,1923— ）、美国人保罗·格林加德（Paul Greengard,1925— ）和美国的埃里克·R.坎德尔（Eric R. Kandel,1929— ）。他们获奖的理由是，发现了神经系统中信号传递的奥秘。

▲ 阿尔维德·卡尔森，瑞典著名药理学家，获2000年诺贝尔生理学或医学奖。

▲ 保罗·格林加德，美国著名药理学家，获2000年诺贝尔生理学或医学奖。

▲ 埃里克·R.坎德尔，美国著名生物化学家，获2000年诺贝尔生理学或医学奖。

找到关键物质

卡尔森在获奖之后接受美国《科学》杂志的采访时说："我在60年代就认为我应该获得诺贝尔奖，从那时开始，我为此忐忑不安了很多次。"的确，卡尔森的获奖成果是在20世纪50年代取得的，四十多年后他才获此殊荣，这意味着人们对他的研究成果的承认经历了漫长的岁月。这其中会有许多因素，但重要原因之一是他研究的内容是一个敏感的话题——大脑。在诺贝尔奖评奖历史中有过教训：葡萄牙外科医生安东尼奥·卡埃塔诺·德·阿布雷乌·弗莱雷·埃加斯·莫尼兹（Antonio Caetano De Abreu Freire Egas Moniz）因发现切断大脑额叶前区白质治疗某种精神病的方法而获1949年诺贝尔生理学或医学奖，但后来证明这种方法对病人具有严酷的摧残，精神病患者术后要么变成了植物人，要么成了不正常的废人。前车之鉴也让诺贝尔奖评奖机构不得不谨慎，他们表示过诺贝尔奖要颁发给那些经得起

巅峰之旅

▲ 在拳击场上的阿里。

▲ 1996年亚特兰大奥运会作为火炬手的阿里。

实践检验的发明创造和研究成果。

卡尔森的成果就在经得起时间和科学考验的行列之中。

我们还应该记得美国著名拳击王阿里，记得他称霸拳击世界的年代，当然更记得作为1996年亚特兰大奥运会火炬手的他肢体震颤、肌肉僵直、全身行动迟缓及点燃火焰时颤抖的双臂……人们不禁要问阿里怎么了？答案是他患了一种脑部的疾病——帕金森氏病。

帕金森氏病是一种中老年人的常见病，究其病因是由于大脑深部某个特定部位的脑细胞的功能退化引起的。1817年英国医生詹姆士·帕金森（James Parkinson）第一次描述了这种疾病，以后这种病就被正式命名为帕金森氏病（Parkinson's disease）。

卡尔森的研究与帕金森氏病相关。他让人们知道了多巴胺这种神经递质。

神经递质，是一种在神经细胞之间即突触传递的化学物质，人们早已知道了乙酰胆碱、去甲肾上腺素等著名的神经递质，而多巴胺，虽然人们早就知道这种物质的存在，但对它的定位是去甲肾上腺素的前体。卡尔森证明了多巴胺存在于大脑的特殊部位，而且断定它本身就是一种神经递质。卡尔森在他获奖发表演讲词时，第一句话就很风趣地说："我是偶然地接触多巴胺的，而多巴胺引发了一系列难以置信的幸运后果"。他原来从事的研究工作是钙的代谢，这会联系一些生化药理学的内容，于是他师从著名的化学药理学家布罗迪，"当了天才的徒弟"。在后来的研究工作中他开始接触多巴胺。

真像人们说的那样，多巴胺是去甲肾上腺素的前体物质吗？卡尔森有疑问，这种疑问源于他建立了一种准确测量各种组织多巴胺水平的方法，通过这种方法检查脑部，发现多巴胺与去甲肾上腺素浓集的部位并不相同，多巴胺在脑内控制运动的重要区域基底神经节内浓度很高，根据这样的实验现象，卡尔森作出了多巴胺也是一种神经递质的假设。

假设是要经过实验验证的，卡尔森在谈到他的设计思想时说："要证明一种自然成分的功能，在生理学传统方法中就是去除该种成分并证明其功能也随之丧失；然后再引入该成分，并证明其功能又可以恢复。"怎样使他所研究的多巴胺消失呢？按以前的研究经历，他选择了一种叫利血平的药物，这种药物的性质很奇

在脑的化学语言和脑若干重要功能之间架起桥梁

特，它会耗尽突触小泡内贮存的多种神经递质。如果照卡尔森的假设，多巴胺也应该包括在内。用了利血平之后，动物果然丧失了自主运动的实验现象。是不是由于多巴胺消失才导致此现象呢？他们再用多巴胺的前体——左旋多巴胺给予治疗，动物恢复正常；而选择另一种活性物质5—羟色胺，则瘫痪的动物没有任何恢复的迹象。这个结果虽然是令人兴奋的，但不够充分。他们又找到了多巴胺在脑中的独有的分布状况，其重点分布就在于他们一开始就很关

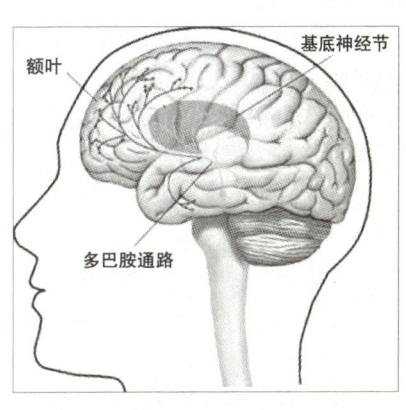

▲ 脑内多巴胺的神经通路。

注的基底神经节中，再加上临床上帕金森氏病用多巴胺治疗的理想效果，卡尔森得出了多巴胺的缺失可引起帕金森氏病，用左旋多巴胺进行治疗则可减轻其症状，其作用机制就在于恢复多巴胺的正常水平。

卡尔森的研究表明由利血平引起的症状与帕金森氏症相似，卡尔森经过实验提出用左旋多巴胺治疗帕金森氏症的想法，使得全世界几百万病人过上正常的生活。

不仅如此，卡尔森的研究工作还促进了人们对其他一些药物作用机制的理解。

生命活动处在一种稳定的动态平衡之中，这种动态平衡是靠调节来完成的，举个例子来说，一个人在运动时，由于新陈代谢加强，对物质和能量及氧气的需求提高，此时他的循环系统、呼吸系统的功能会相应加强，出现心跳加快、心收缩力增大、血压升高、呼吸加深加快等，这种调节就是靠神经递质参与完成的，外周交感神经纤维末梢释放去甲肾上腺素增多，在各种器官也就是感受器上产生恰当的反应。肾上腺素的量是要恰到好处的，如果这种使心脏和呼吸发生正性反应的物质一味地增高，就起相反作用，众所周知的三国人物周瑜在感叹"既生瑜何生亮"之后猝然而亡，也许就是因为太过激动，使得肾上腺激素分泌过多而导致了悲剧的发生。同样，如果脑部的多巴胺的量不正常，太少则导致帕金森氏症，还可以导致人抑郁、闷闷不乐。如果多了呢？则会使人手舞足蹈，精神亢奋，富于幻想，甚至患上精神分裂。

卡尔森在获奖之后，仍然没有停止前进的脚步，他开始研制一种可以用来治

巅峰之旅

疗精神分裂症等脑疾病的新药，其药理就是通过全新方式来稳定大脑中多巴胺含量，避免多巴胺的急剧增加或减少，最终达到缓解精神分裂症的一些严重症状。据《瑞典日报》称，卡尔森的这一成果可能具有与他40年前发现多巴胺功能与作用同样大的"突破性意义"。

找到多米诺骨牌的起点

卡尔森的工作确定了多巴胺是一种神经递质，那么这种递质是怎样作用的呢？格林加德的研究工作找到了答案。

地球上的生命从单细胞到多细胞，从简单到复杂经历了几十亿年的时间，这个过程中也诞生了人类这样的高级生物，说其高级最突出的表现是具有复杂神经系统，尤其是出现了脑这样的结构。据估算，在人脑中约有1000亿个神经细胞，而每一个细胞又平均和1000个左右其他神经细胞通过突触发生联系。在突触通过递质的释放、递质与受体的结合及突触后神经元产生生理学效应。前人的这些研究成果使格林加德产生了浓厚的兴趣。

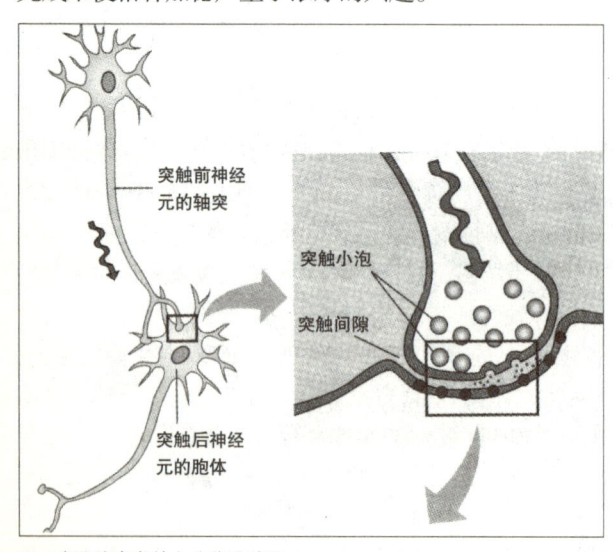

从美国的霍普金斯大学毕业后的格林加德又去英国做生物化学的博士后工作，后来从事了药理学的研究。他获奖的成果表明了当多巴胺或其他类似递质刺激神经细胞时发生的事件。这个过程可以用左图说明：信息由一个神经细胞传导到另一个神经细胞，是在各种不同的神经递质帮助下进行的。这一过程发生在神

▲ 多巴胺在突触上的传递过程。

在脑的化学语言和脑若干重要功能之间架起桥梁

经细胞的特殊连接点突触上。化学递质是由前体酪氨酸和左旋多巴胺转变而成的，贮存在突触小泡内。当神经冲动使小泡排出多巴胺穿过突触前膜，通过突触间隙，与突触后膜上多巴胺受体结合，产生复合物，于是信息被传导到受体细胞中。在帕金森氏病的治疗过程中给患者使用左旋多巴胺，而左旋多巴胺在患者脑内变成多巴胺，补充患者缺乏的多巴胺以此保证正常的运动状态。

当多巴胺与受体结合之后怎么达到信息传递的目的呢？格林加德在这个问题上也获得了突破，他发现了一种称之为 DARRPP—32 的蛋白质，这是一种中心调控蛋白，好比多米诺骨牌的第一张牌，一旦被启动，就可以通过一系列的反应引发细胞的活动。这种蛋白很神奇，通过称为磷酸化和去磷酸化的化学反应，不仅可以控制神经递质的释放、离子通道的启闭速度，还可以改变细胞内某些酶和调控分子的活性。格林加德发现，多巴胺这一类神经递质与受体结合后不造成其离子通道打开，而是促使细胞产生第二信号来传递信息。这类突触传递信息较慢但持续时间较长，它引起的神经细胞功能改变的持续的时间从几秒钟到几小时不等。慢速突触传递具有重要的生理学意义，对维持脑的基本功能（如：清醒状态、情绪、意识等）都很重要，它还能调控快速突触传递，从而使得运动、知觉和语言成为可能。

格林加德说他是在研究大脑神经细胞之间如何进行对话，这种对话就是用化学的方法和思维解释在神经上发生的事情。

这种研究方法无疑在神经生理学上是个开创性的工作，因为与传统生理学有所不同，曾有许多人不理解，几乎没有人相信他们的研究，但他们仍坚持自己的主张，继续自己的研究，直到格林加德的同事们最终理解他的工作，并伸出手来帮助他。

获奖时的格林加德已是 76 岁的老人了，这是被许多人认为应该安度晚年的年龄，而格林加德每天早上 9 点前会准时出现在洛克菲勒研究大楼的第九层，一直工作到晚上 7 点才离开。当格林加德获奖后，中国的记者采访他，谈到一个青年科学家应该具备怎样的素质时，他说："我想可能最重要的还是要聪明，第二是要具有创造性，第三要有很强的分析能力，最后是勤奋工作。特别是对从事我们这一行的人来说，对工作的投入是极其重要的。不过我想在任何领域里获得成功的人士，不论是律师还是历史学家，他们一定都非常勤奋地工作，因为他们从自己的工作中享受到了乐趣。"他自己的言行给年轻的科学家们树立了很好的榜样。

拿奖后的格林加德不假思索地表示，将把自己所得的诺贝尔奖金捐出去，赞助从事生物医学研究的女性科学家。他希望自己捐赠的这笔资金能帮助更多妇女在研究中取得成果。

巅峰之旅

初探大脑功能之谜

1. 记忆之谜

大脑具有许多人们感兴趣的功能,但长久以来人们之所以把大脑当成了研究的禁区就在于大脑太复杂了。自从巴甫洛夫拿到通往研究大脑的第一把钥匙之后,人们开始从宏观到微观了解大脑,尤其是开创分子水平的研究领域之后,对大脑令人着迷的功能有了入手之处了。

记忆是人类生存及相互交流的基础,但30年前这个问题真像一个黑洞,人们对它的了解甚少。

很早就有人报导做了这样一个有趣的实验:做一个箱子,中间用一个隔板将其隔成相通的两个空间,一个是明室,一个是暗室,但装有电击装置。让具有喜暗天性的小鼠进入这只箱子,它当然会到暗室中,但会遭到电击,不得已跑到明室去生活,久而久之,它改变了自己的习性喜欢在明室生活了。实验者把老鼠杀掉,取其脑组织让刚出生的小鼠随食物进入体内,将这种小鼠放入实验箱再重复上述过程。结果是,将几代后的初生小老鼠放入实验箱后它不再延续先天的习性,而是喜欢生活在明室里了。这个实验者由此得出结论说记忆是物质的。因为在这个实验中脑组织是导致小鼠发生改变的唯一变量。

而用现代的眼光审视这个实验,仅是空泛地提出一个现象,毕竟只表明记忆是分子水平发生的过程。

坎德尔的获奖成果对记忆形成中分子机制作出了卓越的贡献。

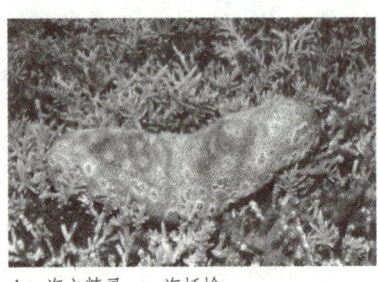

坎德尔早年热衷于精神分析治疗,后来投入到对学习和记忆的神经科学研究中。最初,他研究所用的实验动物也是哺乳动物,由于记忆的机制太复杂,很难研究大脑记忆过程的基本机制。因此,他设计了一个

▲ 坎德尔和他的实验材料海兔蝓。

▲ 海之精灵——海兔蝓。

在脑的化学语言和脑若干重要功能之间架起桥梁

极端简化的学习记忆研究路线,选择海蛞蝓做研究的实验对象。结果表明,他选择的实验对象是非常恰当的。海蛞蝓是一种无脊椎动物,因为头部有两个突起,人们俗称它为海兔。坎德尔选中这种动物的原因一是其神经系统是由为数不多的神经细胞构成的,比起数以亿计的哺乳动物的神经细胞数量而言,海兔的神经细胞的数量只有20000个!这些细胞集中在10个称为神经节的解剖单位上,每一个神经节负责一种行为,坎德尔可以确定各个细胞对特定行为的反应,使研究过程大大简单化。不仅如此,海兔的神经细胞体积很大,最大直径可达1毫米,还具有可辨识的颜色,这些都为研究提供了方便。大胆的目标往往会导致科学上的创新,坎德尔用简单生物来解决复杂问题的做法让当时有许多人持怀疑态度。但渐渐地,他的研究得到了越来越多的人的认同,海兔成了研究记忆的很理想的实验对象。

  坎德尔对海兔先进行了细致的观察,发现它具有一种可以保护鳃的简单保护性反射,如果刺激海兔某一特定部位(虹管)时,它的鳃就收缩,这有些类似于人在手被烫时产生的快速缩回反应。坎德尔决定从这个非常简单的防御反射入手研究基本的学习机制。坎德尔发现,不同的刺激类型可以引起不同的记忆时间,一种是瞬时记忆,一种是持久记忆,前者可以维持数分钟,而后者则可持续数天。到底是什么决定了记忆时间的长短呢?坎德尔认为长期记忆需要新蛋白质的合成,而短期记忆不需要。在这个研究的基础之上,他们确定了神经细胞缩鳃反射的回路,在神经与发生收缩反应相连接的突触上测量释放的递质的量,发现如果神经递质释放得越多,海兔表现出的就是长期记忆。下一个问题是,什么决定递质释放量的多少呢?通过研究坎德尔得出结论:最重要的原因是由于离子通道的蛋白质磷酸化所致,这正与格林加德的研究相吻合。坎德尔用海兔证明,短期记忆与长期记忆均发生在突触部位。到了20世纪90年代,坎德尔用小鼠做实验也得到了类似的结果。

  通过研究,坎德尔证实了卡尔森研究的递质通过格林加德描述的蛋白质,参与神经系统的最高级功能如记忆的形成。

  记忆机理的阐述使许多制药商看到了灿烂的前景,许多公司积极研发加强记忆的药物,也给我们提供了记忆和学习的深层理解。

2. 痛觉与镇痛

  痛觉,是每个人都会感受到的一种主观内在的感觉,是我们经常会遇到的事,比如牙痛、头痛、关节痛。作为一种防御性的反应,痛觉具有积极的意义:当存在有害刺激产生痛时可以让人及时避开;当内脏出现问题产生痛时可以让人及时地去

巅峰之旅

看医生。但我们都不喜欢疼痛，因为疼痛是一种折磨，有资料统计说世界上大约有550万人忍受着癌痛的折磨，而在中国城市居民当中大约有57%的人经历过不同程度的疼痛。随着生活水平的提高，人们越来越重视镇痛，有人还提出消除疼痛是患者的基本权利。如何镇痛？传统的方法是服用止痛药，注射止痛剂，但这种疗效和副作用是有目共睹的，达不到理想的目的。全世界有500多万的癌症病人正在日日夜夜忍受着癌痛的煎熬。可面对这样的病人，医生也往往束手无策。

难道在科学发达的今天就没有办法了吗？

在中国，有一位40年致力于镇痛研究的科学家，他虽然不在诺贝尔奖获得者的行列中，但我们不妨从几个方面来审视他在当今镇痛科学上所占有的重要地位。

美国有著名的国立卫生研究院科研基金，这个基金之所以著名就在于凭着对科学研究的敏锐性和前瞻性，其资助的科学研究项目获得诺贝尔奖的比例很高。基金会奖励的对象通常都是美国人，对国外的资助比例非常少，除非他们认为研究水平高于美国。我国的这位科学家领导的研究机构却连续13年获得这个基金会的资助。半个多世纪的学术生涯，他获得国家自然科学奖两次，国家科技进步奖一次，他的研究成果得到世界的承认，重大的国际疼痛会议他都会列入被邀请名单……

他就是中国科学院院士、北京大学医学部教授、神经科学研究所所长韩济生（1928— ）。

韩济生的研究成果源于我国传统治疗手段——针灸。

针灸止痛是我国古代劳动人民用经验创造的财富，新中国建立以后，人们也试图在针灸治疗上再创辉煌，但随着时间的推移，针灸被许多人遗忘了，而韩济生知道中医遗产中包含的可贵价值，决心将其发扬光大。

在针灸最热潮的时候，人们往往也是注重针灸的效果，但如果没有弄清其镇痛或治疗的原理就不是科学层面的研究。

自1965年起韩济生开始从事针刺镇痛原理研究，首先阐明针刺人体一个穴位引起镇痛的时间空间分布规律，进而证明针刺可促进神经系统中分泌出5—羟色胺、内啡肽等具有镇痛作用的化学物质；发现改变穴位上电刺激的频率可引起

▲ 韩济生，中国著名生理学家，中国科学院院士，中华医学会疼痛学会主任。

在脑的化学语言和脑若干重要功能之间架起桥梁

脑中释放出特定的神经肽。若刺激时间超过两小时又可促使脑中产生出 CCK 等对抗镇痛的物质。每个人针刺治疗效果的优劣取决于镇痛和抗镇痛两类物质的多寡和相对平衡。据此原理设计制造出的神经刺激仪，可收到镇痛、解痉等效果。

　　凭着强烈的社会责任感，韩济生还关注"瘾君子"的治疗，目前，我国公布的登记在册的吸毒人员已达 100 万，按照戒毒专家根据中国的现状来估计，实际数字可能要乘以 5 到 10。这样，全国吸毒者的数量是相当惊人的，这无疑会带来非常严重的社会问题。西方采取的美沙酮维持疗法，实际是一种小毒替代大毒的疗法，而且美沙酮需要长期甚至终身服用。一般每人每天的美沙酮费用需几十元，这对于人口众多的我国，像西方国家那样发送美沙酮显然是不符合国情的操作方式，所以要研究出适合我国国情的戒毒方法势在必行。

　　既然针灸可以镇痛，那么针灸疗法能不能用于其他方面呢？

　　在针刺镇痛的基础上进行研究后，韩济生发现用不同的电频率刺激内关、外关、劳宫、合谷这 4 个穴位，可以使吸毒者的大脑中产生一种叫做"鸦片肽"的"自制吗啡"，按照这种机理，他发明的"韩氏穴位神经刺激仪"，使一般的患者也可以自行进行治疗。利用这种仪器，促使体内受到毒品侵害的内啡肽细胞逐渐恢复功能，这样，对于外来毒品的要求也就慢慢减弱了，这就达到了扶正固本，获得自行能力来抗击外来毒品的能力，从而可以使吸毒者逐渐摆脱对毒品的依赖，使复吸率降至 70%。

　　韩济生是一个真实、真诚的学者，一个和蔼、平和的师长，他的研究机构的学术氛围令许多人留恋，许多他曾经的学生在海外留学又会回到韩先生带领的研究行列之中，他们坚持 28 年的周末学术探讨，同行毫无保留交换各自成果的氛围，都使这个研究团队朝气蓬勃，富有活力！

巅峰之旅

方兴未艾的研究领域

回顾过去对神经系统的研究工作,神经科学最为蓬勃发展的时期可以定在20世纪90年代,这是硕果累累的10年。究其原因也很清楚,经过一百多年的研究探索,科学家们对神经系统的了解有了非常坚实的基础;另外,"工欲善其事,必先利其器",现在的研究手段可谓非常先进,也为新的发现提供了非常大的可能性。如今科学家们力图从细胞水平,甚至是分子机制上阐明神经系统的活动。靠着现代技术的应用,人们正朝这方面努力。比如,通过细胞内记录和染色技术把单个神经元的结构和功能联系起来,并找出这些神经元之间各种联系的模式;利用免疫组织化学方法,有可能把神经元的结构、功能与神经递质的分析融为一体;利用组织和细胞培养技术,把复杂的神经元之间的联系还原成简单的单元进行分析研究。更有新的分子生物学方法,像重组DNA技术和电生理学方法的发展,已经使我们对离子通道的分子结构、功能特征和转运方式的认识完全改观。另外,在突触传递的问题上,对神经递质的合成、维持、释放及与受体的相互作用的研究,也都取得了令人瞩目的进展。在阐明神经系统的高级功能和分子机制上也有重大进展。比如,确定了光感受器在换能过程中使用的分子;鉴定了色盲基因的特点;成功地定位了困扰人类已久的老年性痴呆症的基因。这些都为进一步进行诊断、预防和治疗这些疾病打下了基础。对神经系统的研究呈现了崭新的面貌。

长期困扰人们的传统问题,如我们如何感知、如何运动、如何思维、如何产生情感等,除了在细胞水平、分子水平上进行了解外,还在更高的整体水平上进行了研究。因此,在更高的层次上,也出现了不少新技术、新思想、新成果。人们已成功地设计了各类神经网络模型以模拟某些神经过程和功能,而又反过来对阐明神经的工作原理极有启示。新近出现的大脑造影技术,可以在无创伤的条件下分析神经系统的静脉和动脉的化学变化,为研究神经系统的活动提供了重要手段。

近代自然科学发展的趋势预示21世纪的自然科学重心将在生命科学。脑科学和基因工程将是21世纪生命科学研究的两个最重要的领域,也是两个飞速发展的领域。分子遗传学的奠基人之一,诺贝尔奖获得者沃森宣称"20世纪是基因的世纪,21世纪是脑的世纪"。国际脑研究组织(International Brain Research Organization,IBRO)把21世纪作为"脑的世纪"。诺贝尔奖获得者埃克尔斯曾经预言,世界上将会有越来越多的伟大的科学家研究脑。美国免疫学家,1980年诺贝尔奖获得者巴鲁赫·贝纳塞拉夫(Barul Benacerraf,1920—)在"致21世纪的中国青少年"的文章中深情地说:"如果我有机会获得另一次生命,作为21世纪的科学家,我一定研究大脑,探索意识、推理、逻辑和记忆的机理,并且力图掌握这个经过进化的奇妙'机器'是怎样研究自己、怎样理解世界与现实的。这是最后的挑战,就看你们敢不敢为之投入自己的生命,并为人类的光荣和利益解决这些问题。"

展望未来,人们可望在研究神经系统的功能上取得更大、更新的进展,并有所应用。由对脑的高级功能的神经机理的认识研究得到的新的突破,既可以揭示脑的工作原理,还可能为计算机和信息处理技术等的发展提供重要的启示。科学家们已经鉴定和研究了几种神经递质,正在研究这些神经递质之间的关系,以及它们如何取得平衡来保障脑和机体的正常功能,并渴望用这些理论来治疗由于递质平衡打乱而导致的癫痫、震颤性麻痹、舞蹈症、老年性痴呆症、精神发育迟缓和精神分裂症等。科学家们也正在揭示学习和记忆的机制,以求克服那些由病症所引起的记忆缺损;同时研究神经营养性因子,打破原先那种神经元损坏后不可再生的说法,以此治疗临床上脊髓损伤、中风、脑损伤神经性听力下降等给人们带来的痛苦……

揭示脑的奥秘是人类面临的最重大挑战之一。在今天,研究神经系统的功能不再是为数不多的神经学家们的孤军奋战,研究也不像早期那种个体"作坊"式的工作方式。各个研究领域的科学家们已经行动起来,齐心合力在神经系统这片大有可为的领域中创造新的业绩。

距离宣布揭开脑的奥秘这一时刻还很遥远,人们还有漫长的道路要走。这个伟大的目标将会激励无数的有识之士,奉献自己毕生的精力而为之奋斗。

体液调节的发现

神经系统对机体活动进行调节,是人们经过几个世纪的努力而获得的理论,可以说是很成熟的理论了。但在人们对这个领域的研究进程中,尤其是在靠近20世纪时,越来越多地发现了一些用神经调节所不能解释的生命现象。比如,1849年德国哥廷根有一名医生兼教授叫伯索德,他先把公鸡的睾丸摘掉,过了一段时间,发现其雄性性征明显消失:鸡冠变小,不能啼鸣。这时再把这只公鸡自身的睾丸重新植回其腹腔,就可使雄性性征免于消退。这样一个实验很有意义,因为重新植入的睾丸与神经系统没有任何联系。用人们已有的反射理论得不到令人信服的解释。据此,伯索德推论说,睾丸可能释放某种物质进入了血液,是这些物质维持了雄性的性征。他把自己的见解写进了一本书。这可以说是一篇历史性的文献,是人类探索内分泌腺功能的第一粒种子。但不知为什么,这件有意义的工作他没有进一步做下去。后来人们分析原因:"他可能失去了兴趣,或者他的实验受到了嘲笑,也可能他没有意识到他已经清楚地标明了一条通向新的科学领域的道路。"

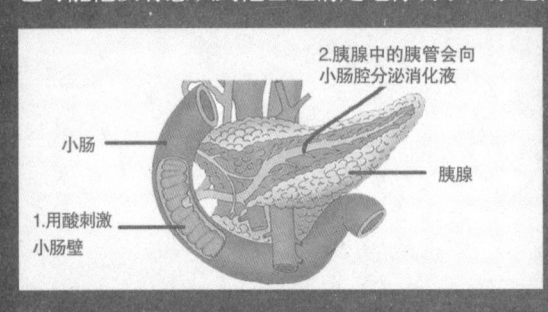

▲ 道林斯基的发现。

体液调节的发现起因于一场历史上有名的科学论战。

1894年,当时俄国有一位叫道林斯基(Dolinski)的研究者,他发现用相当于胃酸酸度(pH值0.9~1.5)的盐酸注入狗的上段小肠时,会引起胰液的分泌。

这是一种什么样的作用机制？我们先来注意这样一个事实：道林斯基来自于巴甫洛夫实验室，他是巴甫洛夫的学生。

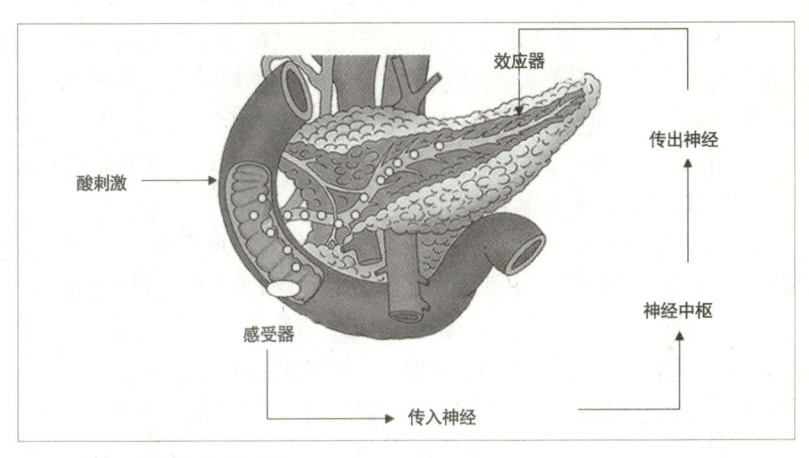

▲ 按神经调节理论给予的解释。

根据当时巴甫洛夫学派特别信仰的思想，也就是当时传统的神经论的主导思想，对上述现象当然要用反射理论给予解释：盐酸刺激了小肠的感受器，通过传入神经作用神经中枢，再通过传出神经去作用胰腺这个效应器，从而引起了胰液的分泌。这个解释很合理，也很完整。而且他们也通过实验证明过，刺激迷走神经和内脏大神经都能引起胰腺的分泌。

但下列的现象就不好解释了：这个反应用阿托品（副交感神经的阻断剂）作用后仍会出现。按照反射的理论，反射弧一旦不完整，反射将不发生了。可这个反射如此的"顽固"，以致后来巴甫洛夫的另一个学生帕皮尔斯基（Popielski）把被认为是这个反射的传出神经——双侧的迷走神经和内脏大神经切断，或者干脆把延髓损坏，都不能使这个反射消失。是不是神经没有切干净？一位法国人做了更进一步的实验：索性把实验动物一段小肠游离出来，把肠袢的神经全部切断，这段小肠只通过动脉和静脉与身体联系。可当把盐酸再注入这样处理的小肠后，仍能引起胰液的分泌。在这些事实面前，实验者们仍坚持用神经调节的理论去解释，认为是一种"局部分泌反射"，一定有某种神经在起作用，小肠上的神经是难以切干净的。

1902年，有两位长期合作的英国生理学家贝利斯（William M. Bavliss, 1860—

巅峰之旅

1924)*和斯塔林(Ernest H.Starling,1866—1927)**,也在研究小肠的局部反射。他们读到了巴甫洛夫实验室有关的论文,了解了同行们的实验及对实验的解释。他们对此产生了很大的兴趣,并重复了这些实验,结果和报导的是一致的。怎样解释?是反射很"顽固",神经很难切干净吗?不,通过实验,他们坚信游离的小肠袢神经肯定是切干净了。也就是说,所产生的实验现象不能用神经反射来解释了。与前面的同行不同的是,他们大胆地跳出了这个神经调节观念的圈子,作了这样一个新的假设:在盐酸的作用下,小肠组织本身产生了一种物质,这种物质随着血液循环运送到胰腺,引起胰腺的分泌。

为了证实这个设想,他们索性把一条狗的一段小肠剪下来(完全没有了神经联系),将其可能分泌物质的黏膜层刮下来,加上盐酸再磨碎,进行过滤后做成了含有这种分泌物质的提取液,注射到同一条狗的血管中。结果,这条狗的胰液大量地分泌,比切断神经的效果还要明显。他们的设想完全被证实了。他们发现了一种能刺激胰液分泌的物质,也是人类历史上发现的第一个激素,取名为促胰液素。

贝利斯和斯塔林凭着大胆的设想和巧妙的实验发现了促胰液素后,并没有满足。他们很快便意识到,促胰液素的发现不仅是找到了一种物质,而且由这个"点"扩大到了"面",找到了一种调节机制的新概念和新领域,即发现了机体内存在着一个与神经调节相并存的体液性调节机制。也就是说,机体活动的调节除了神经系统之外,还存在着一个通过化学物质的传递进行器官活动调节的方式。

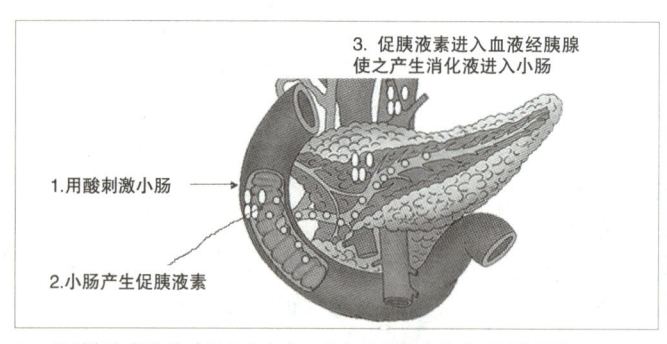

▲ 贝利斯和斯塔林对巴甫洛夫实验室出现的现象给予了新的解释。

---

  * 贝利斯:英国生理学家,内分泌学的奠基人之一,在消化生理、循环生理、普通生理学方面均有建树,1903年被选为英国皇家学会会员、常任理事。还被选为丹麦与比利时皇家科学院院士、巴黎生物学会会员,并应邀访问过美国。自1911年以来,先后荣获过英国皇家勋章、巴利勋章、科普利勋章。1922年被英国政府封为爵士。他在1914年出版的《普通生理学原理》一书,被视为生理学的经典著作。

  ** 斯塔林:英国生理学家,内分泌学奠基人之一,同时也是一位具有卓越贡献的消化生理、循环生理学家。他1899年被选为英国皇家学会会员、生理学会终身会员,荣获过西欧及美国许多科学机构的名誉会员称号。

在促胰液素发现的当年,贝利斯和斯塔林发表了著名的《胰分泌的机制》的论文,认为十二指肠酸化后能产生一种促胰液分泌的物质,他们称之为促胰液素。这是第一个被认识的化学信息——激素,他们由此提出了机体功能受体液调节的新概念,开辟了内分泌学研究的新领域。

关于体液调节机制的说法引起了全世界生理科学工作者的极大兴趣,也引起了问题的提出者——巴甫洛夫实验室的强烈震惊。当年巴甫洛夫获得诺贝尔奖就是因为他对消化腺的研究成果。他证明过消化腺分泌的调节完全是神经调节。贝利斯和斯塔林提出的体液调节的新概念,不仅把他在消化腺方面的成果作了修正,在他视为绝对准确的和唯一的神经调节外,又来了一个体液调节。他们要进行反驳了。

作为科学家,反驳是要有事实根据的。因此,巴甫洛夫实验室一方面认真重复了贝利斯和斯塔林的实验,一方面去收集已有的数据。结果呢?我们用一段巴甫洛夫的学生后来所描述的文字来形容这段过程:"巴甫洛夫让他的一个学生来重复贝利斯和斯塔林的实验,巴甫洛夫本人和其他学生都静静地立在旁边观看。当出现(提取物引起)胰液分泌时,巴甫洛夫一言不发地走出实验现场回到书房。过了半小时后,他又回到实验室来,深表遗憾地说:'自然,人家是对的。很明显,我们失去了一个发现真理的机会!'"从这里我们也可以体会到,尊重客观事实,不被已有的理论所禁锢,在研究工作中是多么重要。

1905年,贝利斯和斯塔林采纳了同事的建议,将这类化学信使取名为"激素"。激素在希腊文中为"刺激、激动、振奋"的意思。用斯塔林的解释来说,"激素,是生产出来通过血液作为中间物起到使人体各部协调相互作用的物质"。过了几年,另一学者彭德(Pende)使用了"内分泌"(也源于希腊文)这个名称来形容这种体液调节机制的新系统。内分泌学就这样诞生了。

内分泌系统是生物体内神经系统以外的另一个重要的机能调节系统,内分泌系统与神经系统密切配合,共同调节机体的新陈代

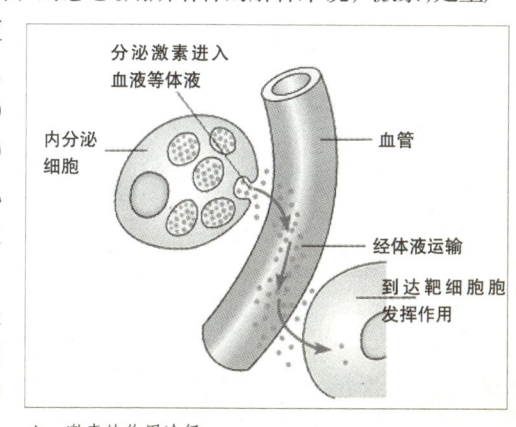

▲ 激素的作用途径。

巅峰之旅

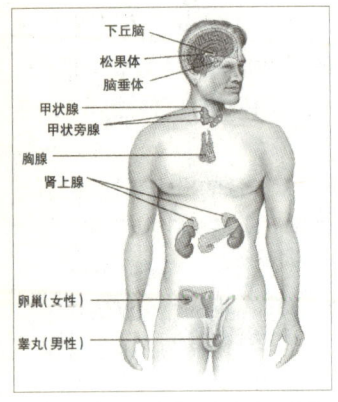

▲ 人体内分泌腺体组成内分泌系统。

谢、生长发育和对环境的适应。由内分泌系统上一系列的内分泌腺体组成,包括下丘脑、松果体、脑垂体、甲状腺、甲状旁腺、胸腺、肾上腺、性腺等腺体,也包括一些分散在其他器官组织中的散在的内分泌细胞团块,如消化道黏膜中分散存在的内分泌细胞。

激素的发现和激素调节的概念,在生理学中是一件大事。贝利斯和斯塔林的发现是非常重要的。诺贝尔奖评选委员会获悉了这个发现,觉得应该对之授予诺贝尔奖的荣誉。可当时正值第一次世界大战时期,1915 年到 1918 年的诺贝尔奖也因此停止颁发。当 1926 年再次提名他们为获奖者时,鉴于有关内分泌研究的飞速发展,评委会认为这一发现已经过时了。

建立了内分泌学这个新领域后,国际上一个寻找激素的热潮开始了,使内分泌学得到了惊人的进展。

胰岛素的故事

故事一：一种曾威胁人类生命的疾病

在20世纪20年代前，有一种严重威胁人类生命的疾病，给人们带来的痛苦已有上千年的历史。公元前2世纪，古希腊著名学者阿雷提乌斯（Aretaeus）就描述过这种病。他说了一句很形象的话："它好像使肌肉和四肢都溶到尿里去了。"同时期写成的、我国最古老的医学书籍《内经》也记载了这种病的症状，称之为消渴病。这种病症最主要的表现是"三多一少"，即喝得多，吃得多，尿得多，体重轻。那时候，得了这种病就是得了不治之症，多数病人发病后不久就死亡了，给许多家庭造成了很大的痛苦。

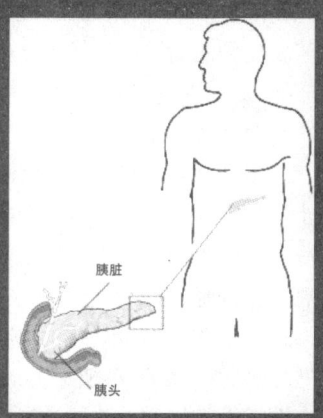

▲ 胰腺的显微图像。有横向的胰管，箭头所指的是胰岛结构。

当时的许多医学家对这种病都作过研究。比如，我国东汉著名医学家张仲景（约150—219）和隋、唐两代大医学家孙思邈（581—682），就对这种现象进行过仔细的观察，虽然没有作什么化验检查，但凭着他们敏锐的观察，注意到这样一个事实：患这种病的人除了多喝多尿外，他们的尿如果滴在地面上，干燥后会形成白色的沉淀，蚂蚁特别喜欢爬到这种沉淀物上取食。蚂蚁是喜甜性食品的，有些书中也的确描述过多喝多尿的病人的尿是甜的。所以人们给这种病起了一个非常形象的名字：糖尿病。

巅峰之旅

这种病是如何引起的呢？我们就先要谈谈胰腺这个器官了。

1889年，德国的一位专长于消化方面的内科医生冯·梅林(von Mering)教授和他的助手明考夫斯基(Mindkowski)在研究胰腺对小肠吸收脂肪的作用时，用手术的方法切除了一只狗的胰腺。手术后，他们发现这只狗有了很大的变化：排尿很多，而且尿液还招来许多苍蝇。尿中多了些什么成分呢？那个时候化验技术已很普遍了。明考夫斯基对狗的尿液进行了检查，发现其中有大量的糖分。

虽然他们当时是做消化方面研究工作的，但科学家在研究工作中，对机遇所提供的每一意外事件是不会放过的，遇到就要加以深入的研究。因此，他们非常重视这个偶然的现象，对这只狗又进行了更细致、深入的观察和研究。他们发现，这只狗除了多尿外，继而又逐渐出现了多吃、多喝的现象，体重也下降许多。这与临床上见到的糖尿病症状十分相似！更进一步的实验证明，切除胰腺的动物会引起糖尿病，最后昏迷，一两周内必然死亡。

原来糖尿病是与胰腺有关！

胰腺就像一条大头、长尾巴的鱼，横卧在腹部左边、胃的上方。胰脏的"头"在十二指肠的旁边，并通过一条叫做胰导管的管道把胰腺和十二指肠连接起来，胰腺有向小肠内分泌用于消化食物的各种消化能力很强的消化液的功能。在胰腺内有一些细胞很特别，它们像小岛一样分布在胰腺之内，人们就将其命名为胰岛。

那时候，人们已接受了激素调节的理论，而且正处于寻找各种激素的高潮。一些生理学家认为，在胰腺里，或者更确切地说是在胰岛里，能分泌一种未知的激素来调节糖的代谢。这种激素太重要了，如果其分泌减少或者身体对胰岛素的敏感性下降，就可能导致糖尿病。糖尿病的"三多一少"和出现糖尿只是表面的现象，更重要的内在危害是胰岛分泌的激素减少，血液内一种叫酮体的物质就增多了。酮体如同体内的垃圾，它的增多可以导致酸中毒等毒性反应。可以想象，在体内毒性物质积累过多，对人体的生命就是很大的威胁了。

对糖尿病人治疗的关键是要补充这种神秘的物质。

冯·梅林和明考夫斯基的研究给治疗糖尿病提供了希望，人们开始打胰腺

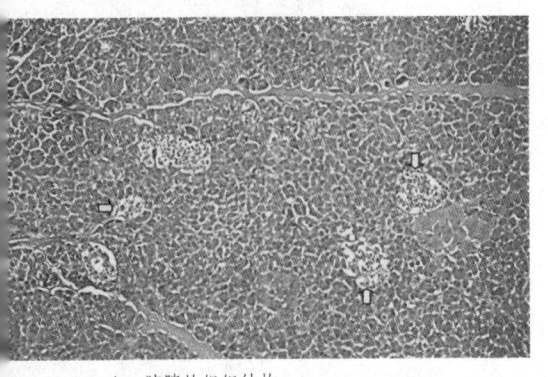

▲ 胰腺的组织结构。

的主意。他们将动物的胰腺以各种方式给糖尿病人使用,但一点用处也没有。当时面临的情况就是:明明知道治疗糖尿病的物质在胰腺的胰岛里,但就是制取不出来。可以想象,当时人们的心情是多么迫切和焦急!于是有人就迫不及待地给这种物质提前取了个名字,叫胰岛素。所以胰岛素这种物质,在其"诞生"之前11年,就已有了名字。

不少有名的科学家,凭着他们丰富的研究经验和当时高水平的实验设备,投入到了寻找控制糖尿病激素的工作中。但他们都失败了。

人们在等待这顶桂冠的摘取者。

巅峰之旅

故事二：一位初出茅庐的年轻人

胰岛素提取成功，最后属于弗雷德里克·格兰特·班廷（Frederick Grant Banting，1891—1941）。他由此也获得了1923年诺贝尔生理学或医学奖。

班廷是加拿大人。小时候班廷就是一个懂事的孩子，知道照顾自己多病的母亲。中学毕业后，根据父辈的选择，他到多伦多的一个神学院去读书，准备今后从事令人敬慕的神职，去帮助那些需要帮助的人。但刚刚去读书，他的母亲就因病去世了。经过悲痛后的冷静思考，他得出了这样的结论：要救人首先靠的是医学。因此，大学第二年，他就转到多伦多大学医学院攻读医学。由于指导思想明确，他的学习很努力。他在日记中这样写道："我一回想起她(母亲)那忍着病痛的慈祥的微笑，心里好像一亮，医学上好些难记的名词，一下子就记住了。"作为医生的班廷，不仅学习成绩很优异，而且富有同情心。在做临床实习时班廷就曾把自己的伙食费节省下来，去帮助那些穷病人的挨饿的孩子们。

▲ 弗雷德里克·格兰特·班廷，加拿大著名外科医生，获1923年诺贝尔生理学或医学奖。

在所有的医学科目中，班廷最喜欢的还是外科，准备做一名整形外科医生。就在他毕业准备开始自己的事业时，第一次世界大战进入紧张阶段。战地急需大量的医务人员。班廷应征入伍，随医疗队前往英国和法国参加医护工作。他曾获得过一枚军功十字勋章，由此可以看出他在战场上的表现是很出色的。

第一次世界大战结束后，班廷复员后开了一个诊所。诊所的事情并不多，所以班廷还在大学兼授一些课程的同时，在著名的神经生理学教授米勒的指导下从事医学研究。

1920年底，班廷备课时遇到了一个难题，内容是糖代谢，这是一个与胰腺有关的题目。当时的人已经知道胰岛中存在着胰岛素这种物质，但胰岛素的提取为什么会这样困难？这在当时是谁也说不清的问题。如果年轻的班廷以此为理由敷衍过去，不会有人责备，但就不会有后面的故事了。偏偏班廷是一个非常认真、尽职尽责的人。他翻阅了几本教科书，里面谈及这方面的内容都不多。有许多问题班廷自己都解释不了，如果学生问起来怎么办？

第二天就要讲课了，班廷又到图书馆借书查阅。有本新到的杂志中的一篇文章引起了班廷的注意，题目叫《胰岛与糖尿病的关系，特别是关于胰结石的病例》。这篇文章谈到这样一种现象：如果胆结石"误入"了胰导管，把这条通往十二指肠的路给阻塞了，会出现胰腺的萎缩。这种现象用实验也可以重复：结扎了胰导管后的胰腺也会发生萎缩。那就意味着胰腺的组织被其他组织代替而硬化了，这样的组织也就不会分泌消化液了。文章谈到的这种现象引起了班廷的极大兴趣：结扎了胰导管的动物虽然胰腺萎缩了，但不患糖尿病。这就是说，胰岛素在萎缩的腺体内仍存在，而且还在起作用。班廷想：如果把这种胰腺中的提取物直接注射到糖尿病人的体内，肯定会有效。班廷被自己的这个想法弄得兴奋不已，熬了个通宵。在他的笔记本中草草地记下了如下的一段话："糖尿病。结扎狗的胰腺导管。使狗继续存活直到腺泡衰退，残留胰岛。试图分离这些胰岛的内在分泌物，以缓解糖尿。"

用现在的观点来看，班廷提取胰岛素之所以成功，就在于这个独特的想法。

胰腺有外分泌腺和内分泌腺。外分泌腺分泌消化能力很强的消化酶，用于消化食物中的蛋白质、脂肪和糖类。所谓的外分泌腺就是有管腺，通过相应的管道运输到达目的地，比如胰腺的外分泌腺分泌的消化液就是通过胰管运输到小肠完成消化作用的。而内分泌腺所分泌的激素则是通过血液等体液途径运输到达靶细胞的。具体到胰腺的内分泌腺就是分泌胰岛素等激素。内外分泌腺的组织虽在一处，但各行其道，各行其是，互不干涉。如果像以往那样将这种胰腺制成提取液，第一步就要将细胞打碎。结果是，原来相安无事的"邻居"成了冤家。彼此有了战事，首遭"迫害"的就是胰岛素，因为胰岛素是属蛋白质性质的，而消化液中就有消化蛋白质的酶！这样提取胰岛素去治疗糖尿病人也就成了空谈。结扎了胰导管后造成

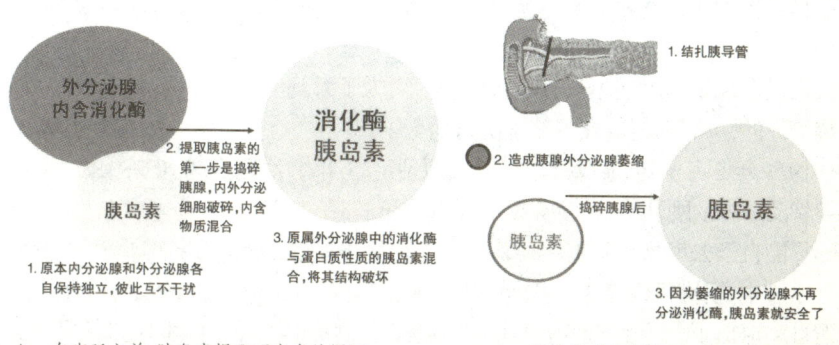

▲ 在班廷之前，胰岛素提取不出来的原因。　　▲ 班廷的实验方案。

巅峰之旅

胰腺萎缩,就不再合成、分泌消化液,胰岛素也就安全了。

结扎狗的胰导管,等待 6 到 8 周,使胰腺萎缩,然后用胰腺提取液来治疗糖尿病。这是班廷提出的一个非常重要的实验想法,而起因仅仅是为了备好一节课!

第二天一上班,班廷去找他的恩师米勒教授,大胆地提出了自己的想法,并冒昧地请求在米勒主管的实验室实施自己的实验方案。米勒教授虽然很欣赏这个想法,但无法支持,因为米勒从事的是神经方面的研究工作,他的实验室设备对班廷提出的选题实在不合适。米勒非常愿意帮助这个年轻人,他曾听说多伦多大学有一位从事糖代谢工作三十多年的权威人物,名叫约翰·詹姆斯·理查德·麦克劳德(John James Richard Macleod,1876—1935)。他便建议班廷回母校去,如果得到麦克劳德的支持,能利用他的实验室是非常理想的。

于是班廷回到母校,第一次见到了麦克劳德,谈了自己的想法和恳求。听了班廷的陈述,麦克劳德显得不以为然。班廷太年轻,阅历太浅了,毫无实践经验。况且许多有名的科学家也做过类似的提取实验,靠着丰富的知识和好的实验条件都失败了,班廷这个毛头小伙子,不过就是读了几本书,查查文献,就提出自己的想法,有什么实验的必要?于是麦克劳德毫不客气地拒绝了班廷的请求。

▲ 约翰·詹姆斯·理查德·麦克劳德,加拿大著名生理学家,获 1923 年诺贝尔生理学或医学奖。

班廷并不灰心,一次又一次地去求麦克劳德。麦克劳德终于答应了班廷,条件是:1.利用暑假的空闲,班廷可以使用实验室 8 个星期;2.麦克劳德提供 10 条狗;3.麦克劳德帮忙找两名助手,各帮班廷 4 周时间;4.实验资金由班廷自己解决。

尽管提供的条件并不太优越,班廷仍然很高兴——总算能做自己渴望做的实验了。

班廷参加工作时间不长,没有什么积蓄,为了筹到实验的经费,他索性变卖了维持生计的诊所和设备,准备破釜沉舟地干了。

1921 年 5 月中旬,实验开始了。按照预定的计划,他们给这 10 条狗做了结扎胰导管的手术。刚开始,实验实在是太不顺利了:有 7 条狗死在手术台上。不得已班廷只能自己去市场买狗重新开始。此时的麦克劳德已经外出度假了。规定的时间也已过半,研究仍没有半点进展,以致当第二个助手来接班时,抱定没有任何希望而自动退出了。班廷并没有气馁,他仍抱着必胜的信念,而且此时他也并不是孤军作战,前四周的那个助手决定留下来和他并肩战斗。这名助手叫贝斯特(Chdes

H.Best),大学刚刚毕业。受班廷的感染,他决定把实验帮到底。贝斯特测量血糖、测量尿糖的技术在班廷的实验过程中起了非常重要的作用。

给狗做胰导管结扎手术后已过了6周。班廷和贝斯特认为,这么长时间后狗的胰腺应该萎缩了。他们打开这些狗的腹腔进行探查,预期的现象并没有出现,不仅狗的胰腺没有萎缩,而且结扎胰导管的线也不知去向了——多数狗的胰管仍是畅通的。他们分析了失败的原因,互相鼓励,从头做起,再耐心等待狗的胰腺萎缩。他们还将一只狗的胰腺摘除,造成一个糖尿病的动物模型。

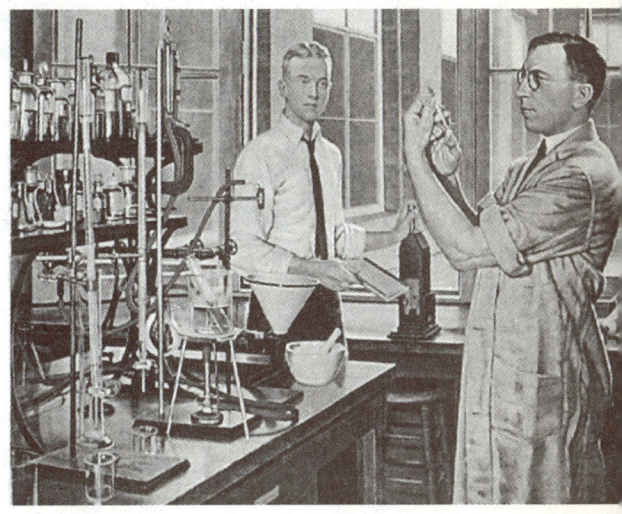

▲ 班廷和贝斯特在工作。

可以想象,这是班廷和贝斯特最艰难的时期:研究上没有什么进展,19只狗由于各种原因已经死了14只。实验所用的种种经费让班廷喘不过气来。精神上的紧张,生活的艰苦和起居的无规律,都给班廷很大的压力。相恋多年的未婚妻由于不理解他的工作离他而去,更是雪上加霜。实验室的使用期限快到了,如果休假的麦克劳德回来后仍看不到实验结果,实验也无法继续下去了。

实际上,此时距成功已不远了。

7月27日,班廷和贝斯特已勤奋工作了近两个月。班廷再次打开一条他认为胰腺最有希望萎缩的狗的腹腔,发现胰腺已经萎缩到了原来的三分之一。他把这胰腺摘除,做成切片在显微镜下观察,发现分泌消化酶的正常胰腺腺泡没有了。此时,已摘除胰腺的狗很快就陷入了高血糖的昏迷状态。他们把这种胰腺切成小片,在冰冻条件下碾磨成糜状,再加入盐溶液拌匀,制成萎缩胰腺的提取液。然后将提取液给患糖尿病的狗做静脉注射。过了一段时间,已经因糖尿病陷入昏迷的狗情况竟有了好转!这是一个令人鼓舞的好现象,但还要做一

▲ 右为班廷,左为贝斯特。与他俩在一起的就是一只患有糖尿病并用胰岛素治疗的"明星狗"。

巅峰之旅

些定量的测量。他们每隔一段时间测量狗的血糖含量和尿中的糖的含量,发现原来居高不下的血糖在往下降,尿糖也逐渐消失了。

这说明班廷的设想得到验证,胰岛素的提取成功了。

多少年来,多少科学家没有办到的事,由这两位年轻人在一个假期内做成了! 可想而知,他们当时的心情该是多么激动。

喜悦之后,班廷和贝斯特又制订新的研究计划:反复验证这个初步结果,保证其可靠性和准确性。此时他们虽然仍在同一个条件恶劣的实验室,仍是夜以继日地干,仍为经费等问题费脑筋,但前途是那么的光明,他们的精神更加振奋了。

在 10 只糖尿病的狗身上注射了 75 次以上的提取液,都收到了降低血糖和尿糖的效果。注射期间,狗的状态也如正常的狗一样。一旦停止注射,狗又呈现糖尿病的症状。反复多次的实验证明,提取液治疗糖尿病的效果是肯定的。可新的问题又来了。

虽然理论和实验的结果令人欢欣鼓舞,而实践中,拿这种提取液去治疗糖尿病却遇到了实际困难:这样制备提取液步骤太繁琐,周期太长。光是手术结扎胰腺导管让胰腺萎缩这一项就要经过 6 周以上,而且提取量特别少。尽管两人忙得不可开交,但提取液还是供应不上。有时提取液用完了,新的又一时提不出来,班廷他们只好眼睁睁地看着那些患糖尿病的狗得不到治疗而陷入昏迷或死亡。

要找出制提取液的新方法。关键不是要消除破坏胰岛素的胰酶吗?有无其他方法? 有! 酶有一个非常特殊的性质,就是它存在、作用的环境对酸碱度的要求很苛刻。凡是酶在超过它要求的 pH 环境时,它就会失去活性,达不到催化化学反应的目的。胰酶也是如此,它存在的环境是碱性。如果把新鲜的胰腺放在酸性的环境中,也可以使胰酶失去效力,达到保护胰岛素的目的。按照这个思路,班廷他们从屠宰场取来新鲜的牛的胰脏,酸化后,将其酒精提取物注射到患糖尿病的狗的静脉中,也成功地降低了血糖,消除了糖尿。长期给这些狗注射,存活率大大增加。提取液的量和来源都解决了,接下来面临的问题是胰岛素的提纯。

此时,麦克劳德度假回来了。

对于班廷他们提取胰岛素获得成功,麦克劳德起初不太相信。但事实就是事实,听了他们的汇报,目睹了他们的实验后,麦克劳德的态度有了很大的转变。他立即积极参与这项工作,不仅提供了实验室的全部设备,还请了一位对提纯工作非常在行的生化学家科利普(J.B.Collip,1892—1965)参与胰岛素的提纯工作。由于有了相当的经验和足够的客观条件,后面的工作顺利多了,很快就提取到了纯度较高的胰岛素。

1922年1月23日,也就是距班廷提出设想将近三个月时,他们用提取的胰岛素第一次给一个患糖尿病已经处于死亡边缘的少年注射了科利普制备的提取物,达到了非常令人满意的临床效果:男孩的血糖下降到了正常水平,尿糖以及尿酮体消失了。这一简单的治疗实验开创了使用胰岛素治疗糖尿病的先河。经过一段时间的注射,病人的血糖在下降,糖尿也在减少,直至恢复正常。这就充分表明:胰岛素的提取获得了完全的成功。

人类治疗糖尿病的梦想变成了现实。年仅29岁的班廷创造了奇迹。1922年5月3日,在全美医师协会会议上,班廷的研究小组以"胰腺提取物对糖尿病的作用"一文,详尽报道了研究结果。他们的报告引起了全场听众起立鼓掌欢呼,因为他们知道这是现代医学史上一项最伟大的成就。

这时候的班廷并没有被成功冲昏头脑,而是加紧改造制取的技术,使提取的胰岛素的质量和数量进一步提高,以满足患者的迫切需要,因为有无数的人在渴望这种物质来救命。这光靠实验室是不行的,非得投入大规模生产才能办到。人们对胰岛素是那么需要,如果班廷找到一个好的买主,就可以赚大钱了。但是他没有,因为班廷考虑到从实验室试验到大规模生产,不仅要克服许多技术难关,而且还会有些人为时间上拖延的问题,那就会延误病人的生命。他决定怎样能把这项成果尽早地投入市场就怎么做。因此,班廷以很低廉的价格直接把专利卖给了制药公司。这家制药公司很快解决了设备条件、工艺过程等实际问题,如班廷所愿投入了大规模的工业生产。不久,在药房就可以很容易买到胰岛素了。其速度之快不妨举一个例子:1923年也就是胰岛素提取成功仅一年多,在当时的北平也可以买到胰岛素的产品。如果比较一下青霉素从发明到大规模生产经历了十多年的过程,就可以感觉到胰岛素应用于临床是多么快速了。这里面有班廷的功劳。

有人估计,在班廷成功提取胰岛素后的50年中,用班廷的方法提取的胰岛素至少拯救了3000万糖尿病人的生命,使糖尿病对人类的威胁大大降低。

班廷对人类作出了很大的贡献,人们非常感谢他,给了他许多荣誉。他的母校,也是他取得成功的地方——多伦多大学医学院,创立了以班廷和贝斯特命名的医学研究所,聘请班廷担任所长和教授。多伦多的好几家医院都聘请他为荣誉顾问。加拿大议会授予他终身年薪。更值得一提的是,1923年诺贝尔奖评选委员会授予班廷生理学或医学奖,表彰他为发现胰岛素所作的贡献。

巅峰之旅

此时班廷年仅 32 岁，是当代最年轻的诺贝尔生理学或医学奖获得者。

诺贝尔对获奖者的要求是那些"对人类幸福和进步作出卓越贡献的人们"，班廷是当之无愧的。

班廷—贝斯特医学研究所在班廷和贝斯特的领导下，继续研究那些困扰着人类生命的疾病，如癌症、冠心病和矽肺等。第二次世界大战爆发后，班廷又积极参加与军事医学有关的航空医学研究。不幸的是，1941 年，在一次飞往英国的途中飞机失事，班廷遇难。在悼念他的人群中，不仅有他的亲友和同事，还有成千上万的老百姓，其中不乏因他的成果而获得新生的糖尿病患者。

班廷的一生给我们的启迪是：一个理想的科学家，不但需要在科学的研究中造诣高深，贡献重大，而且还需要有一颗对人类和世界的关爱之心。不难想象，凭着班廷的能力和他对人类的责任感，如果他活得更长久些，一定还会对后人做出更多有意义的事。

故事三：一位有争议的获奖者

与班廷因同一工作分享诺贝尔奖的还有麦克劳德。

在 1923 年当诺贝尔奖评选委员会宣布当年的生理学或医学奖的获奖者为班廷和麦克劳德后，有一件事应该引起人们的注意：在公布结果后，班廷当即宣布把自己那份奖金的一半分给贝斯特，以此表明与他同甘共苦的贝斯特理应获得这份荣誉。紧接着麦克劳德也宣布，把自己获得奖金的一半分给对纯化和鉴定胰岛素有重大贡献的科利普。从表面上看，这是一种很好的行为，但还是有一些原因的。

让我们先来看一看后人就这段胰岛素发现过程对麦克劳德的评价吧。

其一，麦克劳德起初对班廷提出的设想是不同意的，并拒绝给予帮助。

其二，麦克劳德作为班廷和贝斯特从事研究的那个实验室的主任，后来虽勉强答应了班廷的请求，可能促进了他们的工作，但在进行胰岛素试验时他去度假了，即在研究工作最关键的时刻，他并没有在场。

其三，麦克劳德如果说对胰岛素的提取有功的话，也只不过是提供了 10 只狗和 1 名助手（贝斯特）及假期空闲的实验室。

其四，当麦克劳德度假回来后，在无可置疑的事实面前，态度由消极转变为积极主动，但后期的工作——胰岛素的提纯，主要是由科利普进行的。

基于上述说法，有科学史家干脆明确地说：麦克劳德在科学奖金获得者的名单上是唯一显而易见不那么杰出的研究者。

在由诺贝尔基金会主编的《诺贝尔：其人及其奖金》一书中，两位担任过负责工作的人写道：在麦克劳德获奖的事情上，奖金委员会受到了谴责，理由一是尽管麦克劳德没有积极参与这一工作，在实验关键性时刻他又不在，但他得了奖金；理由二是没有给予贝斯特应得的荣誉。班廷把自己所得奖金的一半分给贝斯特，以表示对评奖的不满。

其实，研究成果的发表是以班廷、贝斯特和麦克劳德共同署名的。贝斯特列入获奖名单也是应该的。但事实上并没有这样做，因为没有一个人提他的名，可能是评奖委员会对贝斯特在发现胰岛素过程中的作用认识不够准确吧。

那么麦克劳德呢？我们先来看一看这个人物。

麦克劳德获奖不乏这样一个原因：他当时在生理学界名气很大，他的本职工

巅峰之旅

作成就很杰出。

看一看他学生时代的成绩：读中学时画动物解剖图准确无误，一直被校标本室收藏；大学获得过奖章和游学奖学金。

他的经历：27岁被美国一所大学聘为生理学主任教授，是加拿大皇家学会会员，曾任美国生理学会主席，后受聘为多伦多大学生理系主任教授。

他的成果：1905年开始研究糖尿病；在大学专门主讲过"糖尿病及其病理生理学"，后根据其讲义编写的书极其畅销；发表了关于实验性糖尿病论文12篇，关于糖代谢的论义37篇，成为当时这一领域的权威；与人合写《人类生理学基础》；主编过一部近1000页的教科书《现代医学中的生理学与生物化学》，出版后风靡全世界，深受临床医生和专业学生的欢迎。

从上述可以看出，麦克劳德在知识方面有着很扎实的基础，在学术领域上有着很高的知名度，对糖尿病也有深入的研究。

那么为什么后人对他获奖有些非议呢？这里有许多说法，比如，可以把他起初拒绝班廷实验说成是忽视、阻挠一个重要的设想，也可以说成是他治学严谨；他同意班廷利用假期实验室可以说是经不住班廷的恳求，勉强同意，也可以说成是被班廷坚韧不拔的性格所感动，有培养他之意图；度假回来看到班廷有了决定性的成功后他给予全力支持，可以说是见风使舵，也可以说是他勇于修正错误。然而，班廷的研究成果是和麦克劳德一起署名发表的，凭借麦克劳德当时在这个领域的威望，也是成果传播如此迅速、很快被人们接受的原因之一。在这个意义上，把麦克劳德称为发现千里马的伯乐并不为过。

但不管怎么说，贝斯特未获奖也罢，班廷与麦克劳德之间的恩怨也罢，甚至麦克劳德应不应该获奖的讨论，在某种范围内都是个人的问题，胰岛素的提取如此成功，应用如此快速和广泛，救活了无数人的生命，使糖尿病到今天在治疗上已不算什么大问题，这恐怕是最最重要的了。

故事四：讲一段令人回味的往事

现在国际范围内有不少科学奖项，但诺贝尔奖所占的地位仍然最为显赫。每个国家都以本国能有更多的诺贝尔奖获得者而自豪，并在一定程度上把这看作衡量一个国家科学发展水平的标志。

从1901年诺贝尔奖设立到2006年止，各种科学奖项（物理、化学、生理学或医学）的获奖者美国最多，已经近300人，其次为英、德、法等国。就是发展中国家也有获奖者，像阿根廷为2人，印度为1人，巴基斯坦也有人获得过物理学奖。美国仅占不到世界人口的5%，但获得诺贝尔科学奖的科学家却占全球获奖人数的70%以上。而我国——一个占全球人口近四分之一的泱泱大国，又是拥有四大发明的东方古国，获奖成绩却不得不画个零。这实在是令人难堪的事情。

一位学者通过研究曾得出这样的结论："据统计，一般立国30多年便会有一个诺贝尔奖获得者。苏联1917年立国，39年后得了第一个诺贝尔奖。捷克41年，波兰46年，巴基斯坦29年，印度30年，平均是35年……"中国何时才能获得这项令人自豪和振奋的大奖呢？

其实，我们曾有过获奖的可能性，还与胰岛素有关。

班廷等人提取出了胰岛素，其意义是非常巨大的，不仅拯救了无数人的生命，而且胰岛素对生命的基础理论研究方面也具有重要的意义。

在20世纪50年代，国际对生命基础理论的研究已到了对生物活性物质，如蛋白质和核酸的研究。对一个生物活性物质的研究，一般要经过分离、提纯、结晶后，再进行化学结构的分析，最后一步是要进行合成。遵循从易到难的原则，科学家在这方面的工作把眼光都落在了胰岛素上。

为什么选择胰岛素作为合成物质？因为胰岛素是当时唯一知道了化学结构的蛋白质。自班廷等人完成了胰岛素的分离、提纯和结晶后，继而由英国的化学家桑格（Frederick Sanger, 1918— ，1958年和1980年两届诺贝尔化学奖得主）确定了胰岛素的肽链结构，由此还获得了1958年的诺贝尔化学奖。选择胰岛素的合成也就是顺理成章的事了。现在回想起来这种选择有些幸运的味道，胰岛素不仅是当时仅知道氨基酸序列的蛋白质，而且还是一个仅含51个氨基酸的小分子蛋白质。蛋白质属于生命大分子物质，比如在前面神经调节部分谈及的钠离子通道蛋白是

巅峰之旅

由 1820 个氨基酸组成,分子量达 26 万~30 万,这种巨大的分子构成了复杂的空间结构,如果被"当选",那合成就成了天方夜谭了。

对任何重大的事情要经过历史的检验和客观的评价,作为当时震惊科学界的中国人工合成胰岛素的事件也是如此,事过四十多年后,人们对这个事件进行了许多反思和回顾,对当时科学家们所表现出的热情、创造的奇迹表示无比的敬佩和敬仰之外,也对当时工作的体制、工作失误进行总结思考。

"跳了!跳了!"

1958 年,中国科学院生化所提出了"合成一个蛋白质"的设想,至此揭开了中国科学界具有历史意义的一幕。

蛋白质是构成生命体的基本物质,科学界非常重视对于蛋白质的研究,蛋白质结构非常复杂,研究蛋白质的功能更是科学界关注的一个问题。

组成蛋白质的基本单位是氨基酸,两个或两个以上的氨基酸联结在一起,形成一个个的小分子,分别称为二肽、三肽,顺此思路,由多个氨基酸形成的肽链则形成多肽。

作为生命活动中的结构和功能物质,组成蛋白质的成分是人们首先关注的问题,借班廷等人首先成功提取胰岛素的契机,胰岛素这种蛋白质成为人们当时研究的关注点。20 世纪 40 年代中期,英国化学家桑格经过不懈的努力,于 1955 年完成了胰岛素的全部测序工作,第一次确定了天然蛋白质分子的结构。1958 年他因此获得了诺贝尔化学奖。按此路子走下去,下一个站牌的名字应该是合成蛋白质,具体而言就是合成胰岛素了。然而,在桑格因胰岛素的测序工作而获诺贝尔奖时,虽然知道了胰岛素的氨基酸成分和序列,对于生物化学家而言,这种物质仍是一种神秘的物质。这是由于蛋白质具有高级结构,并不仅仅是一条具有一级结构的氨基酸链,只有折叠成一定的空间构型,这条氨基酸链才能表现出生物活性,一旦空间结构被破坏,蛋白质就会失去其原有的生物功能。如果人工合成的胰岛素没有天然的构型,表现不出适当的生物活性,就谈不上是蛋白质的合成。在当时科学界对蛋白质结构和功能之间到底是什么具体的关系一无所知,世界权威杂志《自然》发表评论文章说:"人工合成胰岛素还不是近期所能做到的"。这确实是一个好的研究题目,在当时具有很大的研究价值。

人工合成胰岛素为研究蛋白质的结构和功能打开了一条新的研究途径。1966年,在我国人工合成牛胰岛素成功后,瑞典皇家科学院诺贝尔评审委员会化学组主席蒂斯利尤斯(A.Tiselius)对胰岛素工作的评价是:"人们可以从书本上学到制造原子弹,但是人们不能从书本中学到制造胰岛素",这也表明我们的工作没有任何成功的先例可作为参考和仿效,完全是靠中国人的聪明才智在一穷二白的基础之上做出的世界一流的成果。

要合成牛胰岛素,首先要了解牛胰岛素的结构。牛胰岛素由51个氨基酸组成两条肽链,即A链和B链,A链和B链之间靠两个二硫键结合在一起。我国科学家制订了一套由易到难的合成计划:

第一步,天然牛胰岛素的拆分与重组:将天然牛胰岛素的两条肽链分开,使之成为没有生物活性的A、B链,然后用适当方法把它们重新联结起来,如果成功,就

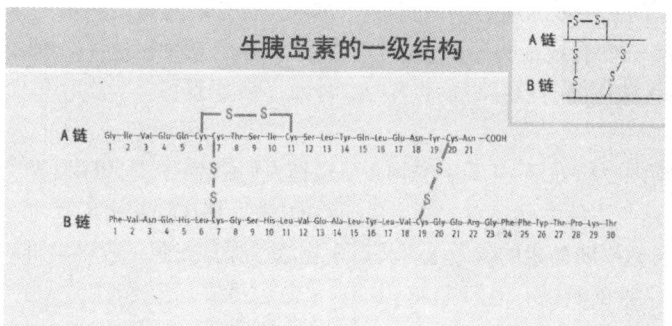

▲ 牛胰岛素的A链与B链。

▲ 牛胰岛素的三维结构。

表明只需人工合成A、B链,再加适当方法,就可以合成具有生物活性的胰岛素。这个攻关小组的负责人就是我国著名的生物化学家邹承鲁(1923—2006)。

这是一项开创性的工作,在牛胰岛素的分子结构A链和B链之间有两个二硫键,A链内还有一个二硫键,要拆分形成稳定的A链和B链困难重重,反复设计多种实验方案后,终于成功,这是一项比较有意义的成果。

随后,是二硫键拆分之后,A链和B链能否重新

▶ 邹承鲁,中国著名生物化学家,中国科学院院士,近代中国生物化学的奠基人之一。

巅峰之旅

合成有活性的牛胰岛素？这是一个更为困难的研究过程,因为合成后的物质必须表现与原来未拆分之前一样的生物活性。又经过一个艰苦的工作历程之后,他们终于得到了具有活性的牛胰岛素。

第二步,A链、B链的人工合成:1960年后主要由中国科学院上海生化所、有机化学所和北京大学化学系集中精兵强将,分工合作,经过几年扎实的工作,终于完成了A、B链的合成工作。

第三步,半人工合成:将人工合成的A链、B链分别与天然的B链和A链组合得到半合成的产物。

最后一步:用人工合成的A链和人工合成的B链组合得到全合成的结晶牛胰岛素。牛胰岛素合成的标志是不仅得到了产品,而且这种合成的物质要与天然的物质一样表现出生物活性。

1965年9月17日,生化所、有机所、北京大学化学系三家合作单位的相关研究人员聚集到生化所的一间放冰箱的小房间门口,冰箱里面存放着我国科学工作者近7年的工作成果——合成牛胰岛素。三十多年后,邹承鲁在回忆这一时刻时写到"那实在是一个无法用语言形容的激动人心的时刻。"其场景可分为欢呼和欢腾两个时间段:

欢呼——当冰箱内冷却处理14天后的物质呈现在人们眼前时,是闪闪发光、晶莹剔透的立方体,这与天然牛胰岛素的形态是一致的,大家都欢呼起来了!

欢腾——这种看似牛胰岛素的物质是否具有生物活性呢？按照一般科学研究的流程,要做对比活性的测试。他们将48只小白鼠分为两组,实验组注射人工

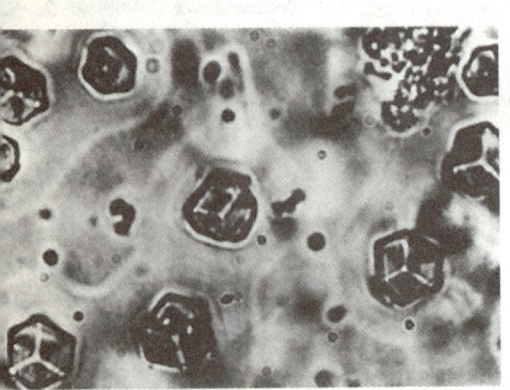

▲ 我国人工合成的牛胰岛素结晶。　　▲ 人工合成牛胰岛素动物实验获得成功时的场面。

故事四:讲一段令人回味的往事

合成的胰岛素，对照组则注射天然胰岛素。小白鼠注射胰岛素低血糖的状态下会出现跳跃的现象，科学家们也以此来作为检测胰岛素活性的指标。结果实验组和对照组小白鼠都跳了起来。即合成胰岛素与天然的胰岛素表现出了同样的特性。

"跳了！跳了！！"又是一片欢腾！

在漫长的国际竞争中，我们终于第一个获得了具有活性的人工牛胰岛素结晶。

后来又由科学院组织成果鉴定，确认了这项成果。这就意味着我国合成牛胰岛素获得了成功，而且这在世界上是首次完成。当时国际上也有不少实验室在做这项工作，我们在这方面的工作达到了世界先进水平。在当时的确是一项了不起的成果。

"他的名字，应该叫每一个中国人知道"

2001年7月，英国科学权威性杂志《自然》发表文章，讲述一位中国科学家的故事，对于《自然》这种著名杂志来说，刊登纪念中国人的文章实不多见。该文作者说"他的故事，应该让每一个中国人知道"。

这位中国人叫王应睐（1907—2001），是中科院院士，退休之前是中科院生化所所长。他1981年当选为比利时皇家科学文学与美术院外籍院士，1986年12月获匈牙利科学院名誉院士称号，1988年12月又当选为捷克斯洛伐克科学院外籍院士。我国人工合成牛胰岛素主要是他组织完成的，这项成果被一些权威科学家认为是新中国近60年中最有可能获得诺贝尔奖的项目。

王应睐在大学所学专业是工业化学，大学毕业后留校任教，后患了当时尚无特效治疗药物的肺结核，使他两次病倒被迫休养。亲身的经历，使王应睐决定改行于生物化学来帮助更多的人脱离痛苦。1938年，王应睐考取了剑桥大学，在国际学术界享有盛名的D.凯林（D.Keilin）教授门下攻读博士学位，学业完成之后，他报国心切，谢绝了恩师的再三挽留回到祖国。1958年他筹备创建中国科学院上海生物化学研究所，并任所长。

▲ 王应睐（1907—2001），中国科学院院士，中国科学院生化所原所长，是中国生化界的领军人物。

巅峰之旅

王应睐不仅是一位优秀的生化学家，他更重视中国生化事业的发展与进步。新中国成立伊始，百废待兴，面对中国生化研究基本落后、缺乏研究骨干、研究仪器设备简陋的现实，王应睐进行了不懈的努力。他首先要组织一支有实力的队伍，先是争取一批在国外工作的学者回国，其中王应睐在剑桥的同门师兄、著名学者，后来也是合成胰岛素的功臣之一——邹承鲁就是应王应睐恳求从剑桥回国效力的人才。王应睐还有计划地培养一支我国自己的生物化学专业队伍，他一手创办了中国生化界的"黄埔军校"——高级生化训练班。连续办了许多期，这批学员后来都成为国内各单位的生化领域的骨干，有多名学员后来成为院士。

1958年，王应睐所领导的生化所首先提出人工合成牛胰岛素的课题，王应睐担任主要的负责人，在几家研究单位联合攻关时，他又负责协调工作。在这期间其表现出严谨求实的科学家的风范和领导的决策能力。举两个例子，建国不久，在相对闭塞的国内市场买不到胰岛素合成原料氨基酸，当时我们国家除了能生产谷氨酸钠，也就是食品添加剂味精之外，不能生产任何氨基酸。科学家们手里所具有的原料也就是从国外带回来的极少量的氨基酸，而且品种还不全。如果进口，价格会比黄金还贵。怎么办？王应睐决定自己建厂生产氨基酸等合成原料，这就是后来非常著名的东风生化试剂厂，这个厂不仅基本满足人工合成胰岛素项目原料的需求，而且还可以向全国科研院所和大专院校提供多种化学试剂。改革开放以后，随着人们观念的更新，提倡产学研究结合先进理念，其实王应睐在四十多年前就已经这样做了。另一个例子是人工合成牛胰岛素的课题刚开始时是一种大军团作战模式，基本是一种无效果的、盲目投入大量人力物力的混战，长此以往，后果可想而知。是王应睐及时地提出了自己的见解和建议，缩小、精简了研究队伍，使这项科学研究的过程更加合理化。他还是生化所、有机所、北京大学几家合作单位的合作组组长，负责协调和总体规划。在胰岛素合成工作顺利完成中起到了非常重要的作用。

值得一提的是，作为科学家王应睐在当时"大跃进""大放卫星"的大形势下，对于他负责的研究工作始终保持一种严谨的科学态度和冷静的头脑。1958年在当时"大跃进"的大形势下，许多单位都将合成胰岛素作为自己"放卫星"的成果，做出自己本校、本市品牌的胰岛素，甚至有的单位声称两个星期完成合成A链和B链的任务，出现了几家单位争头筹、敲锣打鼓去报喜的场面，显然这些都远远脱离了科学研究的规范，具有很浓烈的政治色彩。王应睐对于他领导的机构则给予了严格的科学把关，对于出现的科学成果，他都要了解具体的情况，相比于别人的

"高兴"、"去报喜",他给予的态度首先是怀疑,他问:"这个结果好吗?有没有问题?可不可以重复?换一个人做做看会怎么样?这个条件靠得住靠不住?"这就是科学家的态度。

王应睐对科学上表现的严谨性、求实与对他名利的淡薄成了鲜明的对照。

有人专门对中国人工合成牛胰岛素历史作过细致的研究,采访过许多当年领导、参加此项工作的研究人员,他们都一致承认王应睐在这项研究成果中的统帅作用。但无论是论文署名或诺贝尔奖提名的酝酿名单中都没有出现王应睐的名字。甚至在1982年7月胰岛素工作获国家自然科学一等奖,在获奖名单中也没有王应睐的名字。邹承鲁说:"按说他都有资格署名,这和今天一些到处署名的人形成了鲜明的对比。"

这与王先生淡泊名利有关。

1996年,香港何梁何利基金授予王应睐科学技术成就奖,他第一个反应是:"拿奖有什么用啊?"后来拿到100万奖金后,他立即在生化所设立了奖学金,奖励成绩优秀的研究生。

王应睐热爱他的事业,89岁高龄仍坚持在生化所这个他熟悉和工作了一辈子的岗位,直至入院治疗。他不愧是科学工作者学习的楷模。

迷失的结晶

胰岛素合成成功后,我国对外公开了中国人的研究成果,并很快得到全世界的认同。1966年,王应睐、邹承鲁等人参加欧洲生化学会联合会,在会上宣布中国科学家已经完成牛胰岛素的全合成。这个消息获得了轰动性的反响。吸引了一些重量级的人物来到中国进行访问考察。

1966年4月,法国科学院院士、巴黎大学物理及电子学教授特里亚到上海生化所参观,对当时正在进行的人工胰岛素的工作评价说:"这是很好的合作例子,可以获得诺贝尔奖。"同年来访的英国剑桥大学生物化学教授、1962年诺贝尔化学奖获得者肯德鲁(J. C. Kendrew,1917—1997)来生化所访问,告诉他的中国同行,中国人合成牛胰岛素的消息在英国电视的黄金时间播出,有几百万人观看。更有瑞典皇家科学院诺贝尔奖评审委员会化学组主席蒂塞利乌斯(Arne. W. K. Tiselius,

巅峰之旅

1902—1971)教授在中国三周的访问……

在一些人的意识中,如此重要的工作获得诺贝尔奖是自然而然的事情了。

但事实并非如此,中国没有因此而获奖。

中国人为什么没有获得殊荣?原因比较复杂,大致可以归纳为以下几个方面:

其一,政治因素使然。胰岛素合成工作接近结束,也正是我国史无前例的"文化大革命"序幕拉开之时,在"横扫一切"的口号声中,各个部门的正常工作遭到了很大的干扰,相当一批从事胰岛素研究的人都是从国外回来的,在那个时期就会被扣上"帝国主义特务"的大帽子被打倒,无力再顾及科研工作了。

重提争取获奖始于1972年,来自海外的一个热心人——著名华裔物理学家杨振宁。他访问了上海生化所后,明确提出要为我们的胰岛素工作提名诺贝尔奖。那时中国仍处于"文化大革命"的过程之中,包括科学在内的各个领域都被强烈地意识形态化和政治化,对诺贝尔奖的问题根本就没有在意。再者,因为发明炸药,那时就连诺贝尔本人也被扣上"战争贩子"的头衔,一位当时的领导人声称"所以我们去拿他那个奖金是有失身份,不应该的"。

在好意被回绝后,杨振宁1975年第二次表示愿意作为推荐人就牛胰岛素合成的工作向诺贝尔奖委员会提名,当时掌管大权的江青说:"资产阶级的奖金,我们不要!"

其二,与诺贝尔评奖机制有冲突。1978年"文化大革命"终于过去了,人们摆脱了长期的禁锢,中国也迎来了"科学的春天",此时杨振宁第三次向当时主持工作的中国领导人邓小平提出自己愿意为牛胰岛素人工合成工作提名诺贝尔奖,另一位著名的美籍华人逻辑学家王浩教授也主动提出要为我们提名诺贝尔奖。我国科学界终于开始了运作获奖工作。但此时人们又发现了一个难题:谁的功劳最大呢?参加这项工作的人员达几百人,在结题论文上署名者就达21人,但诺贝尔奖评选有个规定,每个单项的获奖人数不多于3人。我们不仅要考虑对此工作的贡献,还要考虑到各协作组的平衡。最后从8人减少到4人,有人提出要让诺贝尔奖委员会迁就我们而不是我们去迁就它,甚至想主动放弃……经过反复的商讨,最后的结果是"经评选委员会与有关单位协商,最后推荐纽经义(1920—1995)同志代表我国参加人工全合成研究工作的全体人员申请诺贝尔奖金"。选择纽经义也是考虑他参加这项工作时程最长,不仅承担较复杂肽链——B链

▲ 纽经义,中国著名生物化学家,中国科学院院士。

故事四:讲一段令人回味的往事

合成的具体指导工作，而且涉及A链和B链的拆分重组的一些关键的设计方案，解决关键问题。

其三，时间的拖延导致申请的大好时机已经不复存在。确定纽经义一人为候选人后，杨振宁、王浩、王应睐分别向诺贝尔奖委员会推荐了中国的胰岛素工作。

但中国并没有获奖。

1979年的化学奖的皇冠被一位美国人和一位德国人摘取。

1965年拿到成果，1979年申请获奖，长达15年的时间，在飞速发展的科技时代来说可谓漫长，"文化大革命"的10年，是世界生物化学飞速发展的10年，中国原来和国际水平接近的距离又拉远了。我们当年的成果显然是落后了。用胰岛素合成工作的统帅人物王应睐的话说："我们就像一只老在打盹的兔子，而别人不是乌龟"。举个例子，当年我们合成工作的重头是A链和B链的合成，也就是多肽的合成，这项技术当年靠着我国科学工作者不懈的努力和摸索才使胰岛素的合成的梦想成为现实。而在"文化大革命"这10年中，世界生物化学领域合成多肽诞生了一种固相合成的方法，成为在实验室非常普通的合成手段，这种方法只需在合成仪中加进所需的氨基酸和相应的试剂，按下按钮，机器就会自动工作，几天之后就能得到所要的肽链。其过程简便易行、快捷，是我们所不能及的。

我们何时才能圆了这个梦呢？但愿等待不会太久！

甲状腺和性腺的故事

在远离海的地方

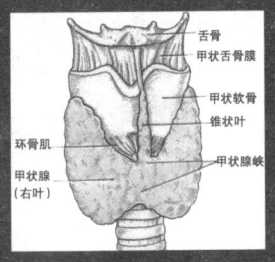

▲ 甲状腺的位置与结构。

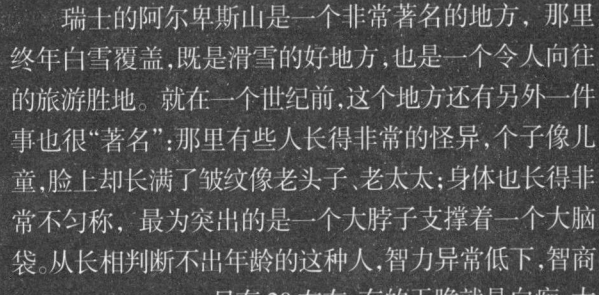

▲ 身体矮小，智力低下的呆小症患者。

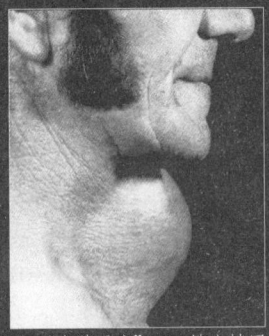

▲ "大脖子病"——地方性甲状腺肿大。

瑞士的阿尔卑斯山是一个非常著名的地方，那里终年白雪覆盖，既是滑雪的好地方，也是一个令人向往的旅游胜地。就在一个世纪前，这个地方还有另外一件事也很"著名"：那里有些人长得非常的怪异，个子像儿童，脸上却长满了皱纹像老头子、老太太；身体也长得非常不匀称，最为突出的是一个大脖子支撑着一个大脑袋。从长相判断不出年龄的这种人，智力异常低下，智商只有20左右，有的干脆就是白痴，大小便不能自理，甚至不能进食。有的虽然没有这么严重，但神经障碍也很明显，不能做复杂的劳动，不识数，不能适应社会生活，缺乏表情，感情淡漠，常常傻笑……无独有偶，著名的意大利旅游者马可·波罗在他的游记中也谈到在我国见到过类似的人群。这种人不能学习和思考，不知道爱和恨，不会感受痛苦和快乐。

人们很早就知道这是由疾病造成的,因为患者个矮、痴呆而取名为呆小症。

其病因是什么呢？最初对之感兴趣的是医生,他们注意到得这种病的人往往是生活在山区,所以认为是由于那里的气候造成的,治疗的方法也就是让患病的孩子穿暖一些,适当地带孩子到山外去换换气候。可这样的治疗一点起色也没有。

后来有一位英国外科医生发现一只狗有类似呆小症的表现,这是一只切除了甲状腺的狗。问题的关键找到了,呆小症与甲状腺有关。

值得注意的是,在呆小症高发区生活的人,即使不患呆小症,也会有一个令人注意的特征:有异常增生的甲状腺,大到使他们的脖子都肿起来了。

甲状腺是位于颌下、气管上面的一个腺体,包括左右两叶及中间的峡部,正常的甲状腺重20至25克。整个甲状腺体就附着在气管上面,吞咽时可随之移动。如果甲状腺太大,就会压迫气管,使人无法呼吸,吞咽困难,甚至压迫血管,引起面部青紫、浮肿。由于这种病是区域性的,所以称之为地方性甲状腺肿。

这种病造成威胁人的生命、影响人的生活质量的原因是什么呢？为什么会有这种病症的高发区？怎样治疗？怎样防治？这其中包括生理学、病理学、外科学诸多方面的工作。人们对攻克此类难关的愿望已是非常迫切了。

在瑞士,出现了一位人物,由于他出色的工作为这类病的安全治疗、防治找到了正确的途径。他的名字叫埃米尔·特奥多尔·科歇尔(Emil Theodor Kocher, 1841—1917)

▲ 埃米尔·特奥多尔·科歇尔,瑞士著名外科医生,获1909年诺贝尔生理学或医学奖。

巅峰之旅

一种成败不定的手术

科歇尔的祖国瑞士60%的国土是山区,是地方性甲状腺肿流行地区。在过去,几乎所有的儿童都患有此病。当时医学界对甲状腺的解剖学已搞得比较清楚了,如果甲状腺肿得太厉害,足以压迫得使人喘不过气来,最后的办法就是动手术切除甲状腺腺体。

从手术学方面讲,用手术切除甲状腺来解除压迫症是不成问题的,而且从10世纪起就有采用手术方式治疗的记载,但长期以来医术上却无多大进展。在解决了出血、术后感染等问题后,有一个突出的问题无法解决:手术后病人的身体会出现一些莫名其妙的现象,儿童和少年患者停止了生长发育;成年患者头发稀疏,全身浮肿;神经系统的活动也不正常了,患者总是打不起精神;性欲下降了,病症严重的会导致死亡。当时手术造成的死亡率高达21.2%,尽管手术可以消除呼吸的不畅,但术后的结局如何,人们只能碰运气。这是当时治疗甲状腺肿患者很普遍的情况。

人们已在思索,这是什么原因呢?

就在那个年代,内分泌的概念正处于萌芽时期,人们已经觉察,切除甲状腺出现的异常状况与甲状腺本身的生理作用有关。有人开始用动物进行探索,发现如果把动物的甲状腺全部切除,动物很快就会死亡。这就表明甲状腺是对生命具有重要作用的器官。

这个实验研究的结果引起了外科医生科歇尔的重视。联系自己的临床实践,他感觉术后病人出现的情况与缺乏甲状腺的机能有关。他要就此问题在临床上作研究。

遵循科学研究的原则,科歇尔首先进行临床观察,他对100名切除甲状腺的患者进行随访。观察结果表明:在这100人当中,有30人出现了不良的病状,另外70人则没有出现不良的后遗症。这到底是怎么回事呢?为什么同样的手术方案,结果会不同?是手术的原因,还是患者自身体质的问题?

科歇尔是一个非常严谨的人,并没有武断地排除手术的原因。他仔细分析了这100例病人的手术过程,果然有一些令人感兴趣的现象:70个术后结果良好的病人虽然也被认为是全切了甲状腺,但实际上手术切除并不是很彻底,也就是保留了一部分甲状腺的腺体,而那 30 位术后出现严重后遗症的病人,则是切除甲状腺腺体很彻底的人。

科歇尔认为,手术留下一小块甲状腺,术后这块组织又会继续生长,所以保留了甲状腺本身的功能,才没有出现那些可怕的后遗症。这说明当时流行的甲状腺全切术是有很大危害性的。

初步的结果出来后,科歇尔呼吁医学界废除甲状腺全切手术。

科歇尔提出将甲状腺全切除术改为大部切除术,即有意留下一部分甲状腺组织,这样可以继续保持甲状腺的功能。他按照这个方案连续做了 300 例甲状腺切除术,没有出现一例术后死亡。临床经验也证明科歇尔是对的。从此之后,过去这种令人望而生畏的外科手术变成了最普通的临床手术,死亡率由过去的 21.2% 降到了 0.11%。靠科歇尔的研究,终于把切除甲状腺这个死亡率最高的外科手术,变成了成功率最高的手术。

从科歇尔做第一例甲状腺切除术到他宣布自己的研究成果,经历了 11 个年头。

巅峰之旅

探索的脚步并没有停止

科歇尔是个外科医生,通过研究提高了手术的成功率应该说是非常尽职尽责了。但是科歇尔没有停止他的研究工作,他超出外科领域进行了更深入的探讨。

当时医学界把呆小症和甲状腺肿看作两种并无联系的疾病。切除了甲状腺的动物会表现类似呆小症的特征,可呆小症患者不但很少有萎缩的甲状腺,而且有不少人的甲状腺会异常增生。这好像是互相矛盾的现象。为什么在呆小症盛发的地区,甲状腺肿也很普遍?用气候原因来解释显然是不合理的。

科歇尔仍然从临床观察着手。他花了很大的精力去探索呆小症、甲状腺肿和甲状腺全切术后的不良反应。这次他从少年儿童患者着手研究,跟踪切除甲状腺患儿术后的情况。他发现,这些患儿术后往往有生长减慢、智力减退、食欲下降等症状,这些恰恰与呆小症的症状相似。再通过认真细致的研究分析,科歇尔得出了这样的说法:呆小症和甲状腺肿这两种看似矛盾对立的病症,是由于同样的原因引起的,即由于甲状腺功能低下造成的。

接下来,他要用实验去验证自己的说法。

科歇尔碰巧读到了一篇在动物体内作甲状腺移植的报道,把别的动物的甲状腺组织移植到做了甲状腺全切术的动物体内,结果是动物术后的不良反应得到了改善。受到这篇文章的启发,科歇尔也做了移植手术,所不同的是把动物的甲状腺移植到了人的体内。但由于排异等诸多原因,这个移植失败了。

看来要另辟蹊径了。

同样是受别人的启发,科歇尔改用将获得的甲状腺制剂给患者进行试验性的治疗。科歇尔说:"只要甲状腺对身体其他部分的重要作用是通过一种向血液释放分泌物途径实现的,那么人们就能够理解,没有这个腺体也行,只要将从那里榨出来的汁液注入身体就行。"果然,在临床应用中取得了令人振奋的效果。他的论断获得了实践的支持。科歇尔将此称为"生理性疗法"。这实在是科歇尔了不起的地方。因为生理性疗法不仅摸索出了对病人的有效治疗措施,而且还为后人进一步解决这方面的理论问题提供了一个非常正确的方向。

为表彰科歇尔改良了外科技术,使得以前很危险很可怕的手术变得几乎没有什么危险,和对甲状腺的生理、病理方面的研究,诺贝尔奖评选委员会于1909年授予他生理学或医学奖。

科歇尔对人类的贡献不仅限于临床实践的成功,而且他证明了甲状腺是以内分泌的方式起作用,这对后人的研究具有很大的指导意义,激发后来的人对生产纯甲状腺激素的尝试。人们在制取甲状腺激素的过程中,证明了碘是甲状腺的成分之一。1914 年,也就是科歇尔获奖后的第 5 年,爱德华·卡尔文·肯德尔(E. C. Kendall,1886—1972)成功地分离出这种激素的有效成分。再后来,又有人对甲状腺的分泌调节机制进行了深入的研究,他们的工作将在后面提到。

要说明科歇尔的工作对人类贡献有多大,让我们先来看一看现在已比较完善、成熟的理论:地方性甲状腺肿和呆小症这两种当年被科歇尔定为同性的疾病,最根本的病因就是碘缺乏。这种病不仅在瑞士比较多见,而且遍及全球内陆地区。根据 1989 年 4 月国际控制碘缺乏病理事会宣布的资料,全世界受碘缺乏威胁的人口为 8 亿,仅在我国,就有 3.75 亿,占全世界病区人口的 47%,占亚洲病区人口的 63%,占亚太病区的 80%。除上海市外,在其余省市均有不同程度的流行。1990 年第 43 届世界卫生大会文件宣称:全世界至少有 10 亿人口生活在碘缺乏症的环境中。

海产品含有丰富的碘。碘是人体合成甲状腺激素的基本要素之一,因此,甲状腺激素的生物合成依赖于碘代谢的状况。

甲状腺激素合成需要碘。这也许就是在内陆山区患甲状腺病的答案。这些地区远离海洋。沿海地区则是碘非常丰富的地区。海洋空气里有碘,海洋食物里有碘,流过近海岩石的河水里有碘,用这些河水浇地的蔬菜里有碘。食用缺乏碘的食物,摄入碘量如每日低于 60 微克,人们只能靠自身甲状腺调节,勉强维持着功能。如果碘的摄入量再下降,每日低于 20 微克,"巧妇难为无米之炊",就算是甲状腺代偿能力再大也会无能为力。此时就容易发生不同年龄、不同状况、不同程度的呆小症或地方性甲状腺肿。

甲状腺激素是人体内必不可少的重要物质,其主要作用是促进人体的新陈代谢,促进骨骼的生长,促进神经系统的发育等等。比如,甲状腺激素对胎儿的正常发育,尤其对神经系统及骨骼系统的正常生长发育是特别重要的。如果此时母体缺乏碘元素,不能合成甲状腺激素,婴儿神经发育就会受到影响。尤其是出生后没有及时补碘,错过了神经发育的几个高峰期,将呈现不可逆转的终生痴呆。不仅如此,还会出现诸如个子矮小的生长问题,这就是临床呆小症的病因。如果成年人缺碘,新陈代谢也会受到很大的影响。更何况甲状腺激素有提高神经系统的兴奋性的作用,如果缺乏甲状腺激素,人会变得面目呆板,感情淡漠。另一方面,由于甲状腺激素缺乏,甲状腺腺体也会代偿肿大,造成"大脖子病"。

科歇尔的工作给甲状腺的临床治疗和研究找到了一个良好的开端,人们在治疗甲状腺病方面越来越成熟了,除了手术之外,还可以用甲状腺激素来治疗病症。现在这种激素可以由化学家进行化学合成,患者可以按大夫的处方在医院和药房买到这种治疗药物。无须等到大脖子压迫呼吸后再做手术治疗了。同时,人们在生活中也更加注意补充食用碘,以达到预防的目的。

碘,是每一个人都需要的物质,就像需要铁和钙一样。

为消除碘缺乏症,人类仍在不懈地努力,让这种病症早日成为历史。在我们国家,除了在食盐中加碘,补充人体所需的碘外,特别重视青少年补碘工作,这项工作称为"智力工程",因为这关系着民族的素质和体质。科歇尔,是此类工作的先驱。

他被誉为现代外科圣手

科歇尔获奖是由于他在甲状腺方面的成就,但他对后人的贡献绝不仅限于此。科歇尔一生的贡献是多方面的,尤其是外科学领域。以科歇尔的名字命名的肩脱位回复术,到现在仍在应用;甲状腺手术中颈部的横切口被称为科歇尔切口;胆道手术中右肋下的切口也是以科歇尔名字命名的;科歇尔创用的胆总管十二指肠吻合术,是经典十二指肠吻合的术式;今天在医院手术室中有一种带钩有齿的止血钳,叫科歇尔钳。

他是第一批施行无菌手术切除子宫肿瘤和卵巢囊肿的外科手术医生;他是最早提出血小板重要性的学者之一;他发明了被称之为奇术的石炭酸消毒法。

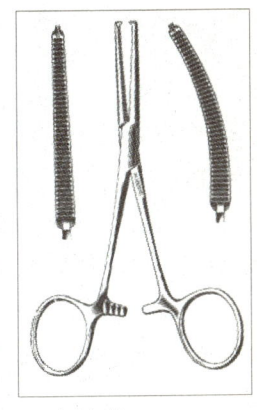

▲ 科歇尔钳。

另外,科歇尔在治疗癫痫的手术、腹股沟疝修复术、胃大部切除术、男性泌尿科等方面也有所创新。

如果用现在的医院分科看,科歇尔的工作涉及普通外科、神经外科、泌尿外科、矫形外科、妇科、内科、职业病等多个分支,而且每一个方面的工作都做得非常出色。

科歇尔被称为现代外科圣手、外科巨匠。对现代医学有很大的影响。

作为医生,科歇尔为什么会在那么多的方面获得成功呢?

让我们先看一看科歇尔的青年时代。上大学时,科歇尔就是一名优秀的学生。他以优异的成绩获得博士学位时才24岁。完成学业后,他计划自己开个诊所,挂牌行医。他的外祖父听说后从远道赶来,劝说他不要急于去做医生:"孩子,你以为学了那么几年就足以应付一切疑难杂症了吗?"科歇尔听从了外祖父的劝告,暂时放弃了毕业后马上从医的计划,踏上了继续求学之路。他先后在柏林、伦敦、巴黎、维也纳求学,不仅学习名医们的宝贵经验,而且也学习他们的行医之道和高尚品格。这些,对科歇尔后来的成功是必不可少的。看来,科歇尔外祖父的确有远见卓识。

留学归来,科歇尔在自己母校外科临床医院当了一名助教,从此开始了外科

巅峰之旅

医生的生涯。

由于虚心学习，刻苦钻研，他深得同行们的赞赏。当时有一位闻名全欧洲的外科医生叫比洛斯，科歇尔在他门下做学生时，著名的大音乐家、比洛斯的好朋友勃拉姆斯需要手术，比洛斯推荐年轻的科歇尔做这台手术。人们迷惑不解，比洛斯解释说："可别小看科歇尔，他的医术比我高明得多。"从一位著名的外科医生口中说出这样的话，可见年轻的科歇尔已经很出色了。

科歇尔是一位认真负责的临床医师，工作也非常辛勤，做了大量的手术。科歇尔一生中做了多少手术已无法统计，从他获奖的项目——甲状腺方面的工作来讲，最初的想法和实践都是在临床的观察、摸索中得出的，这需要有大量的手术做基础。单是甲状腺切除术，科歇尔在获诺贝尔奖演讲时谈到，截至1909年12月，他就做了4250例。在1905年到1909年的4年中，就做了整整1000例，平均每年做250例。这个数字仅限于甲状腺手术。他不懈地工作，直到他逝世前5天，还做了他一生中最后一例手术。

作为一位外科医生，要做如此大量的手术，不仅要有过硬的技术，而且还要有过硬的体力。可贵的是，在如此繁重的手术工作量和消耗巨大体力的状况下，科歇尔没有把自己变成一个"熟练工人"，而是注意在手术中继续摸索和研究。从科歇尔对甲状腺全切术后的病例分析可以看出，他对手术过程是非常认真细致的。对呆小症、甲状腺增生和甲状腺全切后的不良反应的分析，不单从现象上去观察，而且还进行了很细致的病理生理分析。科歇尔发现，病人同样出现的浮肿、皮肤干燥和发冷等症状，造成的原因不同，特点就不同。科歇尔还深入研究不同的原因：甲状腺增生的病人，皮肤、皮下组织黏蛋白量是增多的，可甲状腺全切后出现不良反应的病人，这些部位的黏蛋白却并不增多。

他的成就还决于能广泛吸取别人的最新研究成果。像他对甲状腺切除术的改良，给病人注射甲状腺提取液，都是受别人工作的启发而成功的。他在诺贝尔奖的演讲词中，多次谈到他的做法是受到了许多人的影响：巴斯德（Louis Pasteur, 1822—1895）和李斯特的贡献为外科学的发展开阔了前景，巴甫洛夫对他研究课题的影响以及与他同时代的人在甲状腺手术方面的研究成就……这也可以反映出科歇尔的谦逊的为人之道。

作为一位非常忙碌的外科医生，他还对基础医学进行研究。这不仅说明科歇尔是一位非常认真负责的人，而且也说明他作为外科医生具有科学家的头脑。他善于在实践中发现问题和解决问题，思维非常活跃。究其原因，在于他并不把自己的视野局限在外科专业之中,而是关心整个临床医学。他用临床观察作为研究的着眼点、突破口,重视基础医学的进展。这对于一个外科医生来说是非常不容易的。在当时科学和技术水平还不发达的情况下,通过临床观察在生理学等基础医学领域方面作出如此重大的成就,是很了不起的。

科歇尔为什么能在医学界和基础研究中有如此大的成就,做出不少似乎超出他本职的卓越工作?究其最根本的原因,还在于他有高尚的医德。本着对病人负责、为病人解除痛苦的原则,再来看他的行为也就明白了。

科歇尔一生律己甚严,在外科医院中工作,每天亲自查房,从不懈怠,即使星期天也不休息。在文献记载中,科歇尔也被描述成最温厚、谦逊的医学家。无论对什么人,他从来没有摆过架子,一旦自己做手术的病人出现了诸如切口化脓等问题,他一定会自责,会当着病人和他手下的人承认自己的错误。同时,对于那些不该进行手术而草率决定手术的外科医生,也会予以批评,认为病人不应该把自己的生命托付给这样的医生。

科歇尔有一句名言:"病人已经够痛苦的了,做医生的言不温容不和,可以说是加给病人的又一重痛苦!"这句话也是现代医生的座右铭。他还说过:"一个外科医生,若不精于所学、忠于所事,则等于杀人的刽子手。"

由于深知医生对病人的重要,科歇尔在培养学生方面是以严格著称的。他多次强调:"奉劝那些没有良好的家传,特别是没有仁义之心的人,不要学医。"他的母校至今仍按照他的意愿,凡申请做医学生的人,校方一定要认真调查其家庭背景和个人经历。通过这些力求选拔出品质优秀的人,培养出像科歇尔那样真正为病人解除苦难的好医生。

巅峰之旅

追寻性激素

16世纪至18世纪的欧洲,在宗教的严格禁忌下,妇女是不准许在公众面前唱歌的。如同我国早期京剧演员一样,女演员的角色也是由男演员来担当。因此,那时唱歌的人中有这样一个群体,他们虽为男性,但发出的声音却为女高音或女中音。究其原因,是他们在青春期这一成长阶段做了阉割手术。所谓阉割,就是一种出于非治疗目的除去性腺的做法。被阉割的男歌手缺少了雄激素的作用,变声过程就无法完成了。用现代的观点来看,这是很不人道的。

性腺包括雌雄性腺,在女性为卵巢,男性则为睾丸。性腺分泌性激素,包括雌激素、孕激素和雄激素三类。妇女血中主要的雌激素是雌二醇、雌三醇和雌酮,孕激素为孕酮和17—羟孕酮。雄激素主要是睾酮、雄烯二酮和脱氢表雄酮组成。

顾名思义,性激素的重要作用是与性有关的。由于性激素的作用,可刺激性器官和第二性征的发育,并保持性欲和生殖功能。不仅如此,性激素对人体的代谢也具有非常重要的作用。比如,雄激素中的睾酮就非常明显地促进蛋白质的合成,使肌肉增长,体重及体力增加,还可促进肾小管对钙、磷的再吸收。这些都是人们经过长期的研究得到的。可以说,人们对性激素的认识很早就存在了,而真正对其进行研究和确立其作用,还是在激素概念建立之后。因为这个时候有了明确的研究主题,再加上严谨的研究方法,使得人们对性激素的认识不再是支离破碎的、孤立的、不完整的了。应该引起注意的是,由性激素研究引出的前列腺素的发现和对它的研究,更是开辟了灿烂的前景,在临床应用上有不可低估的作用。由性激素所引起的研究课题,也有多项在不同时期获得了诺贝尔奖。

自从英国的贝利斯和斯塔林提出激素概念并很快被人们接受后,开始了一个寻找激素的热潮。激素到底存在于什么部位呢?那时对内分泌腺的概念还不太明确,一切都在探寻之中。最初,人们猜测激素存在的部位除了有胰岛和肾上腺之外,再就是性腺了。

对性激素方面的研究可以说是一个古老的话题。

早在11世纪,我国北宋的一位非常著名的人物沈括,在一本书中曾记录从人尿中提取性腺活性物质——秋石。这种物质不仅可以壮阳,而且还有药物作用,比如治疗哮喘、眩晕、腹胀等,被有些人认为是人类最早的性激素制品。也有人持怀疑态度,认为按书中记录的操作步骤,实验不能重复,提取性激素的可能性不大,在科学研究中不可重复的实验是不被认可的。

对于这些争论不必追究。还有大量的记载也证明了性激素的重要作用。阉割后的症状也很早在农业史上观察到了,阉牛与公牛之间、阉马与公马之间、阉鸡与公鸡之间,乃至阉人与男人之间,差异太明显了。

1889年,一位当时很有影响的人物写了一篇论文,主题是提取到男性睾丸中含有的活性物质,这种物质可以刺激增加体力;如果把动物的睾丸提取液注射给男人,还有返老还童的功效。鉴于此人在科学界的威望,这篇论文引起了人们的重视,但其内容的真实性仍令人怀疑。

到了1913年,相继有几位医生进行了睾丸移植等操作。将人或动物的睾丸移植给病人,用于治疗那些老年哮喘、男性功能低下、癫痫、结核病等病症。这样,性腺中含有重要活性物质的地位确立起来了,下面该是提取这种活性物质了。在此后的二十多年里,对性腺激素的研究很多。

在20世纪20年代,美国的科克在实验室中从公牛的睾丸里提取了一种物质,把这种物质注射到阉鸡体内,原本消失了的性征重新出现了。最突出的表现,就是原来萎缩了的鸡冠长得很大。

现在人们对性激素的认识是:性激素是一类促进性腺发育和第二性征出现的激素。具体而言,雄性激素(睾丸酮)由睾丸产生,促进雄性器官成熟并且还有刺激胡须生长、蛋白质合成、促进肌肉发达、喉结增大、声带增厚的作用,正是由于雄性激素的作用,才使得男性肌肉发达、体格健壮、发音低沉。而女性在青春期后皮下脂肪增厚、乳腺腺管增生、出现月经周期则是雌激素的作用结果。

1929年,德国化学家阿道夫·布泰南特(Adotf Butenandt, 1903—1995)首次发现并成功地从女性性腺中提取出了雌性激素——雌素酮,第一个获取了性激素的成分。1931年,他又从15000升的警察尿液中分离出15毫克的雄激素(雄酮)的结晶。随后的研究又证明,睾丸中含有的雄性征因素(即睾酮)的效力,比尿中含有的作用还要强。很快布泰南特又确定了几种雄激素的分子结构,并完成了对雌性激素的分离和结构的确立工作。由于布泰南特在性激素方面的研究,他获得了1939年诺贝尔化学奖。到此,自古以来人们对性激素的关注虽然画了一个圆满的句号,但人们对此的探究并未因此停止。

1966年的诺贝尔生理学或医学奖的获奖者中有一位美国的外科医生,他的名

巅峰之旅

字叫查尔斯·布伦顿·哈金斯（Charles Brenton Huggins, 1901—1997）。他获奖的主要工作是发现用性激素治疗前列腺癌的方法。这项工作的重要性，不妨引用一段与他同年分享诺贝尔生理学或医学奖获得者、美国著名的癌病毒学家佩顿·劳斯（Peyton Rous, 1879—1970）的话："这（种治疗方法）发现的重要性远远超过其临床应用，因为它意味着，人们由于以为肿瘤是'无法无天'的，所以癌症的研究思想和努力已被引上了歧途。哈金斯的工作第一次打破了恶性肿瘤不能被征服的迷信，使人们认识到癌症的生长和扩散会与体内的激素有很大的依赖关系，并利用内分泌方法控制癌症的发展，这对人类征服这种不治之症是一个福音。"

▲ 查尔斯·布伦顿·哈金斯，美国著名医师，获 1966 年诺贝尔生理学或医学奖。

性激素的发现和分离，无疑给了科学家们很大的鼓舞和鞭策，也给这方面的研究提供了一个更广泛的空间。哈金斯也正是在这时候开始从事内分泌研究工作的。

哈金斯开始用狗做实验。他发现，如果把狗的睾丸切除，那么作为雄性生殖系统的附属腺体，狗的前列腺就会萎缩，其分泌也会停止。如果再去给这些狗注射睾丸酮，则前列腺的萎缩现象会有好转。一旦停药，前列腺又恢复到萎缩状态。哈金斯设计的这个实验，证明了雄性激素睾丸酮与前列腺的发育有密切的联系。由此，哈金斯设想出用性激素来控制前列腺的一种严重病症——前列腺癌的可能性。

膀胱属排泄系统储存尿液的结构，当膀胱内的尿液达到一定容量后，通过神经系统的活动产生排尿反射，尿液离开膀胱通过尿道排出体外，在男性中，恰在膀胱的"出口"下方，包绕在男性尿道的起始部，有一个底朝上、尖朝下有如粟子一样的结构——前列腺。

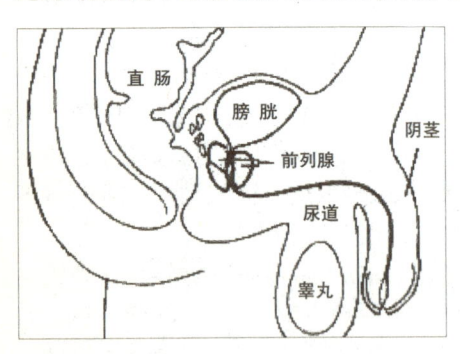

▲ 前列腺结构及与其他器官的相对位置。

尽管在此之前用激素来治疗疾病，如用甲状腺激素来治疗甲状腺功能低下，用胰岛素来治疗糖尿病已经成为事实，而用激素来达到治疗不治之症的目的，在当时看来这种想法是很大胆的，是前人没有做过的。

在用狗做了前期实验并得到令人满意的成果后，哈金斯决定在临床上做试验性治疗。在搞清了前列腺会受到性激素影响的事实后,哈金斯经过周密的研究和调查,决定采用雌激素来治疗前列腺癌。

1941年,哈金斯首次对一些晚期前列腺癌症的患者进行了切除睾丸以减少雄激素作用的手术,或注射雌激素来对抗雄激素的作用,或两种手段一起使用。结果与在实验动物身上所做的实验结果一致,治疗的有效率达到了60%~80%。应用于临床上,使那些原本被癌症折磨得痛苦不堪、濒于死亡的患者,病症大为减轻,肿瘤明显消失,生存时间大大地延长了。直到今日,前列腺癌的治疗仍采用激素和放射疗法并行。

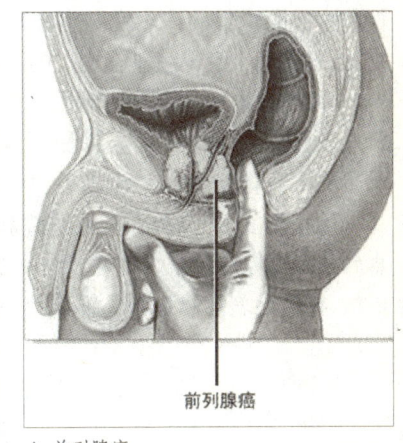

▲ 前列腺癌。

其实哈金斯在治疗前列腺癌方面取得的成功,是利用了激素的生理特性。激素的特性之一是专一性——作用于某些特定的靶细胞上;其二是量小作用大——在血液中的激素浓度非常低,但在动物体内起到不可忽视的作用;其三是激素之间具有相互作用——多种激素在体内执行功能不是相互孤立的,具有相互的作用,或是拮抗作用,或是促进作用,或协同作用。举个例子,在胰岛中分泌的胰岛素的生理作用是降低血糖,而同样是胰岛产生的胰高血糖素的主要生理作用是升高血糖;降钙素,顾名思义是降低血钙浓度,而甲状旁腺素则是升高血钙;孕激素和雌激素巧妙配合,两者协同作用实现女性的月经周期和生殖过程……

哈金斯正是通过生物化学分析,先是明确了前列腺具有的调节男性性征的功能,与雄激素以及雌激素对其抑制的效应,最终才确定了在临床上应用激素抑制前列腺癌的生长。

有了足够的理论依据和令人振奋的临床实验,照此思路,哈金斯又对乳腺癌等病症用内分泌疗法进行摸索性治疗研究。

由于哈金斯在治疗癌症上发明和使用了疗效很好的方法,引起了医学界和科学界的广泛关注。他的工作在医学界开辟了一个新的领域,被人们称作"内分泌疗法"。对哈金斯的工作,诺贝尔生理学或医学奖评选委员会作了这样的评价:"(哈金斯)在实验动物内正常细胞和新生物细胞对激素的依赖性方面作出的许多基本发现,以及它们被立即用在临床上以治疗前列腺癌病人和乳腺癌病人,这些都

巅峰之旅

使整个文明世界的许多晚期癌症病人过上了积极有为的生活——如果采用其他疗法,这些病人会早就不在人世的。"

在哈金斯之后,其他学者受到启发,又相继发现甲状腺癌、淋巴肉瘤、白血病、肾癌、子宫内膜癌、精囊癌等恶性肿瘤,采用内分泌疗法也有积极的作用。由此开始了临床上对上述病症所施行的化学疗法。

治疗癌症的方法,人类经过摸索已经取得了很大的成绩,而且努力还在继续,直到完全攻克这种被人们称之为不治之症的病症。这里面有许多人的辛勤工作和成就,在他们之中就有哈金斯。

一种名不副实的激素

1982年,诺贝尔生理学或医学奖由三个人分享。他们是:瑞典的苏纳·伯格斯特龙(Sune Bergstrom,1916—2004)、瑞典的本特·L.萨米尔松(Bengt L. Samuelsson,1934—)和英国的约翰R.文(John R. Vane,1927—2004)。他们的工作都是与上一章提到的前列腺素有关。他们的研究使人们更清楚地认识前列腺素的作用,由此开始了对前列腺素进一步的研究。

▲ 苏纳·伯格斯特龙,瑞典著名生化学家,获1982年诺贝尔生理学或医学奖。

▲ 本特·L.萨米尔松,瑞典著名生化学家,获1982年诺贝尔生理学或医学奖。

▲ 约翰R.文,英国著名药理学家,获1982年诺贝尔生理学或医学奖。

现在这个领域的研究方兴未艾,人们越来越意识到这种物质对生命活动的重要作用,不仅作用于性腺,而且在心血管、血液、消化系统、生殖系统、神经系统、肾脏、呼吸系统、疼痛等方面都有不可低估的重要作用。由此也可以看出这三位诺贝尔奖得主研究成果的重要性了。

前列腺素的研究是从临床开始的。1930年,美国的两名产科医生致力于人工授精的工作。他们的方法是把取得的精液直接注入子宫内。这种做法的结果是,精液被排出来,很难达到受精的目的。为什么子宫会把精液排出来?是不是注入的精液对子宫有什么作用呢?为了探究这一点,他们把新鲜的精液涂抹在手术切除的

巅峰之旅

子宫内壁上，发现这时的子宫会出现非常明显的收缩和舒张的现象。产科医生描述的现象引起了科学家的注意，其中一位就是前面谈到的奥伊勒。

奥伊勒着手重复研究上述现象，并从精液中提取了一种活性物质。他发现这种物质不仅可以引起子宫平滑肌收缩，而且把这种物质注入人体还有降低血压的作用。

这种物质的存在是肯定的了，该为它起一个名字了。奥伊勒认为从精液中提取到的这种物质来自于前列腺，所以就取名为前列腺素。

后来的研究表明，所谓的前列腺素并非来自于前列腺，而是产生于精囊。不仅如此，全身各处的组织、细胞也可产生。但前列腺素这一名称既然已经传播很广泛了，就一直沿用到现在。

前列腺素是一组局部激素，所谓局部激素，是指这类物质自释放发挥作用到分解之间的时间很短暂，作用的时间只有几十秒，在血液循环中行进的距离就不会很长，故只能在局部发挥作用。按其结构可以将前列腺素分为A、B、C、D、E、F、G、H、I等类型，它对附近的细胞活动发挥调节作用。这类激素的作用极其复杂，不同的类型对不同的组织和细胞可以呈现不同的作用。

在发现并命名了前列腺素后，奥伊勒决定分离和纯化这种物质。因为前列腺素在器官和组织中的含量特别少，用当时的手段可以说很难分离和纯化，奥伊勒的工作进行得很缓慢。直到1947年，伯格斯特龙加入了这项工作，并以其才华和进取精神赢得了奥伊勒的信任。他把提取和纯化前列腺素的工作交给伯格斯特龙后，自己转入了另外一个工作领域，也是他获诺贝尔奖的研究之中。而伯格斯特龙对前列腺素的研究持续了35年之久。

分离和提纯前列腺素是一项十分复杂、摸不到头绪却又很艰苦的工作。开始的时候，伯格斯特龙花了近十年的时间，到北半球的许多国家去大量收集羊的精囊，终于在1957年从绵羊的精囊中分离出两种前列腺素，即前列腺素E和前列腺素F，并成功提纯获得了晶体。

正在伯格斯特龙乘胜继续研究时，他的实验室来了一位刚刚毕业的博士生，名字叫萨米尔松。做过伯格斯特龙学生的萨米尔松，对老师的工作非常感兴趣。这位生物化学和医学的双料博士，和老师一起在前列腺素的研究领域取得了重大的成绩，携手登上了领奖台。

有了前面的经验和应用刚刚出现的一些新技术，研究进展顺利多了。到了1964年，师生一起又从精囊中纯化、分离出了6种前列腺素，还确定了它们的化学结构。同时,他们的研究还表明,合成前列腺素需要一种不饱和的脂肪酸。

在研究了前列腺素的代谢之后,萨米尔松又找到了在体内能使前列腺素失去作用的原因,系一种酶的存在。由此出发,药物化学家就可以有把握地研制出那些前列腺素衍生物的药品,达到临床治疗的目的。

与此同时,在英国还有一位致力于前列腺素药理作用研究的人,他的名字叫文。药理学家文从小就很热爱实验操作,他的这种爱好,给他后来的工作带来了很大的便利。他取得的巨大成绩,在很大程度上可归功于他研制出的"表面灌注法"。这是一套快速、灵敏的测试前列腺素的方法,使研究实验能很容易地追寻到前列腺素在体内的踪迹。有了这种方法,文的工作得以顺利地开展。

阿司匹林自发现以来,在近百年中一直是医生的"万金油"。这种药物能够镇痛、消炎、解热。以前医生们尽管在用,但都很盲目,因为并不知道它的药理作用。

文的研究工作,解开了这个谜。

文的重大发现是,阿司匹林这一类抗炎药在体内可抑制前列腺素的生物合成,并提出这是此类药物作用的机理。这是前列腺素研究史上的一个里程碑,使得人们对前列腺素的了解又前进了一大步。举个简单的例子,前列腺素是一种致痛物质,由于炎症等原因,细胞内的前列腺素从破损的细胞中释放出来后,可以直接作用于感觉神经末梢,也就是神经反射的感受器,经过神经系统的感觉神经传入到大脑就可以产生疼痛的感觉。阿司匹林之所以有镇痛的作用,就在于它可以抑制前列腺素这种活性物质的生物合成。

随后的几年,对前列腺素研究的速度大大加快了,也是收获甚丰的时期。其中重要的一项成就就是人们对身体如何控制血液凝固的机制有了进一步的了解。我们知道,血液在血管中流动时,是以液体形式存在的,一旦小血管破损,为了防止血液从破损处流失,机体自我防御的措施就是形成血凝块将破损处堵住,这种现象称之为血液凝固。血液凝固的前提是血液中的血小板在血管损伤处黏着、聚集,而后在血小板的参与下,原血浆中可溶性的纤维蛋白原转变成细丝状的纤维蛋白。这种纤维蛋白彼此交织成网,将血细胞网罗在其中,这样就会形成一个栓子堵在血管破损处。这种情况在破损的血管处发生,也可以在完好的血管中发生,因为对血小板聚集的刺激是血管内膜的损伤。动脉粥样硬化可以造成血管内膜的反复损伤,也同样可

▲ 血液凝固的电子显微镜图。

巅峰之旅

以导致血小板在此黏着和聚集,进而导致血栓形成。如果一个非破损的血管也形成了血栓,非但没有积极作用,反而会带来麻烦。因为血栓会随血流流动,极有可能卡在某处,造成血流的阻塞,所涉及的组织细胞就会因缺少营养等的供应而造成麻烦。严重者会使神经系统损害,甚至会危及生命。文和萨米尔松的重要贡献之一就在于,他们分别发现了有一种前列腺素会抑制血小板的黏着和聚集。文把这种物质取名为前列环素,也叫抗凝血腺素。

前列环素的发现,给临床的应用提供了广泛的前景。比如,人们研制出前列环素的衍生物,为治疗血栓提供了可能性。

前列腺素作为药物,在催产、流产和引产及避孕等方面都有所应用。由于前列腺素对维持身体正常功能的重要作用,人们对它的研究也更为深入,对医学和科学研究都有着广阔的前景。这一切就是从上述三位诺贝尔奖得主开始的。

一个维持生命存在的重要腺体

1950年的诺贝尔生理学或医学奖是三个人分享的,以表彰他们在肾上腺皮质激素的提取、结构分析和应用上的贡献。他们是美国人爱德华·卡尔文·肯德尔（Edward Calvin Kendall, 1886—1972）、瑞士人塔迪斯·赖希施泰因（Tadeus Reichstein, 1897—1996）和美国人菲利浦·肖瓦尔特·亨奇（Philip Showalter Hench, 1896—1965）。

▲ 爱德华·卡尔文·肯德尔,美国著名生物化学家,获1950年诺贝尔生理学或医学奖。

▲ 塔迪斯·赖希施泰因,瑞士著名生物化学家,获1950年诺贝尔生理学或医学奖。

▲ 菲利浦·肖瓦尔特·亨奇,美国著名内科医师,获1950年诺贝尔生理学或医学奖。

有趣的是,这三个人的工作是相对独立而又互相联系的。由于他们的工作,使得人类对肾上腺皮质激素的认识大大提高,并使其在临床上得到了广泛的应用,使无数人患的顽症得到根本的治疗。

在人体左右两个肾脏的上方,各有一个如同杏仁大小的粉红色腺体,像个小帽子扣在肾脏上方,这个腺体叫做肾上腺。人们很早就注意到肾上腺对人体具有非常重要的作用。1849年,有一位叫阿狄森的人首先报道了当人体肾上腺损害而导致功能不足时,就会产生一系列的症状,严重的甚至会死亡。由此,人们就把这

巅峰之旅

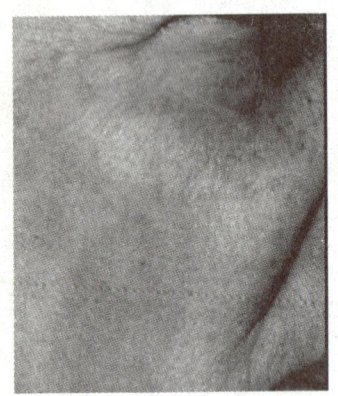

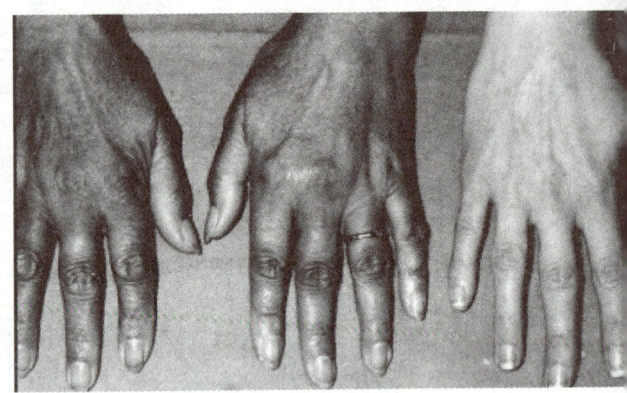

▲ 阿狄森氏病患者和正常人皮肤(右侧)比较。患者皮肤明显色深,是因为有过多的黑色素。

类疾病称之为"阿狄森氏病"。动物实验也表明,切除了肾上腺也会导致类似阿狄森氏病的症状。那么这个腺体到底存在着一些什么物质,通过什么机理而作用于人的呢?

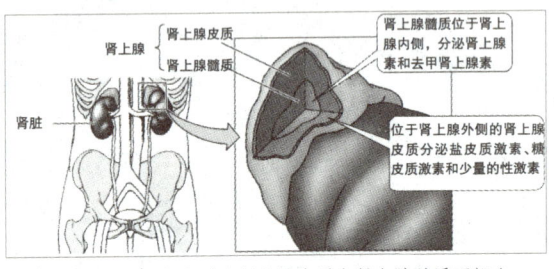

▲ 肾上腺的结构,肾上腺分肾上腺皮质和肾上腺髓质两部分。

后来人们又在这个小小的腺体上发现了两部分结构,包在腺体外面的叫肾上腺皮质,裹在里面的叫肾上腺髓质。皮质和髓质不仅结构不同,功能也各不相同。

比较肾上腺皮质与肾上腺髓质的功能,肾上腺皮质与生命的关系更为密切。去除实验动物双侧肾上腺皮质后,如不适当治疗,一两周内即死去。如仅去除肾上腺髓质,动物还可以存活较长时间。这就说明肾上腺皮质在维持生命方面更为重要。在确立了激素调节理论后,人们预测在肾上腺皮质中一定存在着未知的、维持生命的激素,并为它起名叫"皮质素"。

一个维持生命存在的重要腺体

从不同角度进行同一项研究

要研究肾上腺皮质的生理,首先的工作是提取、分析皮质素。在这个领域中,活跃着一位著名的人物,他的名字叫肯德尔。

肯德尔是一位很著名的人物,他曾多次获得过诺贝尔奖的提名。主要的工作领域涉及到前面所谈过的甲状腺激素的研究。继科歇尔发现甲状腺的重要作用之后,肯德尔成功地分离了甲状腺激素的有效成分,并进一步确定了甲状腺激素的组成。

在肯德尔提取甲状腺激素的结晶之前,尽管知道甲状腺含有重要的物质,但那时的治疗都是采用甲状腺提取液来完成的,这不仅使操作非常繁琐,效率也非常之低。肯德尔的研究成果使甲状腺素在临床上很快得到应用。使甲状腺功能低下的患者康复成为最大的可能。

尽管对甲状腺激素的研究使肯德尔获得了很大的荣誉,但他并没有就此满足,在激素研究的高潮中,他决定选择人们当时非常感兴趣却又无所建树的肾上腺皮质来研究。

肯德尔是位有欧洲血统的美国人。由于他儿时多病,记忆力差,曾被一些人当做弱智儿童来对待。肯德尔很清楚自己的弱点,加上顽强的毅力和决心,非常成功地完善了自己。在学生时代,他有过在三年之内连续获得学士、硕士和博士学位的记录。

在开展肾上腺皮质激素研究之初,有一篇文章引起了肯德尔的注意。这篇文章说,有一个人患了阿狄森氏病,全身皮肤呈黑褐色,生命垂危。医生将牛的肾上腺皮质的提取液注射到病人的体内,结果使病情大为减轻。这说明,肾上腺皮质提取液中含有治疗阿狄森氏病的有效成分。加上与肯德尔同一实验室工作的另一位科学家成功地从肾上腺皮质中提取了维生素 C,也给了他很大的鼓励。他决计要提取肾上腺皮质中的有效成分,也就是人们当时渴望得到的皮质素。

工作是很艰苦的,单是实验原料——用于提取皮质素的动物的肾上腺,肯德尔和他的研究组就用了将近 3 万公斤。结果也是可喜的,用了不太长的时间,他们就得到了从肾上腺皮质提取物中分离出来的皮质素结晶体。与当年肯德尔的甲状腺提取物结晶所不同的是,它不是一种物质的纯晶体,而是混合物。下面的工作就

巅峰之旅

该是提纯这些物质并加以分析了。这是更复杂的工作。

又经过几年的不懈努力，肯德尔终于从皮质素结晶体中分离出了6种激素。按英文字母排序命名为A、B、C、D、E和F。将这几种激素进行动物实验，结果表明，A、B、E、F表现出了激素的活性，对动物的生理活动有明显的影响。有的表现在对糖和蛋白质的代谢上，有的表现在水盐代谢上。这实在令人鼓舞。

随后，肯德尔研究小组又对这些激素的化学成分和结构进行了研究。他们终于得到了活性很高的4种激素的化学结构。这几种物质都属于类固醇类物质，化学结构很相似，都含有21个碳原子，1个双键，只是含有氧原子的数目和个数不同，也就决定了其生理作用不相同。

从研究阿狄森氏病入手，肯德尔对肾上腺皮质激素的研究取得了很高的成就。此项成果不是肯德尔独享的，还有一个与他不同国籍、不同实验室的人物，在此项研究上也同时取得了令人振奋的成果。他就是瑞士科学家赖希施泰因。

赖希施泰因是波兰人，小时候就随父母来到瑞士生活、读书。他在大学读的是化学工业专业，获得了有机化学的博士学位。他学的专业决定了他从事的工作主要与化学工程设计有关。

学业完成之后，赖希施泰因到一家工厂从事实践性较强的工作。他的工作很出色，总是能给工厂老板赚来可观的利润和声誉，他也由此获得了优厚的生活待遇。但赖希施泰因并不因此感到满足，他本身所具备的善于进行理论研究的长处和富于开拓的精神没有得到充分的发挥。根据自己的特点，他听从了师长和朋友的劝告，调整了工作轨迹，从实际的设计工作转向了基础科学的研究。1930年起，他到一所大学从事研究工作，成为著名化学家、诺贝尔化学奖获得者鲁齐卡 (Leopold Ruzicka, 1887—1976)的助手，继续进行他心爱的研究工作。

果然，在工作性质转变后的很短时间里，赖希施泰因就取得了惊人的成绩。1933年，赖希施泰因成功地完成了合成维生素C的工作。这在当时是一件了不起的大事，对医药工业和临床治疗有很大的积极作用。补充必要的维生素C，对人的健康很有好处。

从1934年开始，赖希施泰因决定开展类固醇的研究。到底从何处入手呢？正当面临选择这个课题的研究方法时，他有幸读到了肯德尔发表的关于肾上腺皮质激素及其化学性质鉴定的文章。他最后决定按照这已有的成功的路子走下去，继续进行肾上腺皮质激素的提取和研究。

赖希施泰因涉足这个领域是需要勇气和自信的。因为此时，肯德尔研究小组从事这方面的工作已经不少年头了,由分离激素、确定化学成分和生理性质转向了人工合成阶段,追寻临床应用的远景。可作为科学家,赖希施泰因的自信和勇气也是有根据的,他具备有机化学的专业素质和实践经验,更有科学家所具备的聪慧、果断和对所追求目标的执著。

果然,进入类固醇领域的研究之后,赖希施泰因每一步都很成功。凭着独特、周密的研究方法,他取得了当时其他研究小组望尘莫及的成绩:从肾上腺皮质中提取了26种肾上腺皮质激素。直到今天,肾上腺皮质激素也不过才分离出三十余种。也就是说,绝大部分肾上腺皮质激素的提取都是赖希施泰因完成的。不仅如此,赖希施泰因还确定了其中11种化合物的结构。他的成就远远超过了肯德尔。这个结果,除了要有艰苦和细致的工作态度外,还要有周密的设计思想和安排。可以这样想象,用1000公斤牛的肾上腺经过琐碎、单调的工作完成分离、提纯后,原先堆积成山的肾上腺也就剩下几克重了。接着还要把这几克的物质结晶,那26种激素就是从这已经微乎其微的结晶中提取的。赖希施泰因所设计的工作方法,不仅成功地提取了肾上腺皮质激素,而且现在已经成了各种有关实验室的常规操作技术。

赖希施泰因大跨步地追上了肯德尔他们的研究进程,还由此在合成和应用肾上腺皮质激素方面开始了竞赛。

巅峰之旅

一项与青霉素相媲美的发现

说到竞赛,就要谈及输赢。在肯德尔与赖希施泰因这场竞赛中,可以说是各有千秋。在合成方面赖希施泰因占的优势较大,而在研究成果的应用上肯德尔的建树要更大一些。

肯德尔非常重视提取激素的生理作用和药理作用。与赖希施泰因独特的提取方法相映生辉的是,他为病理化学开辟了探索的途径。他在这方面的工作非常著名,以致他的研究思想创建了一个人们称之为肯德尔的研究学派。后来这个学派发展到世界范围,在各医药实践与药物的研究机构中都发挥着重要的作用。在肾上腺皮质激素中,他对可的松临床应用的研究就是如此。

在肯德尔分离的6种激素中,有一种被命名为皮质激素 E 的激素,其作用引起了肯德尔的重视。与此同时,赖希施泰因也分离出一种命名为 Fa 的物质。后来证明,它们是同一种物质,确定为可的松。

可的松现在是临床上一种应用很广的药物,确立这种物质具有重要作用的人是肯德尔。与肯德尔协作、在实践上加以确定的则是1950年获奖的第三个人——亨奇。

与肯德尔一样,亨奇也是一位从北欧移民到美国的后裔。他大学获得的是文学学位,这与他后来所从事的工作完全不相干。当时正值第一次世界大战,面临着一种混乱的局面。此种形势下怎样选择自己今后的生活,的确是一件需要再三斟酌的事情。经过认真的考虑,亨奇决定学医,认为做一名医生才能直接给别人带来实际的帮助。

经过几年的努力,亨奇获得了医学博士学位,到了一家条件比较优越的医学研究机构从事新药的研究和试制工作。他研究的方向是治疗风湿病的药物。

风湿病,是一种与溶血性链球菌感染有关的变态反应性的全身性疾病,可导致心脏受损,患风湿性心脏病;也可导致神经受损患舞蹈症。在临床上最多的还是风湿性关节炎。风湿性关节炎的最大临床表现为疼痛,这种疼痛从一个关节转至另一个关节,临床称为游走性疼痛。由于疼痛的折磨病人感到非常的痛苦,严重者导致运动受到限制,不得不卧床。当时对治疗风湿性关节炎没有什么好方法。

亨奇是一位非常严谨、认真的人,为了探讨风湿性关节炎的情况,他专门到临床医院去作这种病的调查研究。随着对风湿性关节炎患者的深入调查访谈,有一种现象引起了亨奇的注意:尽管当时治疗这种病的药物疗效实在不理想,但如果因风湿性关节炎而痛苦的患者又染上黄疸病,好像"不幸"又变成了"幸运"——关节炎的症状几乎消失了!是不是偶然的事件?亨奇在几年的时间内,搜集了16份既患风湿性关节炎又得了黄疸病的患者的病例,对其逐一进行认真的分析,结果发现这些患者无一例外地表现出了关节疼痛减轻,甚至完全消失。除此之外,当怀孕、全身麻醉、饥饿时,都会有类似的情况发生。这是什么原因呢?亨奇认为在正常人中存在一种未知物质,这种物质可以预防风湿病。在一个人患黄疸病或在怀孕等情况下,这种未知的物质会大量的释放,从而产生使风湿性关节炎症状减轻的结果。

寻找这种神秘物质就成了亨奇研究的主要方向。起初,根据临床观察,他考虑这种物质是在胆汁里,也可能与性激素有关。但将黄疸病人的血液输给风湿症患者,或让他们服用黄疸病人的胆汁,或服用性激素,都无多大的疗效。

此时,距亨奇开始研究治疗风湿病药物、寻找那种未知的物质已经有十几个年头了。他深知自己作为一名内科医生,应该做一些知识上的补充才能实现寻找未知物质的愿望。因此,除了进行研究和临床观察之外,亨奇还到欧洲著名的药物研究机构学习,钻研生理化学等基础学科。这些广泛而又厚实的知识,为亨奇后面的成功打下了坚实的基础。

亨奇当时工作的单位叫梅耶(Mayo)研究所,是美国一所著名的临床医学研究机构。这里集中了许多著名的医学研究专家。其中的一位就是前面谈到的肯德尔。

亨奇之所以能够获得诺贝尔奖,在很大程度上是接受了肯德尔的研究思想,也使肯德尔的研究向临床发展成为可能。如果说梅耶研究所是肯德尔学派大本营的话,那亨奇就是这个学派的重要支柱。肯德尔和亨奇是非常要好的朋友,这也给他们的工作带来了很多的便利。

1941年,也就是在亨奇从事寻找治疗风湿病未知药物的第11个年头,他从肯德尔那里听到了关于化合物E(可的松)的事情。亨奇在临床中对风湿性关节炎与黄疸病、妊娠的联系的研究也引起了肯德尔的极大兴趣。两人一拍即合,根据可的松的结构和特性,推断出存在着某种治疗关节炎的可能性。他们决定用可的松进行试验性治疗。

这项工作实际是在8年之后才开始在临床实施的。1948年,经过充分而细致的准备之后,亨奇首次对一位29岁患重症风湿性关节炎的女病人注射了可的松,并密切观察病人的情况。他发现这个病人接受这种物质后,效果出乎意料的好:关

巅峰之旅

节疼痛、肌肉僵直等现象都消失了。这个结果虽然令人鼓舞,但是还不够。作为科学家,他们又对5例患者用可的松治疗,这次实施过程更为严谨和细致。他们用不同的剂量、不同的疗程,并采用对照的步骤对病人进行治疗,结果还是证明了这种物质对治疗风湿性关节炎具有令人极其满意的效果。可的松对于风湿病的治疗效果被无可置疑地证实了。对于亨奇来讲,苦苦追寻了19年的未知物质终于找到了。对于肯德尔来讲则证实了他分离的激素在临床上的重要意义。他们的工作的共同意义就在于经过对激素的研究和临床作用的证实,使人们很快认识到了肾上腺皮质激素在生理和药理上的重要意义。

现代研究表明,肾上腺皮质激素对于生命的存在是不可缺少的。这些激素有的参与人体的水盐代谢,有的参与蛋白质、糖和脂肪的代谢。如果这些物质缺少,体内的代谢活动会有很大的障碍,造成紊乱,那生命也会面临很大的威胁。这也就是为什么阿狄森氏病会危及生命的原因。不仅如此,肾上腺皮质激素还有一个非常重要的作用,就是抵御人体面临的各种有害的刺激,具有抗炎、抗毒、抗过敏、抗休克的作用。这个作用最先就是由亨奇和肯德尔发现的。

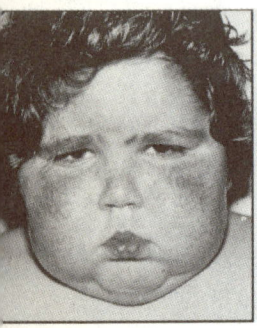

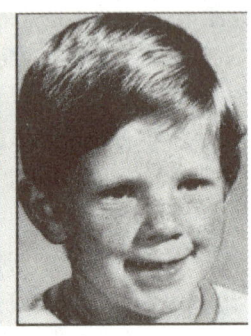

▲ 库氏综合征患儿治疗前后对比(左图为患病时,右图为治疗后)。

以亨奇和肯德尔用可的松治疗风湿性关节炎为起点,人类对于肾上腺皮质激素药物作用的研究发展很快,到现在,肾上腺皮质激素已成为临床上应用很广的药物,用于治疗各种疾病。单就可的松来说,口服的、注射的、涂抹的都有。人们还用它合成了各种药物激素,比如在医院药房常见的波尼松龙、波尼松、地塞米松和氟氢松等。这些人造激素比天然激素疗效更高,作用时间更长,副作用更小。比如,地塞米松的抗炎作用比可的松要大30倍,副作用却减少了10倍以上;氟氢松的抗炎作用较可的松大40倍。而人们在这个领域的研究还在继续。

可以说可的松的发现是人类历史上的一件大事,使有些长期困扰医生的疑难病症得到了治疗,使医药界的研究有了长足的发展,对患者的治疗更有效。肾上腺皮质激素的发现和对其作用的确立,在临床上挽救了无数人的生命,减轻了无数人的痛苦。这是一个可以与青霉素相媲美的发现。

使可的松扬名的契机

前面谈过,亨奇和肯德尔对于可的松的临床试验性治疗意向在 1941 年就确定了,具体的研究工作则到 1948 年才开始实施。时间拖得这么长,固然有不少因素存在,最重要的原因却在于他们当时根本无法实施这个计划,因为得到的可的松数量太少了。

当时,肾上腺皮质激素都来自牛的肾上腺,获得的量特别少,重量至多不过是原料的百万分之一。其工作之复杂、价格之高昂,导致肾上腺皮质激素不会有很大的实用价值,也由此决定了这类激素虽然被发现了,却仍默默无闻。肯德尔他们力图寻找其他途径,但由于需要的投入太大,他们无能为力。

恰在这时,第二次世界大战爆发了。各参战国不仅在军事和人员上投入了极大的力量,而且在后勤保障和对参战人员的体质研究上也有相应的投入。国家决策机构不惜投入大量经费,动用国内的优秀科研人员进行对作战有积极作用的研究工作。肾上腺皮质激素的合成研究和生产,就是在第二次世界大战中被推动起来的。

美国在未参战、处于准备阶段时听到一个情报,说德国人大力收购肾上腺,并制成提取液供飞行员使用,据说这样可以提高他们的体质,作战能力会大大增强。这个情报得到了美国军事指挥部门的重视。1941 年,他们正式向美国国家研究委员会提出了合成肾上腺皮质激素的要求。这是一项国家级规模的合成研究工作,有好几家大的制药公司加盟,研究经费不成问题了。目标是将肾上腺皮质激素转向工业化生产,为战争做理想的后勤供应。

从 1944 年起,肯德尔与合作的医药公司先后合成了皮质素 A。因这种物质在临床上没有什么意义,他们接着又合成与皮质素 A 结构相似的皮质素 E。其合成过程很复杂,一共需要 37 道工序。研究小组按照肯德尔提出的步骤,经过艰苦的努力,终于在 1946 年得到了可的松。尽管只有几毫克,但毕竟是成功了。在此基础之上,又经过不断的改进,到了 1948 年,皮质素 E 终于可以大量生产了。

紧接着,亨奇和肯德尔就进行了著名的皮质素 E 的临床试验性治疗,确定了这种物质的重要作用,将皮质素 E 正式定名为可的松。由于其神奇的治疗效果,生产和应用迅速扩展开来。

巅峰之旅

肯德尔借助国家的力量完成了合成肾上腺皮质激素的工作,并和亨奇一道乘胜完成了对可的松生理作用的研究。这也是使他们能够获奖的重要成就。

可的松的扬名是借助第二次世界大战国家的需要而促成的,这种说法并不全面。另外一个重要的原因是很多病人普遍感受到了这种物质的神奇效果,从心理上接纳了这种药物的治疗。这与肯德尔高尚的情操有关。

肯德尔成功合成可的松后,如果他要对自己的工作保守秘密或申请专利,肯定可以获取高额利润,名利双收。但是他没有这样做。他说:"我研究医药的唯一目的就是为人类解除痛苦。"肯德尔特别反对研究机构各自为政,为自己的成果保守秘密的做法,他认为这不利于科学的发展。他把自己合成可的松的方法公布于众,乐于让全世界范围的同仁们共同研究,不断改进。这也是肾上腺皮质激素药物在医药界发展较快的一个不可忽视的原因。由此,也可以看到作为一名科学家为人类造福的可贵品质。

肯德尔说过:真正有能力的学者,一定要把全部学识与智慧用于造福人类。这也是许多科学家的座右铭。人类之所以不断进步,与他们的工作和行为准则是分不开的。

找到根本

1971年的诺贝尔生理学或医学奖由一个人独自获得,这个现象是该奖项近十年都没有出现过的。获奖者是美国生理学教授厄尔·威尔伯·萨瑟兰(Earl Wilbur Sutherland, 1915—1974)。

萨瑟兰获奖的原因是由于他阐明了激素作用的原理。他的工作使人们对生命现象的眼界大大开阔了,使内分泌学从此建立在更为坚实的基础理论之上。激素作用原理的提出,还实现了内分泌学向自由王国跃进的一次突破,也标志着内分泌学一个新时代的开始。

萨瑟兰这项研究成果整整花去了他25年的精力和时间。

▲ 厄尔·威尔伯·萨瑟兰,美国著名生物化学家,获1971年诺贝尔生理学或医学奖。

巅峰之旅

一个可望不可即的问题

自20世纪初以来，人们对于激素的重要作用认识得越来越清晰，对各种内分泌腺分泌激素的提取、结构分析获得了很多成果，对激素控制人体功能、代谢方面的强大作用也已有了深刻的认识。激素，在临床中的应用也越来越广泛，对治疗一些病症起到了非常重要的作用。与这种热火朝天的情况不相称的是，对于激素究竟是如何发挥作用的人们还无从得知。这不仅对探求自然奥秘是一个障碍，而且由于对最本质的问题缺乏了解，实践应用也受到了一定的限制。这就好比人们有一匹非常棒的马，因无驾驭的方法，只能骑着它被动奔跑，不能向预定的目标自由地驰骋。可以想象，科学家们追求这个目标的心情是多么迫切。

萨瑟兰就是在这时从事激素作用机制研究工作的。

获得了圣·路易斯华盛顿大学医学博士学位的萨瑟兰，在第二次世界大战时曾参加战地医疗队。战争结束后，面临自己今后的选择时，他深知医学对人类的重要性，但是在做一名医生还是做一名研究人员之间他却犹豫不决。恰在此时，他遇到了著名的生物化学家、因发现糖原的催化转变过程而获得1947年诺贝尔生理学或医学奖的卡尔·费迪南·科里。在他的劝说下，萨瑟兰最后决定做一名科学研究工作者，就在科里夫妇的实验室里工作。

萨瑟兰研究的题目就是激素作用的原理。

激素作用的原理之所以成为当时比较难的问题，就是由于当时有一种比较流行的观念，认为激素是在细胞上发挥作用的，如果脱离了细胞的结构，进行研究是根本不可能的，而且当时对细胞结构的研究还处于初始阶段。要知道激素的作用原理，还要等搞清楚细胞的结构再说。

面对这种情况，萨瑟兰没有盲从。他根据自己所在实验室的条件和经验，制订了精细的研究计划，准备开始工作。

找出那种起关键作用的物质

萨瑟兰的工作从研究肾上腺素升高血糖的机制开始。

血液中的葡萄糖就叫血糖。血糖具有相当重要的作用,因为葡萄糖是为机体提供能量的重要物质,血液又是提供能量的途径,血糖在机体内要保持一定的浓度,不可过高,也不可过低。葡萄糖可变换成一种叫糖元的物质。糖元是一种由许多葡萄糖结合而成的支链多糖,它是糖的一种储存形式。糖元存在于肝脏中,就叫做肝糖元。如果把血糖比喻成口袋里的零花钱,那糖元就好比放在银行里的活期存款。血糖和肝糖元可以互换以保持正常的血糖浓度。血糖高了,可以变成肝糖元加以储存;一旦需要,肝糖元会重新转化成为葡萄糖进入血液,使血糖浓度升高。这个互换过程是在酶的作用下完成的。很显然,在机体有不同的需求时,不同的酶在起作用。如果不是这样,将肝糖元变成葡萄糖以使血糖浓度升高的酶和将血糖变成肝糖元以使血糖浓度降低的酶同时发挥作用,可就乱套了。

那是什么机制在控制酶的作用速度,并使血糖浓度恰到好处的呢?

当时人们都知道一种现象,即肾上腺素可以升高血糖。萨瑟兰就从肾上腺素的作用机制入手。

萨瑟兰面临的是一个又一个的连环套。

首先发现血糖浓度的增加与一种酶的活性有关,这种酶称为磷酸化酶。它有两种可以互换的形式,其中一种形式的存在可以降解肝糖元,使血糖浓度升高,称为活化型;另一种则不能,称为钝化型。活化型和钝化型,是可以互相转变的,是两种酶分别促成的。把活化型磷酸化酶转变成钝化型,是在一种称之为磷酸酯酶的作用下完成的。将钝化型转变成活化型,则是在一种激酶的作用下完成的。萨瑟兰还知道,从钝化型转变成活化型,其实就是分子结构上发生了一些小变化,即在钝化型的磷酸化酶上加上几个磷酸分子。此时提供磷酸分子的是一种大名鼎鼎的分子——三磷酸腺苷(ATP)。

萨瑟兰得出了一个结论:肝糖元的破坏与激酶的活化数量有关。

连环套的症结是在激酶的存在方式上。那么激酶的活化又是受什么因素控制的呢? 萨瑟兰决心要弄个究竟。

肾上腺素可以增加血糖浓度。也就是说,肾上腺素可以促进磷酸化酶的活化。

巅峰之旅

萨瑟兰开始研究肾上腺素使磷酸化酶活化的机制。

　　细胞分成细胞膜、细胞质和细胞核三大部分。磷酸化酶就在细胞质里。当把肾上腺素直接加到细胞质里后，磷酸化酶的活性并不增加，当作用到有细胞膜的细胞质时，才有了降低糖元、升高血糖的反应。也就是说，这个环节在细胞膜上。下面的工作该是把细胞膜上的那个环节找出来。

　　萨瑟兰让肾上腺素和细胞膜一起在适宜的温度下发生反应，然后再用高温将肾上腺素和膜上所有的酶都破坏掉。用这种精心处理后的成分再与磷酸化酶发生作用，结果，磷酸化酶的活性大大增加。也就是说，肾上腺素和细胞膜共同作用时，产生了一种能使磷酸化酶活化的因子，而且这种因子在高温下还有很高的稳定性。但这种因子存在的量非常之少，萨瑟兰无法对它进行鉴定，只能确定它是一种并不常见的核苷酸的小分子。

　　为了鉴定出这种核苷酸，萨瑟兰求助于一位核苷酸制备和鉴定权威。真是巧得很，正当这位权威接到萨瑟兰的求援时，他还收到另一封谈及此问题的信件。这个信息也是关于发现了一种未知核苷酸，所不同的是，这种未知的核苷酸是从 ATP 中获得的。凭着丰富的经验和敏锐的洞察力，这位权威意识到他谈到的未知核苷酸与萨瑟兰求教的可能就是同一种物质。

　　科学成果是共有的。收到了回信，又获知了制取的另一条途径及这种物质的性质和来源，萨瑟兰很快就确定了这种物质是环腺苷酸(cAMP)。不久就有人搞清了它的化学结构。这是一种环状核苷酸，在动物、植物和微生物中都存在，但量相当的少，仅是 ATP 存在量的千分之一。

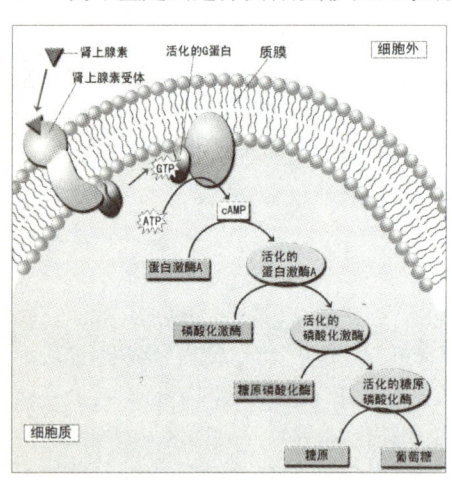

▲ 萨瑟兰的工作将连环套解开，弄清其中的脉络。肾上腺素信号作用于肝细胞受体后通过信号传导途径引起的逐级放大反应。

　　激素与体内化学反应之间原来相脱节的那个环节找到了。

脉络明确了

萨瑟兰是从1956年开始对激素作用的机制进行研究的，由于采取了既大胆又切实可行的研究策略，很快就得出了令人振奋的结果，找到了cAMP这种联结激素与细胞内化学反应的中介环节。这样，原来令人困惑的一些现象就有了解答。

具体地说，体内的血糖浓度为什么那么稳定，肝糖元和葡萄糖的转变为什么那么遵守"原则"，都是使其发生反应的酶的活性控制所致。这些酶的活性大小，就是由cAMP的作用而控制的。cAMP好比是一个信使，把机体需要何种调节的信息带到行使具体生物化学反应的部门，以此来控制其反应的速度和大小，也就是细胞内代谢、生理的特异性变化，从而达到整个机体的激素调节的目的。当然，整个机体需要调节的信息，是由激素带给行使功能的细胞的。具体到这个细胞要采用什么样的方式，则是cAMP的事情。因此激素被称之为"第一信使"。cAMP也有一个非常著名的别称——"第二信使"。

萨瑟兰从事激素作用机理的研究长达25年，形成了一个研究体系。他每年有很多论文发表，还有若干专著，另加一本专业杂志《环核苷酸进展》。每年还举办专门的国际会议。

在萨瑟兰的研究基础上，后人对激素作用机制的研究扩展到更广泛更深入的领域。

人们很早就提出在细胞中存在着一种称之为受体的结构，认为这种物质与其特定的受体结合就可以对化学反应起到加速、减缓的作用。萨瑟兰提出以cAMP为受体的第二信使概念，引起对受体研究的全面开展，使受体学说得到公认，受体

1. 激素与细胞膜上的相应的受体结合
2. 激素－受体复合物激素膜上相应的通道
3. 引发一系列的生物化学反应，从而完成生理功能

▲ 含氮类激素的作用机理。

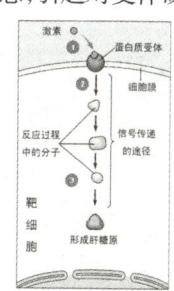

1. 类固醇激素通过细胞膜
2. 激素与细胞内的蛋白质受体结合
3. 激素－受体复合物进入细胞核，作用于特定的DNA
4. 激素－受体复合物与DNA结合，转录出有活性的RNA分子
5. 合成新的蛋白质

▲ 类固醇激素的作用机理。

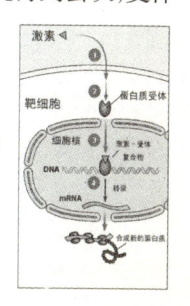

巅峰之旅

的研究也越来越引起人们的重视。

概括地说,激素可分为含氮类激素和类固醇激素两大类。含氮类激素的受体正如萨瑟兰研究的结果一样是在细胞膜上,而类固醇激素的受体则在细胞质内。因此,含氮类激素是不能进入细胞的,类固醇激素则要进入细胞。不管怎么说,激素都要与相应的特异性受体结合,引发细胞内的一系列反应过程。比如,含氮类激素就是在与受体结合后产生了 cAMP,进入细胞内作为一连串反应的开始,从而达到激素调节的目的。类固醇激素则另有一套方式,是激素与受体结合后在细胞核内作用于 DNA,引起合成蛋白质的基因发生启、闭的变化,从而产生不同的生理效果。

搞清了激素的作用机制,不仅使人们对激素的认识更深入了,而且对临床实践的应用也会更加广泛。

萨瑟兰的功绩的确是了不起的。

一个"外行"的获奖者

在众多的诺贝尔生理学或医学奖获得者中,有一位显得比较特殊。不仅因为获奖者是一位女性,还因为,虽然她所从事的专业既不属于医学范畴,也不属于生理学范畴,却对生理学和医学领域的研究和实践有着极大的贡献。她的名字叫罗莎琳·耶洛(Rosalyn Yalow, 1921—),1977年获奖。

▶ 罗莎琳·耶洛,美国著名医学放射学专家,获1977年诺贝尔生理学或医学奖。

巅峰之旅

八岁时就想长大当一名有成就的科学家

耶洛1921年出生在美国一个中下阶层的犹太人家庭。父母读书不多,对耶洛的希望也不高,觉得女孩子能做一名小学教师就心满意足了。偏偏耶洛是一个有远大志向的人。她在获奖后的一次记者采访中回忆道:"8岁时,我就想长大当一名有成就的科学家……我还知道要结婚,并且会有孩子。"

一个普通家庭的女孩子会有如此大的志向,而且后来还实现了,这里面固然有很多原因,但从耶洛个人方面看,有几个因素是很重要的。其一,她从小就非常爱读书。据说在进幼儿园之前,她就一本正经地端坐在椅子上阅读。读书使她感到知识的魅力,从而使她对科学有一种由衷的喜爱。其二,耶洛是一个很有主见的人,凡事都有自己的见解,这种独立的性格使她在后来的研究工作中独具一格,闯出了一条前人没有走过的路。其三,在20世纪30年代后期,正处于大学时代的耶洛读了一本《居里夫人传》。这本书对她产生了很大的影响。同为女性,居里夫人的顽强精神和辉煌成就使耶洛激动不已。耶洛不但确定了自己所选择的方向——物理学,还以居里夫人的行为作为自己人生的榜样。

中学毕业后,耶洛进入大学继续学习。当时正值物理学领域有件重大事件发生,即核裂变的发现。发现者是一位著名的物理学家费米(Enrico Fermi,1901—1954),他是一位美籍意大利物理学家,因为这一发现,其获得了1938年的诺贝尔物理学奖。耶洛专门去听过费米关于核裂变的讲座被这个题目迷住了,决心选择核物理学作为自己今后所从事的研究工作。

大学毕业了,按说在当时的女性中这是为数不多的。耶洛并不满足,说服了对她期望不高的父母继续她的学业。

由于人们的偏见,耶洛如果再想读研究生是非常困难的。耶洛毕业时正值美国经济萧条时期,要想申请到读书的奖学金本来就不容易,偏偏耶洛又是一名女性,一位犹太人。因此,想以助学金的方式解决学费问题是不可能的。但这盆冷水并没有浇灭耶洛的理想,她想选择半工半读的途径来读书。耶洛的老师帮她找到了一份给一位生物化学教授做秘书工作。尽管所得的报酬可以帮她完成研究生学业,所付出的代价却是不小的:每天得花半天去工作,还要掌握打字和速记的本领。此时的耶洛虽然要去工作,要去商业学校学速记,但是毕竟可以实现当研究生继续深造的愿望了。

好像是对耶洛自信心和勇气的回报,她又收到了一份伊利诺伊大学工程学院助教的聘书。耶洛的秘书工作告一个段落,高兴地到新岗位去了。

在伊利诺伊大学工程学院,耶洛主管一个设备不太优良的光学实验室。在第一次参加这所学院的集会上,耶洛发现自己是唯一的女性,而且还是创院以来第一位在此就职的妇女。

作为女性,除了人为的偏见之外,还要克服不少困难。从一个一般的大学步入这样一所水平较高的学府,耶洛发现自己的学识水平和成绩与男生有差距。她又凭着勇气和自信去克服各种困难,不断提高自己的学识。

研究生时的耶洛非常刻苦。她当时的主要任务是助教,每天有半天时间指导新生的物理学课程。工作之外,她给自己制订了一套严格的学习计划,除了必修课,她还增加了三门研究生课,又选修了两门大学课程。可以想象,耶洛的课程安排得很满。由于自己的信念,耶洛性格活泼、热情,不但在学业上不断进步,而且还赢得了爱情,与同样在攻读博士学位的犹太后裔艾伦·耶洛结识、相恋、结婚。

1945年,耶洛成为伊利诺伊大学物理系第一位女博士。

获得学位后,耶洛暂时告别丈夫回到纽约,在电信学协会实验室获得了助理工程师的职位。她又是那里唯一的女工程师。但那里的工作不是耶洛所理想的,她还要等待机会。

那时正值第二次世界大战结束,有许多临床病症的诊断和治疗面临新问题。核物理学家费米建立了世界上第一个核反应堆,使本来昂贵的放射性同位素制取成本大大降低,放射性同位素的应用也扩展到了医学领域。这个领域的研究形成了医学界的一个新名词:核医学。

做了一年的女工程师后,耶洛又回母校担任物理学讲师。此间她还兼任退伍军人管理局所属的布朗克斯医院的核医学顾问,帮助医院建立放射性同位素机构。

到了1950年,耶洛干脆辞掉了母校的教学工作,全身心地投入到布朗克斯医院的放射性同位素的研究。就在这时,她所在的实验室来了一位非常重要的人物,他的名字叫伯森(Solomon A. Berson),从此他们开始了长期的富有成效的合作。

伯森是一位医学博士,而耶洛是学物理出身,他们在工作上是非常理想的合作伙伴,使物理学和医学达到一种完美的结合。耶洛在谈到与伯森的合作时说:"那是一个伟大的合作。在工作中,我们互相取长补短,他需要我这个物理学家,我

巅峰之旅

需要他这个医学家。"伯森则认为,他与耶洛的合作"使人心情舒畅"。也正是这样的合作,他们在核医学技术上创造了一种发明。这项发明被认为是第二次世界大战后基础研究在临床医学中最重要的应用。

耶洛和伯森的合作长达22年之久。

人体内胰岛素的含量可以测定了

  利用放射性来检测人体内从烟碱到病毒等许许多多不同种类的微量物质的技术,在医学上称为放射免疫测定(radioimmunoassay)。虽然这一技术的名称读起来拗口,它的原理却很简单。举个例子,遗传学研究工作中常用的实验材料是果蝇,从眼睛的颜色上可以将果蝇分成红眼果蝇和白眼果蝇,如果你拿到一个充满果蝇的瓶子,想知道里面有多少只果蝇的话,最先想到的做法就是一个一个的数,但这个做法对于个体微小数量又多的果蝇而言,太不切合实际了。如果你用一种数学方法,一个坛子的一定区域内数到 6 只白眼果蝇,而且你知道白眼的发生率是千分之一的话,那你就可以得出坛子里有 6 千只果蝇的结论。放射免疫测定数就是利用这样的原理,只不过测定的是分子,而不是果蝇;测量的是放射性,而不是眼睛的颜色。

  激素的特点之一,就是在血液中的含量非常非常低,以至于当时人们确立了激素在人体中的重要地位很久之后,激素的含量到底多少才算正常仍是一个无法确定的问题。

  耶洛和伯森的工作就从测定血液中胰岛素的含量开始。

  这个问题有很重要的实际意义,因为当时美国患糖尿病的人达 1000 万。由于胰岛素的作用是降低血糖,人们理所当然地认为糖尿病的病因是血中的胰岛素过低,所以血糖浓度才高,超过了一定的限度,尿中就出现了糖。

  由于技术原因,谁也没有测过血液中胰岛素的浓度到底是多少。

  胰岛素含量不确立,就无法对糖尿病的原因作出明确的解释。拿不到实验证据,只能用假说来加以解释。耶洛和伯森有一位同事叫亚瑟·默斯基,他对糖尿病的病因提出了这样一个假说:成年糖尿病人体内的胰岛素少,是因为被肝脏产生的胰岛素酶给破坏了。

  耶洛和伯森的工作首先从验证默斯基的假说开始。

  他们采用的是同位素技术。

  原子序数(质子数)相同而质量数(中子数)不同的原子互为同位素。互为同位素的物质的化学性质是相同的。自然界中的元素基本上是以稳定的形式存在的,但可以通过核裂变的方式得到一些不稳定的同位素,其表现就是具有放射性,故

巅峰之旅

称为放射性同位素。这种同位素可以示踪,即可以用这些放射性同位素标记所研究的物质,再跟踪这些物质放射性的变化达到测其含量的目的。

具体到耶洛和伯森的工作,就是把放射性的碘标记的胰岛素注射到糖尿病人和正常人的静脉里,再观察所标记的胰岛素在体内消失的速度。

如果假说成立的话,糖尿病人体内缺少胰岛素,那他们体内所标记的胰岛素应该比正常人消失快。可结果恰恰相反:相当一部分糖尿病患者体内标记的胰岛素保持了较长的时间。这是怎么回事呢?在进一步研究中,有这样一种现象引起了他们的注意:凡是保存标记胰岛素长久的糖尿病患者,都曾用胰岛素做过治疗,而这些胰岛素都取自非人类,基本是从牛和猪体内提取的。他们用实验证明了胰岛素在体内保持时间的长短与糖尿病本身无关,而决定于是否曾注射过非人类的胰岛素。

耶洛和伯森的实验结果又指出了一条继续走下去的路。既然与注射外源胰岛素有关,那就很容易使人想到免疫反应的问题,即一种抗原(外源胰岛素)使机体本身产生了相应的抗体,抗原与抗体结合,虽然胰岛素是存在的,但失去了作用。耶洛和伯森的这种结论在当时引起了不小的反响,因为当时的权威认为胰岛素分子太小,不能诱发相应的抗体。专家们甚至认为他们的观点是不能接受的,此方面的论文也被学术杂志打回来,原因是提到了莫须有的胰岛素抗体。

还要有更确凿的证据才行,耶洛和伯森决定按照自己的思路继续做下去——找到胰岛素抗体。

他们的方法是这样的:用放射性碘标记胰岛素,还用免疫学的方法提取了胰岛素的抗体。让所标记的胰岛素与其抗体结合后,再设法去除未曾结合的标记胰岛素。这样,等于抗体都带上了放射性胰岛素这个标记,有多少个标记胰岛素就有多少个抗体。抗体的量,只要用放射性计数器直接从结合的标记胰岛素中去数就行了。

胰岛素抗体的存在问题终于令人信服地得到学术界的承认,但耶洛和伯森的脚步还没有停止。

又有一个有趣的现象引起了耶洛和伯森的注意:如果确定胰岛素抗体全部与标记的放射性胰岛素结合,再加入无标记的胰岛素,过一段时间再将游离的胰岛素分离,恢复"一对一"的状况,分离的胰岛素中有原来已与抗体结合的有标记胰岛素。也就是说,原来占据抗体的标记胰岛素被后来的无标记胰岛素取代了。这说明标记胰岛素与无标记胰岛素彼此争着与胰岛素抗体结合。这在生理学中称之为

人体内胰岛素的含量可以测定了

"竞争性抑制"。加入无标记胰岛素越多,取代下来的标记胰岛素也就越多。他们可以精确地测算出,当抗体浓度固定时,标记胰岛素的量与后来取代天然胰岛素的量有一个非常固定的函数关系。有了这个函数关系,通过人为地固定抗体的浓度和标记胰岛素的浓度,就可以测定血样中胰岛素的数量。

放射性免疫分析方法诞生了。

人体内胰岛素的含量可以测定了

巅峰之旅

开拓生物学和医药学研究的新天地

1959年,利用放射性免疫分析方法,耶洛和伯森第一次精确地测定了人体血浆中胰岛素的浓度,从当时的实际意义上证实了成年糖尿病人血浆中胰岛素并不缺少,只因与胰岛素抗体结合而丧失了降低血糖的功能,从而有说服力地对一种糖尿病的病因作出了解释。但耶洛他们为得出这种解释而发明的放射性免疫分析法,却远远超出了这个领域。

放射性免疫分析法,是现代内分泌学进展的一个里程碑。诺贝尔奖评选委员会认为,耶洛的放射性免疫分析法"开拓了生物学和医药学研究的新天地"。在这种方法发明之前,虽然内分泌学有了很大的进展,激素的测量技术仍然是比较落后的,血中或组织中各种激素的测定方法,操作复杂又不准确。放射性免疫分析法不但简化了激素测定的方法,而且精确性也大大提高,一下子达到10^{-9}克,甚至10^{-12}克这种超微量的水平。这个量到底有多少,作个形象的比喻就知道了:假如一个长100公里,宽100公里,深9米的湖中放一匙糖,糖的浓度都可以测试出来。这大大加速了内分泌学研究和应用的进程,是内分泌研究的强有力的武器。由于有了放射性免疫分析法,标志着内分泌学进入了一个飞跃发展的新时代:后面将提到的沙利对下丘脑神经内分泌的研究,就是应用了放射性免疫分析方法得出的重要成果;20世纪60年代,耶洛用放射性免疫分析法测定儿童血液中生长激素的含量,并根据其含量的多少预测儿童患侏儒症或巨人症的可能性;到20世纪60年代后期,放射性免疫分析法已成为美国内分泌实验室中的重要工具。

发展到现在,放射性免疫分析法已经十分普及,我国市级以上医院均已建立放射性免疫分析试验设备,在发达国家更是普遍用作医院的常用检验手段。比起当年耶洛发明的具体操作过程,今天也已高度自动化。一个测定仪器,采用自动换样,自动计数,由电子计算机控制整个分析系统,一天就可完成1000个以上的样品分析。不仅快,而且可以同时进行多种物质的分析。

三十多年来,放射性免疫分析技术不再限于内分泌学领域,在心血管学、消化道系统、免疫学、血液学、药理学、法医学和肿瘤等各个医学科学领域也都有所应用。奥运会等大型体育竞赛也采用这种技术测量运动员是否使用兴奋剂。

在放射性免疫分析法的基础上,又发展了多种更灵敏、更简便、更快速的方法,研究和应用都更加便利、准确,人类获得了崭新的研究手段。因为发明了放射性免疫分析法,耶洛荣获1977年的诺贝尔生理学或医学奖。令人遗憾的是,伯森于1972年因心脏病突发去世。对于伯森的去世,耶洛非常悲痛。在诺贝尔奖领奖台上,她在不长的发言中一再提到伯森的名字,强调这个成就是他们两人共同的成果。此后,无论何时提到放射性免疫分析法,她总是把自己的名字和伯森排列在一起。

在谈到耶洛和伯森的成就时,还有两件事应该引起人们的注意:

一是放射性免疫分析法作为一项发明,是可以申请专利的。光是制药商根据他们的发明制造的产品,就赚了几亿美元。但耶洛和伯森放弃了这个机会。耶洛有她自己的见解:"我们从未要过专利。科学家们在从事他们的科学事业时,是不考虑专利的。他们的发明与发现一旦公之于世,就是属于人类的。"从这一点可以说明,耶洛他们具有作为科学家的良心和道德标准。毫无疑问,正是耶洛他们放弃了专利,才会使放射性免疫分析法应用如此广泛,发展如此迅速。另外,对于放弃专利的原因,耶洛还出于一个科学家对科学研究的公正性和客观性的追求。她说:"我不怀疑,如果我需要,我会成为任何制药公司的顾问,但是我不干。因为作为他们的雇员,将失掉我发表有关使用放射性免疫分析法政策性意见的自由。"

二是耶洛在20世纪90年代初曾来我国访问,在参观了上海生物化学研究所后,说过一段令人深思的话:"我看过你们的几个单位,设备之讲究,可算是世界上不多见的,但这些是用钱可以买到的。只要有钱,搞一两个头等装备的实验室一点也不难。但是人呢?这就不一样了。你们现在通过考试选拔人才,这是好的。可是能够交出一份漂亮答卷的,却不等于他有思想。人的思想是最为宝贵的,最好的工作要靠最好的思想。"

短短几句话,道理却是十分深奥,而且耶洛自己工作的历程也对上面的话做出了最好的诠释。

巅峰之旅

"世界再也无法承担女性才能的损失了"

耶洛是第二位诺贝尔生理学或医学奖的女性获得者。作为女性科学家,尤其是卓有成就的女性科学家,耶洛呼吁科学家应该重视女性在创造世界文明中所应起的作用。

耶洛在她获诺贝尔奖时说:"我们依然生活在这样的世界上,即大部分人(包括妇女)还认为妇女只应属于家庭,一个妇女不应该追求比男人更大的成就,尤其是不应超过自己的丈夫。我们不能指望在不久的将来,所有决心寻求'机会均等'的妇女,都能达到自己的目标,但是,我们妇女必须开始向自己的目标迈进,我们必须相信自己,否则就没有人会相信我们;我们必须使我们的抱负与取得成功的能力、勇气和决心相匹配;必须意识到人人都有为后人开拓道路的责任。若要解决当今许多困扰我们的问题,世界决不能浪费它一半人口的才干。"耶洛还明确指出:"世界再也无法承担女性才能的损失了,因为女性占世界人口的一半。"

作为一名在以男性为主的领域中工作的女性,耶洛对妇女的地位和作用以及如何消除人们对女性的偏见和歧视,体会是很深刻的。在面临人们对女性不公正的态度时,她不是退让,而是勇敢地、努力地去做,让事实去消除人们的传统偏见。这也正是耶洛了不起的方面。举例来说,当耶洛经过努力成为伊利诺伊大学工程学院第一名女性职员时,某些人却认为她之所以能入选,是因为优秀的青年男性都上了战场所不得已而为之的下策;当耶洛经过努力使她的研究生课程三分之二达到了A等成绩后,有些人又以她个别实验成绩得的是"A⁻"而试图证明"妇女的实验工作能力很差";当耶洛的合作伙伴伯森不幸去世后,也有人预言,耶洛失去了研究的头脑,科学研究的生命也会就此完结……但事实证明了耶洛是优秀的,她是用自己的行为令人信服地感到:妇女也有杰出的才能,同样会创造出辉煌的成绩。

作为一个有成就的科学家,耶洛终于实现了自己小时就有的愿望。她是一步步、一点点、踏踏实实地干出来的。她由此感到了快活和乐趣。她说:"我必须更努力地工作,这正是我所追求的,这才是真正幸福的钥匙。"

正是这种通过努力而得到的幸福感,才使耶洛不图名利,不顾歧视,努力工作。直到她成名以后,她每周的工作量仍达七十小时。

耶洛也没有因此忽略自己的家庭生活,她是一位非常尽职的家庭主妇。她要为全家准备晚餐,做家务,搞家庭园艺和养育两个孩子。为此,她还获得过美国联邦妇女奖。

耶洛,用事实向人们证明:妇女对人类的发展也同样具有不可低估的作用。

一个神童的经历

自20世纪初确立了机体内存在激素调节机制后,人们陆续发现了生物体内许多种激素,诸如甲状腺激素、肾上腺激素、性激素等等,而且在提取、提纯上的技术也相应提高,更为重要的是明确激素在生理上的功能作用,对理论研究和临床实践增添了新的内容。当然,随即又会提出新的问题;这些激素本身的功能是调节,在体内的浓度怎样才能"恰到好处"?激素自身又受控于谁?这些问题随着研究的深入越发引起人们的重视。

在激素分泌调节机制的发现者中,有阿根廷人贝尔纳多·阿尔贝托·奥塞(Bernardo Alberto Houssay,1887—1971),他是1947年诺贝尔生理学或医学奖的获得者之一。

奥塞1887年出生在布宜诺斯艾利斯,从小就是一个十分聪明的孩子,据说他的智商在250以上。这不仅与他的天资有关,也与他从小接受家庭特殊的早期教育有关。他在学校的成绩优异,多次跳级,13岁时就以优异的成绩完成了中学和大学预科的学业,成为著名的布宜诺斯艾利斯大学药学院的学生。作为少年大学生,他的学习成绩同样令人刮目相看。毕业实习时,人们对这位稚气还未脱尽的小大夫抱着怀疑的态度,而奥塞靠着自己扎实的知识和肯于钻研的那股劲头,在临床上的表现着实又让人们大吃一惊,受到了赞扬。奥塞没有以此为豪,他年龄虽小,眼光却看得很远。在实践中,他感到当时的临床诊断盲目性太大,导致治疗水平太低。他认为这种局面只有靠加强基础理论研究才能得到改观。因此,奥塞17岁大学毕业后便留校任教,一面

▲ 贝尔纳多·阿尔贝托·奥塞,阿根廷著名生理学家,于1947年诺贝尔生理学或医学奖。

继续学习,一面担任一些研究工作,时间非常紧张。即便如此,他仍成绩斐然。1907年,年仅20岁的奥塞就被任命为布宜诺斯艾利斯大学兽医学院生理学教授。

作为教授,奥赛对生理学各个领域都研究,使他取得成就的是内分泌学。奥塞主要的研究领域是脑垂体。在人的颅骨底部的骨头上有一个小小的沟,沟里有个像豌豆大小的腺体。古人早就注意到

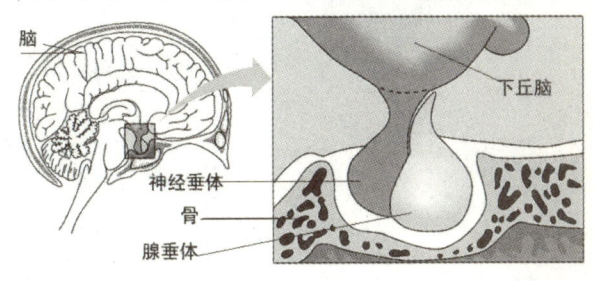

▲ 脑垂体的位置。脑垂体分为神经垂体和腺垂体,各自分泌不同的激素。

过这个结构。它到底有什么功能呢?有人认为是脑流到鼻子的已经干了的黏液,有人认为是一片脑。也有人注意到,如果这个地方出现异常,会影响人体的发育。它萎缩了,人就会长得很矮小,患上侏儒症;如果它太大了,会使人长得异常的高大,患上巨人症。这是因为这里可以分泌一种激素,而这种激素在促进人体的生长方面有举足轻重的作用。曾有人认为这是一个没有用的残物遗体,可以像切除阑尾那样去掉。结果是不仅动物停止了生长,而且一些内分泌腺如肾上腺皮质、甲状腺、性腺等都变小和萎缩了,不再做它们应该做的事情。看来,脑垂体在内分泌系统中居于一种中心的位置。奥塞决心首先对这个腺体作细致的研究。在当时,实验手段非常的简单,没有色层分离方法,测量激素的放射性免疫测定技术也还没有发明。奥塞凭着自己的能力,对脑垂体进行了大量的实验研究。通过研究,他终于得出结论,脑垂体也是一种内分泌腺体。它

▲ 巨人与侏儒。

之所以重要,是因为虽然很小,却能制造出一大批激素。这些激素中不仅有能够促进人体和动物生长的激素,还有可以指挥其他内分泌腺发挥其生理作用的激素。总的说来,脑垂体是控制整个内分泌的一个器官,可以分泌一些影响其他内分泌腺活动的激素。这类激素统称为"促激素"。如影响甲状腺发育和分泌的称为促甲状腺激素,影响肾上腺皮质发育和分泌的称为促肾上腺皮质激素,影响性腺分泌和发育的则称为促性腺激素。

巅峰之旅

奥塞的成就是进一步阐明了糖尿病的发病机制和治疗途径。他采用外科手术,摘除了狗的脑垂体,发现可以使动物患胰性糖尿病的状况得到改善。这个发现给治疗糖尿病提供了一种信息。

奥塞对脑垂体的功能做出了结论,也使他获得了很大的荣誉。1911年,他发表的关于脑垂体激素对动物新陈代谢影响的论文,当时被认为是在这一研究领域中最全面、最深刻的总结。他的工作成果不仅使他获得了博士学位,而且在24岁时成为医学院生理学首席讲座教授。在这之后,奥塞一边在大学从事研究,一边行医治病。他不仅医道精湛,而且医德高尚。他说:"我们做医生的,既不能见钱眼开,也不应欺善怕恶,这样,百姓才能有指望。"作为医生,他受到广大民众的欢迎。

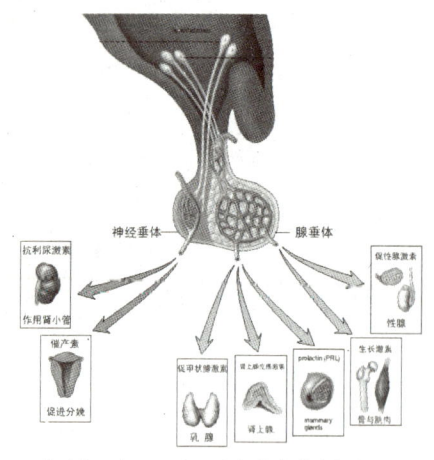

▲ 脑垂体不仅可以分泌生长激素等直接起作用的激素,还通过分泌"促激素"控制整个内分泌器官,使其分泌的量"恰到好处"。

无论是做学生、做医生、做研究者或做教师,奥塞都有令人瞩目的成绩,做到这一点的确是很不容易的。

奥塞不是一个单纯的学者,他还非常有社会责任感,对于社会上不公正、不合理的事情,他没有无动于衷,而是敢于站出来说话。他说:"既是一个人,就绝对摆脱不了人为的政治关系。人们常说,研究医药的人顶好不问政治。这话乍听起来很有道理,但细细一琢磨,真是不合逻辑。我们为人类文明而研究、而探讨,怎么能够摆脱人类文明因素之一的政治问题呢?"这就难免引火烧身,他对不合理现象的批评引来了对他莫须有的诽谤。结果是,1944年他被免去了公职。

一位有国际声望的学者竟遭受如此待遇,震撼了许多有识之士。他们为他抱不平,邀请他到国外去工作。面对此种情况,阿根廷政府不得不收回成命,给奥塞恢复职务。耿直的奥塞干脆辞了公职,决定在布宜诺斯艾利斯创建一所私人实验室。在各国热心人士的大力资助下,他于1946年开始全身心投入到这所研究室的工作。

1947年,奥塞获得了诺贝尔生理学或医学奖。此时他已经60岁了。

双方都是赢家

  1977年,诺贝尔生理学或医学奖获得者共有三人,除了前面谈到的耶洛因放射性免疫分析方法而获奖外,另外两名获奖者为罗杰·吉耶曼(Roger Guillemin, 1924—)和安德鲁·V. 沙利(Andrew V. Schally, 1926—),他们二人因同一项工作而获奖。由于他们的工作,内分泌学的研究跨入了一个新的阶段。值得注意的是,他们两个人在这项研究工作中原来是合作伙伴,后来分道扬镳,最后的研究成果是在各自领导的研究小组独立得到的。这其中存在着激烈的竞赛。竞赛虽然是势不两立的,结果双方都取得了胜利。这场竞赛前后经历了21年的时间。

  他们的经历,值得人们一再去思考。

▲ 罗杰·吉耶曼,美国著名生物化学家,获1977年诺贝尔生理学或医学奖。

▲ 安德鲁·V. 沙利,美国著名生物化学家,获1977年诺贝尔生理学或医学奖。

巅峰之旅

从合作伙伴到竞争对手

  吉耶曼和沙利的工作,具体地说就是分离提纯出了 3 种激素,并对这 3 种激素进行化学结构的分析。

  自从奥赛发现了脑垂体所分泌的激素可以刺激内分泌腺发育和分泌激素的作用之后,接下来的问题就是,脑垂体激素分泌调节的"控制部门"又在哪里?怎样进行控制?

  早在 20 世纪 50 年代,英国著名神经解剖学家和生理学家哈里斯(G. Harris)在实验中观察到,如果把脑垂体与下丘脑之间的血液联系中断,则可导致生殖器官的萎缩。如果把血液联系恢复正常,生殖器官的功能也恢复正常。

  生殖器官活动的维持,依赖于性激素,性激素则受控于脑垂体分泌的"促性腺激素"。现在的问题是,为什么把下丘脑通往脑垂体的血流中断,会导致促性腺激素的量减少?哈里斯有这样一个学说:脑垂体的活动受控于下丘脑,下丘脑产生一种称之为"释放激素"的物质,通过血液作用于脑垂体。

  哈里斯的学说对实验现象有了一个说法,却遭到了许多人的反对,因为这个学说看起来太大胆了,下丘脑是神经组织,它怎么会分泌激素呢?

  要有说服力就要拿出更确凿的证据——寻找下丘脑激素的序幕就此拉开。吉耶曼和沙利也在这个舞台上。

  受到各自导师的影响,吉耶曼和沙利都是下丘脑激素学说的积极支持者。

  1953 年,29 岁的法国人吉耶曼获得了生理学或医学博士学位后,受聘于美国休斯敦贝勒医学院担任生理学教授。在讲授内分泌学课程的同时,吉耶曼还从事内分泌的科学研究工作。

  在实验室里,吉耶曼用新掌握的试管内培养垂体细胞的技术进行实验,分析脑垂体分泌促肾上腺皮质激素的情况。在最初的几天,垂体细胞分泌促肾上腺皮质激素的情况很好,但之后突然就停下不再分泌了。这是不是因为失去了下丘脑的支持作用了呢?根据哈里斯的学说,他在试管中加放了下丘脑组织。果不出所料,测定的结果表明,垂体组织分泌的促肾上腺皮质激素又增加了。这个结果初步说明,下丘脑中的"释放因子"的确存在。

  吉耶曼把这项具有里程碑意义的实验结果写成论文,在 1954 年 12 月发表了。仅隔两个月,也就是 1955 年 2 月,加拿大也发表了一篇论文,其内容与吉耶曼的研究成果大致相似,谈的也是垂体只有与下丘脑一起培养时才能分泌出激素。文章的作者一个是内分泌学家萨弗兰,另一个就是他的学生沙利。

沙利出生于波兰,后到加拿大师从萨弗兰攻读博士学位。他研究的题目就是哈里斯预见的一种释放激素,即他们在论文中涉及的、与吉耶曼谈到的同一个激素。萨弗兰取名为"促肾上腺皮质激素释放激素"。

同样的实验结果在不同的国家、不同的杂志上发表,也使吉耶曼和沙利彼此相识。沙利在 1957 年取得生物化学博士学位后,就应吉耶曼之邀,来到美国休斯敦贝勒医学院担任生理学助理教授。吉耶曼就是沙利所在实验室的主任。这也意味着,吉耶曼和沙利结成联盟继续下丘脑激素的研究。

确定了下丘脑激素的存在后,下面的工作就是分离激素。由于当时只有促肾上腺皮质激素释放激素的测定方法比较成熟,他们的工作就从寻求这种激素开始。具体的工作就是对该激素进行分离、提取和鉴定。

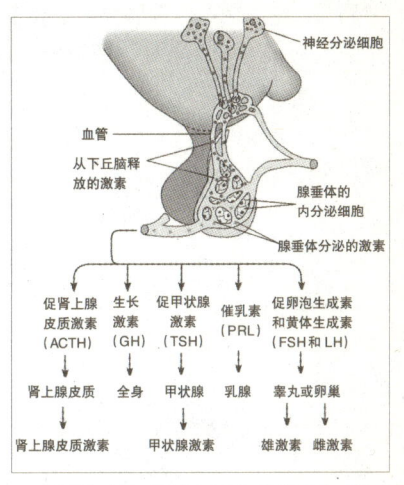

▲ 下丘脑分泌"释放因子"调节垂体"促激素",进而"促激素"作用于靶腺。

按说有共同的志向,同样是踌躇满志的青年,吉耶曼是生理学家,沙利是生物化学家,他们的合作是非常合适的,应该有一个非常理想的前景。但事实并没有这么简单。

工作真正开展后,他们都付出了非常大的精力。沙利每天要工作 18 小时之久。整整 5 年过去了,却没有能分离出促肾上腺皮质激素释放激素。开始他们还很有信心,认为分离下丘脑激素是早晚的事。可时间真是考验人耐力的指标,过长难免会令人有些失望。此时不仅实验进行得不顺利,人为的因素也开始困扰着他们:许多同行更坚定了对此所持的怀疑态度,认为下丘脑激素本来就是不存在的物质,是一种空想。这种气氛加上实验进展的缓慢,也使得吉耶曼和沙利之间产生矛盾。彼此开始有了埋怨。沙利抱怨说:"我受不了他(指吉耶曼),他对我不信任,凡事错了都来怪我,有了功劳则归他自己。他总想统治我,把我看成他的奴隶。"吉耶曼则说:"我对沙利非常好,只是他想利用从我这里学到的知识,自己组成一个

巅峰之旅

敌对小组来和我竞争。我俩都年轻,都勤奋工作。工作5年了,竟没有能分离出SRF(促肾上腺皮质激素释放激素),我们都很失望,心情都不好。"

在这种情况下,分手是唯一的选择了。

1962年,沙利应邀去美国新奥尔良的退伍军人管理局所属医院独立领导一个内分泌实验室,与吉耶曼合作的伙伴变成了竞争对手。两个实验室之间就同一课题的对抗赛由此开始,在这场竞赛中他们进行了多个回合的交锋。

第一回合:证实了哈里斯的学说

吉耶曼和沙利分开了,他们各自组成了新的研究班子,在一种彼此想领先对方的心态下开始了工作。但长达5年的工作,积累的丰富经验是共同的,这也决定了他们后来在各自独立的工作中有不少共同之处,往往是不约而同地采取了相似的研究方式和实验设计。

他们各自放弃了坚守了5年的促肾上腺皮质激素释放激素这块阵地,决定选择另一种释放激素。这时,脑垂体促甲状腺激素的测定工作已经实现。他们都决定以下丘脑分泌的促甲状腺素的"上司"——促甲状腺激素释放激素(TRH)作为分离的目标。

在以往的工作中,吉耶曼和沙利已经知道了释放激素的量是微乎其微的,要提取出一定量,需要几十万乃至上百万个新鲜动物的下丘脑。所选择的动物量即要足够大,还要保证供应。吉耶曼选择的是羊的下丘脑,那时他的研究资金很充足,花钱买是不成问题的。沙利因为是新创建的班子,一切都要从头来,实验经费又不是很多,除了需要更勤奋的工作之外,在操作上也需费些心思。经过慎重的考虑,沙利决定实验材料不用羊,一是因为这方面的工作吉耶曼已经做了很长时间,自己容易落后;二是花钱买材料,自己的研究经费不允许。恰在此时,他得到了一家屠宰场的援助,可以无偿地提供猪的下丘脑。这无疑是一件非常幸运的事情。因此,沙利的实验材料是猪的下丘脑。

工作开始了,仍是非常艰苦。首先,实验室像是一所小型的加工场,把收集到的大量动物的下丘脑按照一定的操作程序制成提取物。单是吉耶曼实验室用的羊下丘脑就有500多万个,提取的脑组织达40多吨。每一个步骤都要消耗大量的人力和物力,既要有熟悉分离化学成分的生物化学方面的人才,也要有掌握测定方式、知道其作用的生理方面的人才。每一步都要用最严谨的操作来完成,来不得半点马虎。

尽管双方得热火朝天,但两个赛场上的成绩都不佳。几年过去了,促甲状腺激素释放激素依然芳踪难觅。

促甲状腺激素释放激素的组成成分也没有明确,先报道是由11个氨基酸组成的多肽,再报道是18个氨基酸组成的多肽,再后来氨基酸变成23个。

巅峰之旅

直到1966年，也就是他们分手后的第四个年头，沙利首先报道从猪的下丘脑中提取到了2.8毫克的促甲状腺激素释放激素，化学分析表明含有谷氨酸、组氨酸和脯氨酸3种氨基酸成分。但这份样品不纯，不足以分析化学组成。

从吉耶曼和沙利在此项工作开始合作算起，提取下丘脑激素的工作已经历了11个年头。这场还看不见终点线的对抗赛又重新引起了美国内分泌权威的疑问。国家卫生机构投入了上百万美元来支持这个项目到底值不值？这个课题到底有没有前途？有些内分泌权威干脆就说："既然这些人给不出什么确切的结论，为什么还要继续支持他们呢？"

鉴于这些观点，有关机构决定于1969年1月召开二次专家审定会来集中讨论这个问题。会议的邀请已经发出，吉耶曼和沙利被告知要到会并作有关研究的报告。

关于下丘脑释放激素的研究是继续还是中止，看来到了决定性的时刻。

就在这个时候，吉耶曼研究小组有了新的转机，他们从30万只羊的下丘脑中提取到1毫克纯促甲状腺激素释放激素，并且分析出其全部成分只含有3种氨基酸，就是沙利所找到的那3种，它们存在的数目是相等的。

虽然吉耶曼的工作是初步的，但这毕竟是一个进展。这个结果是在专家审定会召开前3个星期得到的，所以大大地降低了专家们的不信任度，使得这项研究又得到资助可以继续下去了。这是吉耶曼开展这项研究13年以来最令人鼓舞的成绩了。

下面的工作该是分析这种激素的化学结构了。吉耶曼与沙利的对抗赛进入了又一个新时段。

在吉耶曼着手分析化学结构以前，沙利就开始做这项工作了。已知由氨基酸缩合连接组成的链称为肽链，如果将各种氨基酸按照不同的排序就可以组成不同的肽链。沙利将已知的3种氨基酸即谷氨酸、组氨酸和脯氨酸连接组成肽链，3种氨基酸可以有6种排序方法，即组成6条肽链。按说应该有一种可以表现出激素的活性来，结果一种也没有。

此时的吉耶曼也重复了沙利同样的实验，得到同样的结果。是不是这种氨基酸是以其他形式存在的呢？吉耶曼研究小组让这6种由不同氨基酸组成的三肽都进行一种称之为乙酰化的反应。这是一种在生物体内经常进行的反应之一。果然，谷氨酸 — 组氨酸 — 脯氨酸这条肽链表现出了促甲状腺激素释放激素的活性。虽然活性很微弱，但氨基酸的顺序是确定了。这毕竟又是一个进步。

是不是这3种氨基酸有一些什么细微的变动呢？吉耶曼又进行了更细致的工作。谷氨酸是在这种氨基酸单独存在时测到的，一旦组成了肽链，有可能会与其他的氨基酸组成一个环。也就是说，在肽链上存在的不是谷氨酸，而是有内环结构的焦谷氨酸。三肽的另一端不是脯氨酸，而是与其结构仅差一个氨基的脯氨酰胺。这样，羊的促甲状腺激素释放激素的结构就变成了焦谷氨酸—组氨酸—脯氨酰胺。他们又做了红外线分光光度测定和质谱分析，确定了这个结构。1969年10月29日发表了最后的结果。沙利这边也没有闲着。他们也确定了猪的促甲状腺激素释放激素的结构，发表结果的时间是在1969年9月22日，比吉耶曼还要早些时候。对漫长的比赛时间而言，这三十几天就算是小小的误差了。

吉耶曼和沙利差不多是同时撞上第一阶段终点线。

下丘脑激素的存在终于被无可怀疑的实验结果证实了。这是一个具有里程碑意义的重大事件。

吉耶曼和沙利的工作向全世界证实，哈里斯的假说是正确的。下丘脑确实有调控脑垂体的激素。他们的工作受到哈里斯的祝贺和高度评价。

下丘脑激素的发现为内分泌学的新分支——神经内分泌学奠定了坚实的基础。我们已经知道，在人体内存在着两大调节系统，即神经调节和以激素为主的体液调节，但这两个系统并不是完全独立互无关系的。作为一个生命的整体，这两个调节系统必然有一些联系。这个联系就是下丘脑的神经元可以分泌一些被哈里斯称为释放因子的肽能物质，通过血液作用到内分泌的"调节中枢"脑垂体以达到控制作用，以完成两大调节系统在功能上的联结作用。

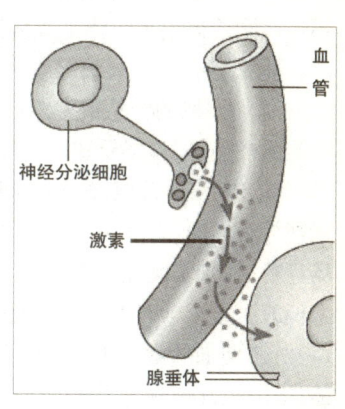

▲ 下丘脑神经分泌细胞分泌"释放因子"释放入血作用于腺垂体。

下丘脑激素的发现，不仅说明这些由下丘脑神经细胞分泌的激素可以控制调节垂体的激素，还可以对甲状腺、肾上腺、性腺发挥作用，这在临床上可以有一些实际应用。

吉耶曼和沙利的下一个回合就是由一项应用引起的。

巅峰之旅

第二回合：带来了一个实际应用

促甲状腺激素释放激素的发现，无疑为追寻其他下丘脑激素打下了一个扎实的基础。吉耶曼和沙利的工作都是卓越的，然而此时他们的心态却有些不平，都认为自己这方实际上是占了优势。为了证实这点，他们都准备在下次相遇中战胜对方。因此他们又选择了一个共同的题目：黄体生成素释放因子（LRF）。

他们选择黄体生成素释放因子，还有一个重要的原因，就是这种物质控制着人和动物的生殖系统。如果分离和确定了它的化学结构，有可能为制药业生产出和以前药理作用不同的避孕药，前景是看好的。

又是从数以万计的动物下丘脑制取提取物开始。这回很快，吉耶曼和沙利又不约而同地得出了黄体生成素释放因子是一个由9个氨基酸组成的肽链的结论。

他们各自对进展情况似乎很乐观，殊不知双方都进入了死胡同。

他们提取的样品很少，不足以分析化学结构。此时除了加大工作量再获得多一些的样品外，吉耶曼和沙利没有更好的招数可施了。

走出死胡同的工作在很大程度上是别人工作的结果。沙利在合成促甲状腺激素释放激素时，有两位曾立下汗马功劳的化学家，此时他们独立工作，也来参加这场竞赛，找到了问题所在：他们在处理了约500万个下丘脑碎片后发现，黄体生成素释放激素中含有色氨酸。凭着以前的经验和化学知识，他们知道，色氨酸有一个特性：遇到强酸就会被破坏。而按照结构分析的通常操作步骤，首先要破坏肽链，采用的方法就是用强酸作用。显然，色氨酸在强酸作用下消失了。因此，黄体生成素释放激素应该是由10个氨基酸组成，而不是9个。

后面的工作，也同样得益于其他参与这项工作的人。

在沙利为进一步鉴定分析黄体生成素释放激素样品太少所困扰时，他的实验室来了两位日本的访问学者。他们使用了耶洛和伯森发明的放射性免疫分析方法来进行黄体生成素释放激素的结构分析，只花了很少的样品，在两个月内完成了这种激素的化学结构分析工作，确定了氨基酸的组成和排列顺序。沙利在事后曾描述完成这项工作的喜悦心情："那是我一生中最激动的时刻之一。"

由于采用了新的方法，沙利明显地领先了。

吉耶曼在沙利公布研究成果两个月之后，也完成了羊黄体生成素释放激素化学结构的分析工作。

由于搞清了黄体生成素释放激素的化学结构,使人工合成成为可能,这对医药界是一个极大的喜讯。按照这种天然激素的结构合成的药物,通过作用脑垂体去控制卵巢或睾丸的机能。黄体生成素释放激素的化学结构是1971年确定的,仅从1972年到1977年,人们合成的这种类似物就达三百多种,有的比天然的活性还要高许多倍,有广泛的应用前景。如在临床可以治疗不育症,或达到避孕的作用;在畜牧业方面可用来增进繁殖力等等。

巅**峰**之旅

第三回合：作了一个重要补充

由于发现了两种下丘脑激素,吉耶曼和沙利都有了很好的信誉,研究资金雄厚,研究人员的阵容也很强大。他们都在选择新的研究项目,努力作出比对方更大的成绩。

当时知道的下丘脑激素有 4 种,除了他们发现的两种之外,再就是促肾上腺皮质激素释放激素和生长激素释放激素了。促肾上腺皮质激素释放激素是他们首先提取的,而且经过 8 年的努力而不得不放弃的激素。这样,就只剩下生长激素释放激素了。

沙利对这种激素不感兴趣,因为他做过这方面的工作,由于提取物不纯把血红蛋白错认为是生长激素释放激素而闹了笑话。

吉耶曼这方的主要精力也未放在生长激素释放激素上面,而是把这项工作交给手下一位博士后来做。要求也不高,就是检测在提取了促甲状腺激素释放激素和促性腺激素释放激素后的下丘脑提取液中,有无生长激素释放激素。

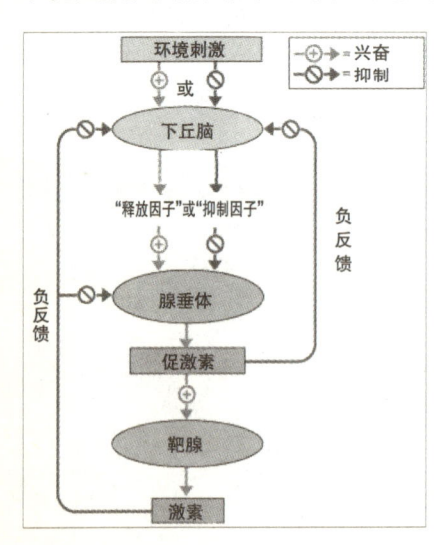

▲ 下丘脑—腺垂体—靶腺轴,对激素调节如何做到"恰到好处"作出解释。

具体的做法是,把下丘脑提取液注射到动物体内,如果生长激素释放激素存在的话,可以用放射性免疫分析方法测出血中生长激素的释放量增加;如果生长激素释放激素不存在,动物体内的生长激素不会有什么变化。实验结果出人意料,动物在注射了这种下丘脑提取液后,生长激素减少了。对于这个结果,吉耶曼认为是实验操作有误所致。会不会还有其他的解释呢?哈里斯提出的下丘脑激素假说是被证实了,但他所说的仅限于下丘脑存在的是"释放激素",即促进脑垂体激素分泌增加的激素。后来在 1966 年,有人又作过补充,认为下丘脑还存在着能抑制脑垂体激素分泌的激素,称为"抑制激素"。那时正值吉耶曼和沙利名声大振之时,对有关这方面的文章全都没有在意。现在的实验结果虽然开始被吉耶曼否决,但还是引起了实验室其他研究人员的重视:是不是在下丘脑的提取液中存在着抑制性物质?

通过实验,他们发现,在下丘脑的提取液中,这种抑制性物质的确是存在的。这才引起吉耶曼的高度重视。凭借实验室完备的设备和技术,他们很快就从原来50万只羊的下丘脑的提取液中提取到了能抑制生长激素分泌的激素。吉耶曼把这种激素取名为"生长抑素"(GIF),并对其进行了化学结构的分析。这项成果是在1973年发表的。

看到吉耶曼的成果,沙利也重新做了这方面的工作,于1976年发表了关于猪的生长抑素的结果。羊和猪的生长抑素的化学结构是一样的。

生长抑素的发现有很重要的临床意义。在吉耶曼发现生长抑素后不久,生长抑素就在临床用于治疗巨人症等生长失调的疾病。

生长抑素的发现,在理论上也是一个非常重要的事件。在哈里斯创建的下丘脑激素中,只有起正面调控作用的激素,而生长抑素的发现说明,下丘脑对脑垂体的调控还有负面的作用。这样,正面、负面的双重作用达到对脑垂体激素分泌精确调节的目的。因此,生长抑素的发现,无疑是对哈里斯理论作了一个重要的补充。

巅峰之旅

同时登上最高领奖台

1977年的诺贝尔生理学或医学奖的奖金一分为二，一半是由耶洛获得，以表彰她发明的放射性免疫分析方法；另一半则为吉耶曼和沙利共同获得，以表彰他们为下丘脑激素的确立所作的贡献。

从表面看，吉耶曼和沙利的工作是技术性质的，而且是很繁琐和艰苦的，大量的工作都是重体力的"粗活"——要从数以10万计的动物下丘脑中提取不到1毫克的物质，但其意义却是重大和深远的。就是靠提取的下丘脑激素，才使哈里斯的理论得到最直接的证实，使内分泌领域的研究进入了一个更深的层次——神经内分泌学，而且为临床的内分泌学也作出了巨大的贡献。因此，吉耶曼和沙利理应获得最高的奖赏。

细想起来，他们的成功的确非常不容易。吉耶曼获奖后在评价这项工作时曾说："……那是一条漫长的道路，一条艰辛的道路，它需要坚忍不拔、始终如一和真才实学。"这句话，对他们的工作实际上是一个很好的概括和总结。在对下丘脑激素的研究中，单是寻求提取这类激素的途径，就花去了他们13年的时间，前后共花去了整整21年。如果没有对这项工作坚定的信念和探索到底的勇气，是根本办不到的。

吉耶曼和沙利是两个研究组研究同一个课题并取得了成功而共同获奖。这在诺贝尔奖中也是不多见的。同一个题目要投入更多的钱在不同的地方研究，这样做是否值得呢？在评论这种做法时，吉耶曼也有说法："总的看来，两个实验室研究同一课题是可取的，在一个富裕的国家里，尽可以这样做。"从实际情况看，也是如此。在吉耶曼和沙利分手后的14年里，他们之间确实形成了一种你追我赶、相互竞争的场面。沙利在获奖后谈到这种竞争时说："当我们在同一实验室时，不可能是对抗的。但在我离开他以后，竞争几乎变成歇斯底里的了。"

在一个社会中，竞争是一种必然出现的事物。具体到吉耶曼和沙利，也正是这种竞赛式的局面使研究的步伐加快。如果处理不当，也容易造成一些负面的问题。吉耶曼和沙利之间的一些个人恩怨就包括在里面。

在吉耶曼和沙利合作期间，他们之间的矛盾就已经存在了。分手之后，这种矛盾也就更加暴露无遗。主要的症结还在于荣誉的归属上。这种矛盾后来非常公开，以致在共同参加的学术讨论会上也要互相攻击对方;对已取得的研究成果,也要采取某些策略防止被对方"窃取情报",更不要说通信、交换彼此的成果了。这些都有悖于科学研究的规则,甚至说不够遵从科学道德。所幸这些毕竟没有占到主流地位,没有影响吉耶曼和沙利的总体工作。因此,当两人共同获得诺贝尔奖站到领奖台上时,他们彼此拥抱,摇撼对方,想必应该也达到不计前嫌,并彼此祝贺的境界了吧。

虽然获得诺贝尔奖的是吉耶曼和沙利,这里面也有很多不可忽视的客观的因素。

首先,吉耶曼和沙利的成就不是个人的,而是集体的。在他们前面,有哈里斯等人对下丘脑激素存在的设想和一些人做的间接实验;在他们的研究班子里,有许多优秀的生理学、化学、生物化学等方面的人才,在许多关键的时刻解决了问题。比如,在研究激素化学结构时使用放射性免疫分析方法,在对生长抑素的认识上等等,都是集体的智慧才导致成功的。换句话说,如果只靠吉耶曼和沙利两个人,这项工作是绝对不可能完成得如此辉煌的。另外,还应注意到提供资金的机构对他们长期、大量的支持。这么长的时间,耗费了这么多的动物,需要完备的实验设施等等,如果没有资助,再好的设想,再优秀的研究队伍也没有用处。美国卫生部门专设一个科研拨款机构,称为国立卫生研究院(NIH),它对生物科学研究的资助数额是各基金会中最大的。吉耶曼和沙利多次得到过 NIH 的资助,项目性质又是这样的相似。事实证明,这种做法是非常正确的,是值得的。能在这么长时间,投入巨额资金支持这个当时还很有争议的项目,也说明决策者们的远见卓识。另外一组数字也足以说明问题:在 1901 年到 1977 年,美国人获生理学或医学奖的有 52 人,获化学奖的有 21 人。NIH 是 1938 年建立的,从那时起,资助上述两种奖的获奖者有 68 人,其中 45 人是在获奖前得到的资助。这为推动国家的科学进展起了相当大的作用。

巅峰之旅

展望

　　同神经科学的发展一样,随着研究技术的提高,体液调节中的内分泌学也在迅速发展。由上面的叙述可以看出,人们对内分泌学的认识是由浅入深的。现在科学家们又证实了一些非内分泌器官也可以分泌激素。比如,胃肠、大脑、心脏等部位,都可以分泌激素。利用免疫组织化学的方法在子宫内膜、支气管黏膜上检测出一些内分泌细胞。这些部位分泌的激素作用是什么?有什么生理意义?这些都是科学家们十分关注的问题。对于以前发现的激素,科学家们也没有放置一边。这些激素的生理作用还没有被人们完全认识,科学家们正在继续努力。如果研究较透彻的话,可以有针对性地去改变其结构,取其对人有利的方面。就像前面谈到的用根据天然存在的肾上腺皮质激素结构而合成的衍生激素类药物,去治疗疾病就是一个突出的例子。科学家们也正在利用遗传学所使用的新技术、新方法来确定激素及其受体在基因上的定位。这样可以对激素合成各阶段的细节有更进一步的了解,在实践中可以帮助医生诊断无症状的或胎儿阶段的内分泌遗传病。有一些医学知识的人都知道,如果精神受到创伤,可以患甲状腺疾病,这说明甲状腺与神经系统有一定的联系,这种联系到底有多少呢?这也是科学家们研究的课题。我们也已经知道,激素必须与相应的受体结合后才可发挥作用,在这方面的研究也是内分泌学中的一个热门课题。此外,对内分泌的研究还包括内分泌腺的移植、人工内分泌装置、内分泌与肿瘤的关系、衰老与内分泌、患病时内分泌的变化等问题。

　　内分泌学的发展,对于人们生活的方方面面,对于药学的发展,都会带来极大的影响。

附录

本书涉及的诺贝尔生理学或医学奖获奖人

姓 名	获奖时间	国 籍	获奖理由
卡米洛·高尔基（Camillo Golgi） 圣地亚哥·拉蒙－卡哈尔（Santiago Ramón y Cajal）	1906	意大利 西班牙	对神经系统结构的认识。
埃米尔·特奥多尔·科歇尔（Emil Theodor Kocher）	1909	瑞士	对甲状腺生理学、病理学的研究及对改进甲状腺手术方面的工作。
阿尔瓦·古尔斯特兰德（Allvar Gullstrand）	1911	瑞典	对眼屈光原理的研究。
罗伯特·巴拉尼（Robert Bárány）	1914	奥地利	对前庭生理学和病理的研究。
弗雷德里克·格兰特·班廷（Frederick Grant Banting） 约翰·詹姆斯·理查德·麦克劳德（John James Richard Macleod）	1923	加拿大 加拿大	发现提取胰岛素的方法，并将其应用于临床，解救了无数糖尿病患者的生命。
查尔斯·斯科特·谢灵顿（Charles Scott Sherrington） 埃德加·道格拉斯·阿德里安（Edgar Douglas Adrian）	1932	英国 英国	发现神经元的功能。

巅峰之旅

姓名	获奖时间	国籍	获奖理由
亨利·哈利特·戴尔（Henry Hallett Dale）和德国人奥托·勒维（Otto Loewi）	1936	英国 奥地利	发现神经冲动中的化学传递过程。
科内尔·让·弗朗索瓦·海曼（Corneille Jean François Heymans）	1938	比利时	发现颈动脉窦和主动脉弓在呼吸调节中的作用机制。
约瑟夫·埃夫兰格（Joseph Erlanger）赫伯特·斯宾塞·加瑟（Herbert Spencer Gasser）	1944	美国 美国	发现单个神经纤维所具有的高度分化的功能，开辟了神经电生理学的新纪元。
贝尔纳多·阿尔贝托·奥塞（Bernardo Alberto Houssay）	1947	阿根廷	发现脑垂体激素的重要作用。
爱德华·卡尔文·肯德尔（Edward Calvin Kendall）塔迪斯·赖希施泰因（Tadeus Reichstein）菲利浦·肖瓦尔特·亨奇（Philip Showalter Hench）	1950	美国 瑞士 美国	发现肾上腺皮质激素，并确定其化学结构和生理功能。
格奥尔格·冯·贝凯西（Georg von Békésy）	1961	美籍匈牙利人	发现耳蜗感音的物理学机制。
艾伦·劳埃德·霍奇金（Alan Lloyd Hodgkin）安德鲁·菲尔丁·赫胥黎（Andrew Fielding Huxley）约翰·卡鲁·埃克尔斯（John Carew Eccles）	1963	英国 英国 澳大利亚	发现了与神经细胞膜兴奋和抑制有关的离子机制。

姓名	获奖时间	国籍	获奖理由
查尔斯·布伦顿·哈金斯（Charles Brenton Huggins）	1966	美国	发现前列腺癌的激素治疗方法。
乔治·沃尔德（George Wald） 霍尔丹·凯弗·哈特兰（Haldan Keffer Hartline） 拉格纳·格拉尼特（Ragnar Granit）	1967	美国 美国 瑞典	发现视觉过程中基本的生理学和化学机制。
伯纳德·卡茨（Bernard Katz） 乌尔夫·冯·奥伊勒（Ulf von Euler） 朱利叶斯·阿克塞尔罗德（Julius Axelrod）	1970	英国 瑞典 美国	发现神经末梢化学递质及递质的贮存、释放和灭活过程。
厄尔·威尔伯·萨瑟兰（Earl Wilbur Sutherland）	1971	美国	阐明激素的作用机制。
罗杰·吉耶曼（Roger Guillemin） 安德鲁·V.沙利（Andrew V. Schally） 罗莎琳·耶洛（Rosalyn Yalow）	1977	美国 美国 美国	分离、鉴定、合成下丘脑释放激素，并阐明其对脑垂体的调节作用。 发明用于激素研究的放射性免疫分析方法。
罗杰·沃尔科特·斯佩里（Roger Wolcott Sperry） 戴维·亨特·休布尔（David Hunter Hubel） 托斯登·尼尔斯·威塞尔（Torsten Nils Wiesel）	1981	美国 美国 瑞典	发现大脑两半球在功能上的优势。 发现视觉系统中的信息处理过程。

巅峰之旅

姓名	获奖时间	国籍	获奖理由
苏纳·伯特斯特龙（Sune Bergstrom） 本特·L.萨米尔松（Bengt L. Samuelsson） 约翰.R.文（John Robert Vane）	1982	瑞典 瑞典 英国	发现前列腺素及与其有关的生物活性物质。
埃尔温·内尔（Erwin Neher） 伯特·萨克曼（Bert Sakmann）	1991	德国 德国	发现细胞单离子通道的功能。
阿尔维德·卡尔森（Arvid Carlsson） 保罗·格林加德（Paul Greengard） 埃里克·R.坎德尔（Eric R.Kandel）	2000	瑞典 美国 美国	发现神经系统信号传导的机制。
罗德里克·麦金农（Roderick Mackinnon）	2003	美国	成功解析了钾离子通道的结构（获得诺贝尔化学奖）。